北大法学阶梯
课程指引系列

北大法学进阶 贰

北京大学法学院 | 编

法律出版社 LAW PRESS · CHINA
北京

图书在版编目(CIP)数据

北大法学进阶. 贰 / 北京大学法学院编. -- 北京 :
法律出版社, 2022
ISBN 978 -7 -5197 -6931 -4

Ⅰ. ①北… Ⅱ. ①北… Ⅲ. ①法学 - 文集 Ⅳ.
①D90 -53

中国版本图书馆 CIP 数据核字(2022)第 132983 号

北大法学进阶 · 贰
BEIDA FAXUE JINJIE · ER

北京大学法学院 编

责任编辑 吴 昉 宋丽娜
装帧设计 汪奇峰

出版发行 法律出版社
编辑统筹 法律教育出版分社
责任校对 王 丰
责任印制 刘晓伟
经 销 新华书店

开本 710 毫米×1000 毫米 1/16
印张 15 **字数** 237 千
版本 2022 年 11 月第 1 版
印次 2022 年 11 月第 1 次印刷
印刷 北京金康利印刷有限公司

地址:北京市丰台区莲花池西里 7 号(100073)
网址:www. lawpress. com. cn
投稿邮箱:info@ lawpress. com. cn
举报盗版邮箱:jbwq@ lawpress. com. cn

销售电话:010 - 83938349
客服电话:010 - 83938350
咨询电话:010 - 63939796

书号:ISBN 978 - 7 - 5197 - 6931 - 4 **定价**:49. 00 元
凡购买本社图书,如有印装错误,我社负责退换。电话:010 - 83938349

编写说明

北京大学是中国法学教育的滥觞之地，是中国法学教学改革的先行者和探路者。北京大学法学院（以下简称北大法学院）始终秉持科研与教学并重的立院方针，将教学与科研视作大学教师的基本职责，两翼不可偏废。近年来，北大法学院大力推进教学供给侧改革，增加教学产品，创新教学活动，改善教学结构，提升课程质量，引领中国法学界教学改革风潮。

"北大法学阶梯系列讲座"是北大法学院诸多教学改革活动之一。2018 年秋季学期，该系列讲座正式面世。它包括三个系列：初阶（入门）讲座、进阶讲座和高阶讲座。初阶讲座是为了引领学生进入法学之门，为相关课程的学习提供方法论上的入门指引。进阶讲座旨在改变以往课后个别答疑不够充分、缺乏体系、难以集体受益的局面，致力于为学生系统性地答疑解惑，清除前期学习中累积的困扰，指明下一步学习的方向和重点。高阶讲座主要面向博士生群体，由各专业教授介绍学科最前沿的研究动态或发布自己最新的研究成果，激发法学博士生的学术志趣，培养全面的知识结构和开阔的视野。三个系列讲座都是以现有的课程为基础，以既定的课堂为平台，面对不同的授课对象，选择不同课程的不同阶段展开。通过前期宣传、后期综述以及视频播放等方式，将课堂教学与讲座模式有机结合，面向全社会公开。这不仅有效地提升了课堂质量，也实现了优质教育资源的共享。迄今为止，"北大法学阶梯系列讲座"已经累计举办 80 余场。

为了更全面地展示北大法学院的课程风采，为全国法科学生提供全方位的学习指引，法学院征求授课教师意见后，决定将部分阶梯讲座活动的内容整理出版。经与法律出版社协商，此次出版以"北大法学阶梯课程指引系列"的面貌呈现，旨在为处在学习法律各个阶段的学生提供一套全面的教学参考用书。每位授课教师负责自己的讲授内容，从格式到内容均对讲座实录文字做了大幅的修改润色，以符合"北大法学阶梯课程指引系列"的定位要求。

呈现在读者面前的这套丛书，基本上覆盖了全国法学院各类必修课和选修课，是北大法学院几十位教师的集体作品，希冀能帮助每一位法科学生迈入法学之门，克服路障，拾阶而上，领略法学的无限风光。

“北大法学阶梯系列讲座”的举办以及本书的出版，得到了来自法律出版社、《中国法律评论》编辑部以及北大英华科技有限公司等社会各界人士的关心、支持和帮助。在各方协力下，北大课堂以一种新的方式在纸上重现。在此一并致谢。

北京大学法学院

2021 年 9 月

目 录

北大法学进阶

法律行为理论的内在逻辑和体系展开

常鹏翱

关于作者

常鹏翱

北京大学法学院教授，博士生导师。郑州大学法学学士（1996年），北京大学法学硕士（2000年），中国社会科学院研究生院法学博士（2003年）；法国巴黎第二大学访问学者（2004年）、瑞士弗来堡大学访问学者（2007年）。主要研究领域为民法基础理论、财产法、民法和行政法的结合研究。

2009年1月开始在北京大学法学院任教，主讲以下课程：（1）初阶讲授类：民法总论、物权法、债权法；（2）高阶研讨类：民法专题研讨。

(说明:原文著于2020年,《民法典》颁布生效之前。)

本文主要和大家谈谈学习民法总论的五个重点问题,即厘清物权与债权的关系、区分负担行为与处分行为、把握法律行为的要件、掌握法律行为的效果状态和在规范层面理解法律行为,它们均与法律行为有关。

引子

毋庸讳言,民法总论的学习与其他课程的学习在本质上没有任何差异。我认为,任何一门学科的学习大致分为三个层次:态度、方法和知识。

第一,态度。若以术、道为划分依据,态度更多是术的问题,与道无关。在学习中,我们会发现,智识提升的关键并非仅把握知识,还要注重渴求知识、汲取智慧时所应有的态度以及使用的方法。我认为,应有的学习态度是把学习当作自己的人生行动,人生就是学习的过程。在成长过程中,新知识、新挑战越来越多,我们主动学习,希望以此获取新知或者之前未曾拥有的东西。这种学习上的主动追求会成为我们人生中不可磨灭的痕迹。

应特别注意的是,从事法律实务的工作者,无论是法官、检察官、律师,还是从事法律教研工作的人,都有一个共同的特性,那就是事务主义。我们每天都埋头于个案和问题之中,希望通过自己的知识以及勤奋把个案和问题妥善解决,但因为这样,我们往往会忽视思考更为广阔的问题,也来不及仔细审视我们的人生。正是看书学习这种有益活动,让我们从繁琐的事务中抽离出来,重新打开想象的空间,思考人生该如何度过。或许,这就是人生应该具备的学习态度,即把学习当作人生来看待,生命有多久,学习就应该有多久。

第二,方法。我认为,学习民法这样的部门法要注重三个层面的结合,就是学理、规范和实践。这三个层面缺一不可。其中,学理是我们通过教科书、专著以及论文所获取的抽象理论知识,这是学习的基础工作。正是有了学理的支撑,我们才有了学习的底盘,它们构成我们学习的起点。学理可能看上去很空洞、抽象、无味,但是一定要相信,正是这些看起来很空洞的东西与活生生的具体实践问题的相遇,给我们带来了强有力的冲击力。与此同时,我们要知道理论是从人间烟火中抽取出来的,因此不要过分敬畏它,而是要努力掌握它,并把自己的思考贯彻其中。要知道,理论的单维度抽象往往伴随着虚无,有益的抽象理论一定是针对具体的现象。

虽然法律规范也是抽象的,但是相比于理论它一定是具体的。比如,当我们看到《民法总则》第133、143、153条时,一定要知道它们对应哪些理论,正是这些重点条文使得法律行为理论在解决具体纠纷时有了活生生的“标本”。如果心中没有规范,只有学理,就不能实现其应有的强烈冲击力。

不过,对理论扎实把握以及对规范的熟识并不具有终极意义。实践永远是检验理论的唯一标准,在我们这样一个变革的时代,更是如此。最终,理论和规范都要服务于实践,并受实践的检视,同时,实践又会促使我们反思理论和规范的不足,提供调整的角度和幅度。

因此,只有把学理、规范和实践三个层面高度融合在一起,我们才能慢慢形成自己的知识体系,真正实现创造。至于如何才能把这三个维度有效地结合在一起,则是仁者见仁、智者见智的事情。但无论如何,我们都要朝着这个方向努力,这是验证有效的学习方法。假以时日,你的民法学习定会日有所进,功有所成。

第三,知识。我们学民法总论,就是要了解其中的知识构造,知其然并知其所以然,这就是知识。

从德国法系的民法知识脉络出发,民法总论架构包括三个支点:人、物、行为。其中,人是主体,物是客体,行为就是主体围绕相应的客体在主体之间所产生的社会关联。这种人、物、行为构造模式是在受德国民法影响的民法总论架构里普遍存在的,德国当然最为典型。虽然我国《民法总则》没有这样突出,但在我国学理认知里,民法总论仍有这三个支点。三者之中,行为最为关键,这就是我们所要讲的法律行为。

法律行为之所以关键,离不开我们对民法的定位。相比于其他部门法律,民法以自治为底色,注重当事人的意思自治,而他治和管制只是宏大民法体系中的些许点缀。实现当事人意思自治的手段,是法律行为,因此它是民法的关键。由此可知,法律行为是民法总论最重要的知识板块,只有把法律行为的基础知识理解好、把握好,才能得心应手地通盘掌握民法总论的知识点。

要学好法律行为,需要把握五个重点。

■ 厘清物权与债权的关系

第一个重点,厘清物权与债权的关系。

物权和债权的关系,虽然看上去与行为没有直接关联,但却是理解法律行为的重要基本点。我们通常提及民事财产权领域的二分法,即物权和债权的区分,对二者关系的看法直接影响我们对法律行为的理解。

□ 物权与债权的权利特性

作为两类最基本的财产权,物权和债权最主要的差异体现在两组特性上,即物权是绝对权、支配权,而债权是相对权、请求权。

1. 绝对权与相对权

以权利指向的义务人群体为划分依据,物权是绝对权,债权是相对权。当权利的义务人是所有人时,它就是绝对权;当权利的义务人是特定人时,它就是相对权。物权是绝对权的典型,债权是相对权的代表。这两个不同的特性使得物权和债权就像水和油一样不能融为一体,这是它们之间最基本的差异。

作为绝对权的物权之所以能够约束所有的社会公众,就在于它能通过特定的公示机制进行展示,使公众知晓;若没有这种公示机制,就认定物权是绝对权,使每个人受到约束,就会给社会交往带来不虞之风险。相对权与此不同,它仅仅约束特定之人,他人是否知晓权利的存在意义不大。换言之,债权只是存在于特定人之间的相对权利,仅在特定人之间具有意义,无须把这种权利形态通过特定的公示形式展示出来。

2. 支配权与请求权

从权利人的角度划分,物权是支配权,债权是请求权。物权的行使根本无须借助他人的力量便可实现,但债权一定要借助债务人的给付才能实现,正是如此,二者不同。这种不同,直接决定着权利实现方式的不同。

□ 物权与债权二分法的制度意义

物权、债权这两组不同特性:绝对权与相对权、支配权与相对权,对民法制度构造产生深远影响。

以绝对权和相对权为视角,对应不同的法律制度。比如,侵权行为究竟侵害何种权利?《侵权责任法》第 2 条第 2 款的“民事权益”是否包括债权?对这个经典问题,言人人殊。若以绝对权和相对权为分析视角,侵权行为的规范对象一定是绝对权利。绝对权通过相应的公示机制而让社会公众知晓权利的射程范围,从而为他人提供较为确定的行为空间。若他人过度扩张自己的行为空间,或者未尽到应有的注意义务,便极有可能构成侵权行为。相对权与之不同,它仅仅发生在特定人之间,不存在可供他人知悉权利状态的公示机制,若以这种内部约定约束社会上不特定的第三人,必然给社会交往带来诸多不便,动辄得咎。所以说,绝对权往往涉及侵权行为,而相对权指向违约行为。

此外,绝对权的权利效果离不开占有、登记等外在公示机制的支撑,不过这种公示机制却对债权毫无意义,只会徒增社会交易成本。即便法律要求合同等相关交易形态必须办理登记或者备案,它们也非合同成立、生效的约束要件。比如,实践中最为常见的商品房预售合同和房屋租赁合同登记备案,其只是一种行政法上的管制措施,主要是为了配合行政机关行使监管职能,原则上对市场交易没有实质影响。但是,对于绝对权,没有公示,便没有权利的变动。

以支配权和请求权为视角,同样能够反映出不同法律制度潜在的价值取向。当权利是支配权时,权利人如何支配,如何实现权利利益的最大化,法律不应干预,也不宜限制。当权利是相对权时,必须借助他人之力才能实现权利设定的法律效果,虽然债权是意思自治的结果,但又伴随强烈的“请求”色彩;为了维护稳定的交易秩序以及促使权利人及时行使权利,若权利人怠于向他人主张权利,便会有罹于诉讼时效之忧,即相对权的行使受到时间的限制。

可见,无论是以绝对权、相对权为视角,还是以支配权、请求权为分析进路,都会对权利的行使以及权利的保护产生重大的影响,并对法律行为的理论构造产生深远的影响。

□ 物权、债权的交融形态

把权利分为物权和债权两大类,是学理推演构造的产物,而非权利自身本有的属性。在传统的德国民法体系中,物权、债权作为民法体系构造的重要支撑,必须在逻辑演进过程中加以分离。但是,采用这种权利分类方式并不等于为了追求理论上的纯粹性,而忽视现实中大量存在的权利交织现象。换言之,物权、债权二分法可以适用于民法体系下的大多数情形,但在纯粹的物债二分之外还存在一个模糊、交融的中间地带。

1. 债权物权化

债权物权化,即某种权利虽属于债权领域,法律却赋予它物权的属性。比如,《合同法》第229条对应的买卖不破租赁规则和《物权法》第20条对应的预告登记制度,都是典型的债权物权化现象。这些情形下的债权债务关系因为借助于占有、登记等公示机制而获得对抗不特定第三人的绝对权属性。

此外,还存在一类超级债权,如优先权,特别是海事领域的优先权。虽然这类权利完全符合债权的所有特性,但是它们不借助于占有、登记等外在的公示机制,也可以对抗所有人。这种超级债权不仅能够打破债权平等性原则,还可以限制抵押权、留置权等一般意义上物权领域的优先受偿权。

2. 物权债权化

物权债权化,即某种权利虽属于物权领域,却不具备绝对属性而呈现相对权的形态。物权法领域内,不登记不得对抗第三人的物权变动规则大概就属于此类。比如,《物权法》第24条规定,船舶、航空器和机动车等物权的设立、变更、转让和消灭,未经登记,不得对抗善意第三人。船舶、机动车等原则上归属于动产,根据一般的物权变动规则,动产只需要合意加交付便可完成物权变动,无须登记便可对抗所有人,但是根据规定,这种原本意义上具有绝对性的物权权利却因为没有登记,而无法对抗善意第三人,只能在相对人之间产生绝对权意义上的物权归属。

这种物债交融形态虽然不是权利体系架构内的主流现象,或许也不容易被人接受,但是它有助于我们理解法律行为,而且对一些具体法律问题的解决大有裨益,如处理无权出租这一类现实问题。当然,物债二分是主流和基础,是需要重点把握的内容,而这种权利二分法所带来的直接影响就是法律行为领域内的二分法:处分行为(物权行为)、负担行为(债权行为)。

负担行为、处分行为的二分结构

以分类识别为基础的类型化,是人类社会不停进步的主要标志。随着分类形态逐步增多,人类越发迈进一个高度进步的社会。法学作为一门学科,同样贯彻这种类型化的逻辑思维,体现在法律行为领域,就是负担行为、处分行为的二分法。负担行为与处分行为作为法律行为的基本类型划分,被王泽鉴老师喻为进入民法殿堂必须打通的“任督二脉”。放眼世界,凡是受德国法影响的地方，负担行为、处分行为的划分就是法律行为领域的普遍现象。这种分类之所以如此重要，就在于它是法律行为理论的重要支撑，并具备强大的体系功能。

□ 负担行为、处分行为二分法在我国的争论

20世纪80年代末之前，我国民法学界中还没有负担行为、处分行为这类概念。20世纪90年代以来，先是梁慧星老师专门撰文认为物权行为理论虚无缥缈，没有实用性，在我国不可取。这几乎成为一段时期内我国有关物权行为理论的定论。后孙宪忠老师留德归来，多次发文就物权行为的渊源、体系功能等进行详细介绍，认为在我国应当采用这种具有科学性的法律行为分类模式，并应贯彻到立法过程中。20世纪90年代中期以来，随着留德归来的学者越来越多，物权行为理论在学界的影响力也在逐步提升。不过，在我国当今理论界，就负担行为、处分行为二分法的基本态度仍是分为两派，一派支持，一派反对。

这种争论同样反映在立法过程中。在制定《民法总则》时，以孙宪忠老师为代表的一派学者主张把这种二分法体现在法律体系之中；另外一派学者认为，物权行为在我国还是少数观点，无须在立法中体现。最终，《民法总则》对此未置一词。此外，2012年最高人民法院在制定《关于审理买卖合同纠纷案件适用法律问题的解释》时，明确指出要把负担行为、处分行为二分法作为基本的支撑点，但是在后续的物权法司法解释中又否定了这一区分方式。所以说，从法律规范中我们看不出我国立法机关及司法机关对于物权行为、债权行为二分法的明确态度。

但是，我们应当清楚，从根本上说，以物权行为为代表的处分行为就是一个民法学概念，是学理逻辑推演的结果，或许现实中无法自证其名，法律规范又无明显体现，但这些对概念本身影响不大。这种学理推演可以无视现实和法律规范，根据自身的体系结构，按照一般的逻辑推理模式，通过抽象化的手段对某种学理现象加以“命名”。“命名”是学理的强大力量之一。其实，无论是社会学，还是哲学，大概都存在这样一个基本的共识，那就是学理会让现实变得更为清晰，它通过赋予现实以专业化的概念，并带给我们概念背后的认知。

□ 负担行为、处分行为二分法的理论基础

关于权利的由来,学理中大致存在两种说法。第一种说法,权利因劳动获得,类似于先占制度。土地由甲开发,树木由甲栽培,甲为此付出劳动,相比于其他人就应当获取物权。不过,若甲的劳动产出超出自我的消耗量,就会把剩余产品进行市场交易,乙因为双方之间的交易行为,继受取得物品权利。观察现实,我们发现财产权往往是通过交易获取的。现实中大大小小的交易都可以归结于行为,因此出现第二种说法,行为产生权利。第二种权利来源的学说,突出了交易双方的意思、意愿,交易的顺利完成由双方合意而来,这里面蕴含的意思体现在民法领域就是我们通常所说的意思表示,而意思表示是法律行为的核心要素。进言之,意思表示是权利的基本来源,它所包含的效果意思赋予权利以正当性,即意思自治。可见,权利的获取与法律行为密切相关。

虽然物权和债权在根本上存在巨大的差异,但是二者在贯彻意思自治、通过法律行为获取权利方面却有着相同的效果,之所以能够发挥这种效果,就在于它们各自延伸出来的物权行为、债权行为。换言之,以获取物权为意思的行为产生物权行为,以取得债权为意思的行为产生债权行为,它们都是通过意思表示的表达来满足自我的权利需求,但之所以还要加以区分,就在于物权、债权分属不同的权利属性。所以说,物权行为与债权行为的区分基础仍是物权与债权的二分法,只有在这种权利二分法的基础上,才能推演出法律行为的二分法。

意思表示作为法律行为的核心要素,为权利变动提供原始的正当性基础。法律仅仅调整人们外在的行为,所以这种作为人类思维活动的产物——意思,必须通过一定的外在行为表示出来。

□ 处分行为的意思表示问题

意思表示作为法律行为的核心要素,在大多数情况下二者可以同等对待。但是,相比于债权行为中意思表示的清楚明确,以物权行为为代表的处分行为的意思表示则显得有些隐晦不明。不过,意思表示、法律行为是理论构造的产物,其自身存在一套较为完成的规范体系。

意思表示由主观要素和客观要素构成。主观要素包括行为意思、表示意思和效果意思,其中效果意思就是当事人意欲通过表示来发生特定法律效果

的意思,它涉及法律行为的具体内容。客观因素是指行为人以明示或者默示的方式作出意思表示。

明示就是行为人直接将其效果意思在外,主要是通过言语表达出来。具体到物权行为,如双方约定某日办理过户手续,并共同向登记机关提交申请书,此时就是一个明示的物权变动意思,即双方通过明确的言语和行为表达出物权变动的效果。

默示是指由特定行为推知行为人的效果意思。与沉默不同,默示建立在当事人可推断的行为之上,即通过当事人的外在行为而非语言表达出内心的意愿。原则上这种可推断的行为依附于特定类型的交易行为,通过提取市场交易规则中的普遍做法或者依据当事人之间的特定关系来推断、确定当事人的意思表达。比如,甲乙双方同为哑人,在交易过程中,一手交钱一手交货,关于物权变动的意思就是通过行为体现出来的。

由上可知,物权行为的意思表示并无特殊之处,同样存在明示和默示两种不同的形态,我们不能因为物权行为是债权行为的履行行为,就误认为债权行为的意思表示可以代替物权行为本身具备的意思表达。

□ 负担行为、处分行为二分法的体系效应

1. 债权行为与物权行为:对人不对物与对物不对人

行为为权利的实现提供基本的途径,权利的基本特性又会影响相应法律行为的内容和运行模式。具体而言,就作为绝对权的物权而言,其必须依附于特定客体,故物权变动必须建立在某种特定的物品之上,而作为相对权的债权是发生在特定人之间的交易关系,关键是存在特定的交易相对人。概言之,物权行为具有对物不对人的特点,债权行为具有对人不对物的特点。二者彼此区分,互不影响。

对物不对人,是说只要标的物特定,相对人是谁,在所不问,如果标的物不特定,这种行为就没有意义。对人不对物,是说只要存在特定关系的相对人,即使标的物不存在,也不影响交易行为的效力,仍会发生当事人预设的法律效果。

事例一:甲乙欲以剃刀为交易,甲要求剃刀品牌必须为“奥康”,但是乙并无此种物品,双方仍然签订了以“奥康剃刀”为标的物的买卖合同。该合同成立且有效,因为标的物不存在也不会影响合同的效力。这体现

了债权行为对人不对物的特点，其中的关键是当事人之间的合意，至于标的物是否存在、是否特定，法律不过多干涉，以尽量使合同效力得以维持、受到尊重。

事例二：甲经营生意一塌糊涂，到处被人要债，甲的朋友乙意欲获得一笔贷款而请求甲做保证人，甲欣然同意。该保证合同已然生效，债权人不能因为甲没有偿付能力就否定该保证合同。虽然保证人的偿还能力是现实中签订保证合同的重要考量因素，但是在合同规范体系中，其重要性远远低于合意。

事例三：在德国民法法系规则里，抵押权设立后，抵押物仍由抵押人控制，无须抵押权人同意，抵押人便可把抵押物转让出去。这就是以绝对权为特性的物权衍生出来的物权行为中对物不对人的具体体现。但是我国《物权法》第 191 条的规定与此形成巨大的反差，它要求抵押人转让抵押物必须经过抵押权人的同意，实际上这等于废除了物权行为中对物不对人的一般规则。当然，这样说，并不能排除这种“变异”规则与我国金融担保市场的高度紧密联系，它大致反映了银行等金融机构的呼声，而这些机构在信贷市场中占据了主导地位。

事例四：甲创建公司，经营业务是出售月亮上的土地。乙与甲签订买卖合同。虽然合同标的物无法受人控制并特定化，致使合同无法履行，但这并不影响合同的效力。该合同处于不能履行的状态，按照不能履行的相应规则处理当事人彼此之间的法律关系即可。不过，若想进行物的交付或者登记，就必须存在一个既定的物权，标的物在现实中不存在也就没有所谓的物权，更谈不上物权变动下的处分行为。物权一定是建立在一个特定的客体之上。没有特定的客体，就无所谓物权，这也是对物不对人的基础所在。

上述内容都是讲述以物权、债权二分法为基础的物权行为、债权行为的基本特性。债权行为和物权行为分属不同的领域，行为特性各不相同，原则上效力互不干涉，不能因为标的物不存在就轻易否定债权行为的效力。当产生债权债务关系时，只要主体适格，债权行为的效力就应当予以维护，尊重当事人之间的意思自治。至于当事人是否占有、控制合同指向的标的物，在所不问。与之相比，物权行为必须建立在现实存在且特定的物之上。

2. 处分行为的特殊问题：处分权

在物权行为与债权行为区分的意义上，我们重新审视《合同法》第51条，就会发现，无权处分确实不应该规定在产生债权债务关系的合同法中，而是应立足于物权领域，从权利的得丧、权能减损角度来理解。进言之，当事人之间转让财产权，首先转让人必须是权利人，否则会直接影响到后手的权利获取，从而影响整个交易链条，而其中的关键就是处分权。

提及处分权或者无权处分，一定是主体对于客体某种资格的规范表达。一种观点认为无权处分就是主体对于某种特定物没有处分权能；另一种观点认为，无权处分不仅包括没有处分权能这种特定情形，还包括客体为禁止流通物的情形，即客体无法进入流通领域而成为交易对象。不过，通说认为，处分权就是主体是否可以根据自己的意愿随意处置客体的权能。

其实，处分权并非权利的一种，而是一种权能属性，它本身蕴含在权利之中。原则上，先有一个权利，然后才能谈及处分权能，而权能就是法律赋予主体的一种行为资格。至于禁止流通物，其大多适用其他特殊的规则，如违反管制法律行为无效。

存在既定的客体，然后才能谈及处分权。处分权能一般存在于两种形态之中，一种是主体享有某种权利，而处分是该项权利的权能之一，如所有权。另一种处分权能是由法律直接赋予，如破产管理人。按照负担行为和处分行为二分法，处分权能一定是针对处分行为而言的，没有处分权不会影响负担行为的效力，但是处分权能却是处分行为的必备要素。

虽然负担行为和处分行为这些法律概念都是理论构造的产物，或许仅仅存在于学者的想象之中，人们对它们也没有直接的触感，但是它们却是分析社会现实的有益工具。不难发现，当我们谈及“债是法锁”，就意味着使原本两个不相干的社会主体通过一纸合同而成为彼此的“负担”，似乎是一个“无中生有”的过程。但是，当我们说到处分某物时，绝对是先有物，再有处分行为，而非“无中生有”。可见，这种理论上的构造一定是来自实践，同时又与实践保持着一定的距离，即虽然规范与现实之间存在张力，但又存在无限接近的可能。

□ 负担行为、处分行为的具体形态

负担行为，即债权行为，是指使一方相对于另一方承担一定行为义务的法律行为。这里的行为义务就是给付义务，法律关系的主体是债权人和债务人。

负担行为以合同最为典型。以物权行为代表的处分行为是指直接导致权利让与、权利变更、权利丧失或者设定权利负担的法律行为。如同负担行为,处分行为也以合意为原则,单方处分行为极为罕见,除了动产所有权抛弃等寥寥无几的情形,其他须以明确的合意为必要。

负担行为与处分行为作为法律行为领域的一种基本分类,本身就是理论抽象的产物,同时它们内部又自成体系,体现着不同的交易类型和社会交往模式。不过,虽然二者被当成民法上的“任督二脉”,但是未必在任何情况下都是相伴而生的,大概分为三种类型:仅存在负担行为而无处分行为、仅有处分行为而负担行为、负担行为和处分行为共存。

只有负担行为,没有处分行为的形态,即与债权债务相关的交易行为不会涉及权利的减损等。比如,在无偿提供劳务的情形,双方仅存在债权债务关系。此外,使用借贷合同也属于此类情形,如甲借用乙的自行车,到期后归还,双方只是单纯的债权债务关系,并不涉及自行车权利的减损。

仅有处分行为而不伴随负担行为,大概只有所有权抛弃这一情形,它在现实中极为少见,几乎可以忽略不计。

在现实中,负担行为常常与处分行为同时出现,如买卖合同、赠与合同以及抵押合同等,就此而言,以债权合意为基础的处分行为是关注的重点内容。

□ 负担行为、处分行为的效力关联:无因性与有因性

通过上述分析可以发现,虽然负担行为和处分行为作为不同的法律行为类型,泾渭分明,但是在交易过程中它们往往相伴而生,并在法律效果方面互有关联。

债权行为与物权行为的形式区分在学界被称为分离原则,即基于物权和债权的不同属性,当事人欲获得相应的权利,必须通过特定的意思表示来实现,相对应就产生两种不同的法律行为。

两种法律行为的效力关联被称为抽象原则,即债权行为和处分行为的效力分别适用法律行为的效力规则,各自不受影响。为了维护交易安全,这种理论构造把债权行为从交易中抽离出来作为处分行为的原因行为,同时让二者的行为效力互不影响,所以又被称为无因性原则。

二者之间的效力形态大概分为四种情形:(1)负担行为有效、处分行为有效;(2)负担行为有效、处分行为无效;(3)负担行为无效、处分行为有效;(4)负

担行为无效、处分行为无效。其中第三种形态涉及无因性问题。

无因性原则把负担行为看作处分行为的原因行为,且原因行为的效力瑕疵不影响处分行为的行为效力。有因性原则则与之相反,负担行为无效,处分行为也随之无效。比如,当双方当事人签订买卖合同后,若合同因一方欺诈而撤销,但是标的物已经转移交付,完成权利转让的法定形态,此时,根据无因性原则,买受人取得该物品的所有权,出卖人只能通过不当得利规则要求对方返还原物;若采用有因性原则,即债权行为无效,物权行为同时无效,此时物品所有权仍在出卖人处,其直接向对方请求返还原物即可。若是不动产交易行为,采用无因性需要重新办理过户登记,而采用有因性只需要申请更正登记,交易费用相差甚大。

不同规则的运行会对当事人权利义务状态作出不同的安排。有因性和无因性之争不仅会直接影响出让人的直接利益以及权利的救济方式,而且还对特定第三人产生影响。尤其是作为民事主体责任财产重要部分的不动产,对债权人的利益影响深远。比如,在买卖合同无效时,对于已经完成过户登记的房产是否属于出让人的责任财产,采用无因性的结果是否定的,出卖人的债权人不得请求法院查封该房产;采用有因性的结果是肯定的,出卖人的债权人得请求法院查封该房产。在出卖人破产时,也会面临相似的情形。可见,规则不同,所产生的法律效果也截然不同,并对市场交易产生显著的影响。我个人认为,应当采用有因性原则。有因性让交易关系更为简便易行,同时解释起来更容易让人们接受,债权行为无效,物权行为无效,然后主张返还原物即可。相比而言,无因性解释起来较为麻烦,不仅要区分内部无因性和外部无因性,还要逐层剥离涉及更多的交易规则,整个过程相当烦琐。但是无论采用何种规则,都是为当事人之间提供稳定的预期,为交易不备之处提供制度供给,若当事人对两种行为之效力关联另有安排,自然听其处置。

一项制度是否合理,一定是通盘考虑,注重不同部分之间的体系协调。一般而言,每一个良好运行的制度都有一套消解风险的内在机制,所以说承认有因性并不代表无因性就一定不合理,而是说在我国民法体系下采用有因性更易于接受。此外,无论采用无因性还是有因性,在第三人保护方面,都可以适用善意取得制度,都可以维护交易安全。因此,谈及某项制度是否合理,一定是统筹兼顾的检视过程,通过发现制度之间的关联关系来印证制度运行的效果。

□ 负担行为、处分行为二分法视角下的债权转让问题

提到处分行为常常想到物权处分行为，其实现实中还存在另一种较为常见的处分行为，那就是债权转让行为。在债权转让过程中，债权买卖、债权转让是两个不同的指称。债权买卖指向债权行为、负担行为，内容涉及债权数额的大小，以及需要交付的凭证等，而债权转让是处分行为。因此，交付权利凭证只是履行债权买卖合同的给付义务，其本身无法导致债权转让。债权转让只需要当事人意思表示一致，表达出转让债权的意思即可，或者通过其他行为推断出债权转让的意思。

虽然债权转让同样导致权利人的权利减损，致使原权利人丧失权利主体的资格，但是它却不能套用物权转让的规则。物权变动必须借助占有、登记等公示机制，但是债权从诞生之日起就没有可供支撑的相应机制。因此，如何在转让过程中保护债务人的利益，便是制度构造的重要考量因素。我国《合同法》第 80 条对此作出回应，即债权人只要把债权转让的结果通知债务人即可，然后债务人就此确定清偿的对象，而无须考虑通知内容的正确与否。

□ 二分法视角下法律行为和法律规范的关系

以物权、债权二分为基础的负担行为、处分行为二分法是否一定要体现在法律规范中，大概存在两种立法例。一种以德国为代表，直接在法律中体现出这两类不同的法律行为。《德国民法典》就两种不同的行为分别使用不同的词语，提及负担行为，在总则和债法使用“Vertrag”一词，而在物权法采用“Einigung”一词，以此作为二者区分的标志。根据《德国民法典》第 873、929 条，不动产、动产的物权变动必须是合意加登记、交付，这两处条文非常明确地把负担行为和处分行为的区分表现出来。另一种以瑞士为代表。根据《瑞士民法典》的规定，物权变动只需要债权行为加登记或者交付即可，并没有为处分行为在法律规范中的存在留有余地。虽然《瑞士民法典》没有提及负担行为和处分行为的区分，但是瑞士学者认为债权行为无法为物权变动提供正当来源，所以在法律规范的适用过程中必须区分出负担行为和处分行为，并把其运用到实践之中。

相比而言，提及物权变动，根据法律规范的表述，德国是“债权行为 + 物权行为 + 登记、交付”，瑞士是“债权行为 + 登记、交付”，但是通过学理构造，瑞士

真实的物权变动模式也是“债权行为+物权行为+登记、交付”,只是两国对于债权行为、处分行为效力关联的态度不同,德国采用无因性,瑞士是有因性。由此可见,物权行为作为体系推演的产物,即使法律规范里没有表达出这种构造要素,也必定存在于催生它出现的交易场景中。

因此,当我们谈及法律行为时,或许实践中看不出,法律规范中同样不存在,但是它作为学理推演的结果,即作为理论规范的产物肯定存在。以悬赏广告为例。在我国台湾地区修订其“民法”,把悬赏广告从单方行为改为要约时,争议颇多。其实,如何进行规定与悬赏广告的性质认定并无必然的关系,关键仍是当事人的意思表示。重要的是行为本身,而不是规定。在私法领域内,法律只是为当事人意思自治的未达之处提供制度供给,绝对不可以把这些制度供给作为规训当事人如何行为的外在约束机制。而且,定性不仅是理论问题,更多的是对法律事实的认定过程。比如,在动产担保中,质押监管广泛存在于动产质押、动产抵押和仓单质押中,至于监管合同是保管合同还是委托合同,众说纷纭。要想解决这个问题,我认为重要的是考察真实的合同内容,只有根据合同约定的内容才能给出正确的定性,在抽象意义上讨论属性问题无法兼顾法律事实的特殊性,注定徒劳无益。所以说,在行为和法律规范之间,重要的是行为,在行为中,重要的不是应当如何定性,而是应如何甄别行为中所蕴含的意思。

■ 法律行为的构成要件

□ 行为要件形态的一般模式

法律行为构成要件的意义在于满足何种条件或者要素时,法律行为得以成立并且发生效力。与之相同,侵权行为、犯罪行为的构成同样需要满足一定的要件。我们提及犯罪构成,它包括该当性、违法性和有责性。该当性大致就是一个基本构成,只要满足这种该当性的要求就可以把行为初步纳入规范对象之中,经过违法性、有责性的逐层检验,才能得出是否构成犯罪行为的结论。侵权行为大概与之类似,包括该当性、违法性、过错。

《德国民法典》第823、826条就侵权行为规定了三种情形:过错侵权、违反保护他人的法律和背俗侵权,其中过错侵权最为典型。比如,甲到法院起诉,主张乙的殴打行为构成侵权,并向法院出示受伤的证据。此时,有损害、有行为,且行为和损害之间具有因果关系,符合该当性的构成。满足上述条件,基本可以判定乙的行为侵害了甲。但是乙的行为仍然需要经过违法性的检验,若事先存在被害人承诺,则可以排除行为的违法性。若不能排除违法性,还要考察乙的行为是否存在过错。关于侵权行为的认定,大致存在这样一个历程,即首先是一般要件构成,其次是违法性,最后是过错的认定,后两者也可以叫作限制或者排除性要件。

万物皆为一物,道理大多相通。三阶层,大概是行为构成要件的基本框架思路,法律行为也不例外。

□ 法律行为的成立要件

具体到法律行为,只要基本要件满足,法律行为成立,在一般情形下即可生效。根据《民法总则》第 136 条的规定,法律行为自成立时生效。这种基本要件,也可以称为成立要件。成立要件根据法律行为的形态不同而有所差异。如果是单方行为,只要存在意思表示即可;若是双方行为,只要达成合意即可。原则上,基本要件符合,法律行为成立。

不过在双方行为中,有时法律行为的成立还要求满足形式或者内容上的要求,如采用书面形式、合同内容最起码包括标的等,它们同样属于合同成立的必备要件,但是这种成立要件的内容往往与当事人的意思表示紧密相关,受到法律规范约束的空间较小。

□ 法律行为的特别生效要件

对于一些法律行为,除了需要满足最基本的成立要件之外,还需要满足特殊生效要件的要求。在我国主要就是法定要件和意定要件。法定要件取决于法律的规定,意定要件由当事人约定。在我们看来,这种特殊生效要件的限定是阻扰或者限制已经成立的法律行为发生效力,但是德国学者认为法定要件属于限制因素,意定要件仍然属于意思自治的范畴,是意思之上的意思限制,原则上与法定要件不能同等对待。我国对此不加细分,而是放在一起讨论,即只要这种特殊生效要件不满足,就不能发生当事人预期的法律效果。其中批准和意定条件是两个领域的典型代表。

1. 批准

根据《合同法》第 44 条第 2 款的规定,即便合同已经成立,但未经批准,也不能生效。虽然登记不能成为合同生效的限制要素，但是批准可以。我国正在进行“放管服”改革，批准逐渐减少，但是备案或可能转化为另一种意义上的批准。据此规定，合同只有满足批准这一法定要件，才能发生当事人预期的法律效果。目前，这种批准主要涉及外资、技术转让、国防资产以及国有资产转让等。必须强调的是，批准实际是政府对经济行为的事先介入和监管，涉及国家治理。故而，要想把《合同法》第44条第2款理解到位，恐怕不能仅把自己的眼光局限在学理上，还要注重司法实践和行政执法实践。

2. 意定条件

意定条件，是指就合同的生效当事人附加条件，合同效力的发生由此取决于将来的不特定情形。在意定条件成就之前，合同尚未生效，这是当事人自己创造出来的一种法律状态。并非所有的法律行为都有此类要件，其仅仅发生在个别情形之中，所以称为特殊生效要件。

□ 法律行为的阻却生效要件

根据《民法总则》第143～146条等规定，主体不适格、意思表示不真实自由、行为内容不合法或不符合公序良俗，是法律行为的阻却生效要件，出现任何一种，法律行为的效力就有瑕疵。

1. 主体不适格

主体资格主要涉及行为人的行为能力。虽然代理行为和处分行为也需要当事人满足一定的资格要求，但它们必须以行为能力为前提，行为能力有缺失，就不用再谈其他资格，故而，一般意义上的主体资格就是行为能力。行为能力主要对自然人有意义，因为随着我国“放管服”的逐步深入，法人、非法人组织的行为能力对法律行为效力的影响日趋淡化。

出于私法自治的需要，行为能力分为三个不同的层次：无民事行为能力人、限制行为能力人和完全民事行为能力人。根据法律规定，无民事行为能力人所为法律行为无效，即没有例外，全部无效。不过，根据最高人民法院《关于贯彻执行〈中华人民共和国民法通则〉若干问题的意见（试行）》第6条的规定，无民事行为能力人接受赠与、奖励等行为，相对人不得主张无效。该规定旨在维护无民事行为能力人的利益，应当继续维持。限制行为能力人的法律行为效果大致分为三类：一是自始发生效力，如纯粹获取利益的行为以及与自己的年龄、智力、精神健康状况相符合的行为；二是需要监护人同意的行为，同意的方式可以是事先授权,也可以是事后追认;三是前两种之外的行为,法律行为效力待定。

在代理行为,若代理人没有代理权,即缺失代理权这一资格,原则上法律行为效力待定。若相对人满足善意的要求,则构成表见代理,代理行为在当事人之间强制有效;若否,只要被代理人不予以追认,则代理行为归于无效。处分行为的法律认定思路大概与之类似,不再赘述。

2. 意思表示瑕疵

意思表示出现瑕疵,法律行为同样会归于无效。意思表示瑕疵有两类:一是意思表示不自由,如欺诈、胁迫;二是意思表示不真实,如重大误解、通谋虚伪。凡是出现任何一种意思表示瑕疵形态,都会影响法律行为的效力。虽然欺诈、胁迫可能构成犯罪行为,但是民法更为看重私人利益,把是否维护原有交易关系的选择权交由当事人自主掌控,而非如刑法那般注重维护社会经济秩序,其结果就是法律行为可撤销而非无效。

需要注意的是,通谋虚伪表示与其他情形颇有不同,该类行为之所以无效,并非法律出于某种社会利益的考虑,而是因为当事人压根就不想使之生效,所以法律只是顺从当事人的意思自治。与之不同,无论是欺诈、胁迫,还是重大误解,都体现着一定的法律救济色彩,是法律基于当事人之间的利益状态提供的矫正机制。

3. 违背管制的要求

违背管制就是违反法律或者突破公序良俗的界限,其结果是使法律行为无效。在实践中,最有争议的是违反法律的判断,具体反映在广为熟知的效力性强制性规范和管理性强制性规范方面,它们由《合同法》第 52 条第 5 项引申而来,并体现在《民法总则》第 153 条中。不过,效力性强制性规范和管理性强制性规范只是一种倒果为因的分类,或者说这种分类本身仅仅反映了法律的价值取向,如何在司法实践中体现仍然是纯粹的司法适用问题。原则上,判断一项规定是效力性强制性规范还是管理性强制性规范,关键在于探知法律规范的制度目的,若规范目的在于保护不确定的公共利益,那么这种规范往往就是效力性强制性规范。

但是,综观法律体系,我们应当清楚地认识到效力性强制性规范仅仅是强制性规范的一种,其背后的意图是要维护社会公共利益。但是除此之外,仍然存在其他类型的维护社会公共利益的强制性规范,但并不一定处在“管制”层面，如私法体系内部同样存在此类规范。因此，在理解强制性规范时，公共利益的维度虽然重要，且与法律行为的效力密切相关，但是《民法总则》中提到的效力性强制性规范只是众多强制性规范的一种，而且效力性强制性规范与管理性强制性规范这种二元划分也仅仅是强制性规范中的一种分类，并非非此即彼的关系，即在效力性和管理性之外还有大量其他的强制性规范，但它们既不能归于效力性强制性规范，也不能归到管理性强制性规范的范畴，而是散落在其他规范里面。

大体而言，理解强制性规范涉及两个层面：一是要约束自由，即打压意思形成空间和行为空间，包括那些自始用来约束当事人意思自治的行为规范，如行为能力规则、批准规则等，被称为限制行为形成空间的强制性规范；二是限定行为内容，具体指向人的行为以及行为内容，包括效力性强制性规范和管理性强制性规范，因此又被统称为强制行为内容的强制性规范。总而言之，我们在理解强制性规范时，不应仅仅限制在效力性强制性规范和管理性强制性规范这一分类范畴内，而是要把对规范属性的把握放在更为广阔的空间来讨论，如经济法、行政法等众多领域。

■ 法律行为的法律效果

□ 法律行为不成立的法律效果

若法律行为不满足一般要件，则法律行为不成立。从法律效果看，法律行为不成立就是法律行为无效的一种特殊情形，二者在本质上没有什么区别。换言之，法律行为不成立，也就肯定不生效，就是没有发生当事人预期的法律效果，这与法律行为无效并无区别。因此，法律行为不成立与法律行为无效的法律效果并无差异，都是返还原物、赔偿损失等。当然，从另一种视角出发，法律行为不成立与《合同法》第 42 条规定的缔约过失责任基本一致。

□ 法律行为不生效的法律效果

不满足特别生效要件的法律行为成立而不生效，不生效导致两种不同的情形：一是未定的不生效，即是否生效处于未知状态，如当事人约定的合同生效要件仍未成就，法律行为就处在未定不生效的状态；二是确定的不生效，如合同审批的结果是不批准，即确定不生效。虽然确定不生效在表达上与无效不同,但是在法律效果上同样没有什么差异。

在以批准为生效要件的法律行为中,报批条款的定性一直以来备受争议。若认为报批条款独立生效,则构成违约责任;若否,则是缔约过失责任。通常认为报批条款与需要报批的合同是两个不同的合同,报批条款只要在成立时没有效力瑕疵便即刻生效,若一方没有履行报批义务便要承担违约责任。至于未定不生效、确定不生效,只是针对需要报批的合同。报批条款就如同争议解决条款、清算条款一样,合同即使无效并不影响此类条款的效力。

在附条件的法律行为中,若条件条款存在问题,一般情形下也会影响法律行为的效力,毕竟条件作为当事人之间的意定要件,大多与法律行为的内容息息相关。通常认为,若条件违法,法律行为同样违法;若条件出现瑕疵,则法律行为同样会出问题。

□ 无权处分行为法律效果的体系关联

处分行为因为行为人没有处分权,通常归于无效。但是,无权处分行为往往与其他规范之间存在千丝万缕的关联。

1. 遗失物的无权处分与善意取得

第一种情形,B 捡拾 A 的电脑,出卖并交付给 C,C 属善意,交易价格合理。根据法律规定,电脑属于遗失物,无法适用善意取得制度,C 不能取得电脑的所有权。我国《物权法》第 106 条和第 107 条都是为了解决行为人在没有处分权的情况下权属争议的归属问题,不过此种情形只能适用第 107 条,即使 C 满足第 106 条的要件也不能根据善意取得的规定取得所有权。相比而言,第 107 条的规定更注重维护原权利人的利益,因此对相对人的权利取得作出一定的时间限制。

之所以遗失物不能适用善意取得制度,就在于遗失物属于脱离物,即非权利人意思自治下的占有转移。而在典型的善意取得制度中,标的物只能是委托物,权利人与行为人存在特定的法律关系,如借用关系等,即处分行为人的占有状态是由双方合意而来,体现了原权利人对于无权处分行为发生的可归责性。

2. 盗赃物的无权处分与善意取得

第二种情形,若 B 偷窃 A 的物品,转手卖并交付给 C。根据通说观点,盗赃物不适用善意取得制度,C 不能取得该物品的所有权。我国《物权法》没有关于盗赃物的相关规定,所以对盗赃物的善意取得问题一直存有争议。一种观点认为,第107条的规定仅仅适用于遗失物,二者分属不同的领域,不可以通过扩大解释把盗赃物纳入其中;另一种观点认为,遗失物尚且不能适用善意取得,举轻以明重,在盗赃物情形中更应该维护原权利人的利益,所以应当参照适用第107条。不过,盗赃物往往涉及刑事案件,从现实操作中看,若赃物已被他人取得,就停止追缴,否则费时费力,得不偿失。但是,若行为人明知是赃物而购买,则要一追到底。其实,现实中的赃物交易大多是在明知的情况下进行的,因为物品的价格往往低于市场价。

3. 冒名处分行为与善意取得

第三种情形,冒名处分行为。比如,B假冒A,并把A的房产卖给C。毫无疑问,冒名处分属于无权处分的一种,但是这类无权处分却无法与《物权法》第106条的善意取得形成有效的制度衔接。《物权法》第106条所构造的善意取得制度,其制度基础建立在物权法领域的公示机制之上,即占有、登记所代表的公信力;对于不动产而言,只有存在登记错误时,才能适用善意取得制度。但是B假冒A进行过户登记时,不动产登记并无错误,只是对主体的认识存在错误,此时不能适用善意取得的相关规定,所以应当把冒名处分行为与善意取得制度分割开来。理论通说以及司法实践的普遍做法,是主张冒名处分行为类推适用无权代理规则。

4. 善意取得后手转让行为的法律效果

第四种情形,善意取得后的转让行为。其一,若C从B处善意取得物权,再转让给D,D明知B为无权处分人,此时D能够取得所有权。C因善意取得而获取物权,后续转让权利就是有权处分行为,而有权处分无须考量相对人善意与否。其二,若C把该物转让给B,即回头交易,此时按照学理,B不能取得物权。若承认回头交易的合理性,就意味着无权处分人成功逃脱法律的规制,从无权人变成权利人。但若C先是转让给D,再由D转让给B,此时B可取得物权,因为该物品经过市场交易的流通,不再存在权利形态上的瑕疵。换言之,回头交易的规制一定是存在善意取得人与无权处分人之间,除此之外便不在该项制度的射程范围之内。

通过上述情形的介绍,我们大致可以看到无权处分行为所产生的体系关联。一个无权处分行为原则上会导致处分行为效力待定,当权利人拒绝追认时,法律行为归于无效;但是,当权利人拒绝追认时,行为无效并不必然意味着第三人不能取得权利。若第三人满足善意取得要件时,完全可以取得物权,学理称之为善意取代了处分人的无权利,或者说第三人的善意弥补了处分人的权利瑕疵。不过,要想准确适用法律,就必须精准把握善意取得的适用情形。所以说,只有把规范关联起来理解,才能获取完整的规范架构、完整的规范体系。

□ 法律行为效力瑕疵余论

关于法律行为效力的问题,特别需要注意两个问题:

一是无效的实现机制。它会因为规范目的的不同,而有所不同,如绝对无效和相对无效的基本分类。根据规定,恶意串通损害第三人的行为理应无效,但是无效是何种无效?绝对无效还是相对无效?若是绝对无效,任何人都可以主张,法官亦可主动判定;若为相对无效,只能由特定第三人向法院提起主张,其他人和法官都不得干涉。我认为,该处规范所指的无效与通常所指无效不同,它只是维护特定第三人的利益,而非一般意义上的社会公共利益。所以,这种无效的主张权理应归属于特定第三人。可见,尽管都可归属无效的范畴,但由于规范目的不一样,法律效果实现机制也不相同。

二是民法中关于法律行为效力状态的有限性。民法中规定的法律行为效力状态只包括可撤销、无效、不成立等几个有限类型,原则上不能涵盖全部,我们除了要知晓民法中有关法律行为效力的规定,还要看到其他部门法中关于合同或者法律行为效力的特定规则,只有把它们放在一起才能看到法律行为的整体效力状态。

■ 在规范层面理解法律行为

我们应当在哪个层面上学习法律行为?我认为,应当在规范的意义上,而不是在事实层面上理解法律行为,即把法律行为如同法律规范一样对待。司法适用大多运用三段论,即通过比对大前提和小前提,得出结论。其中法律规范是大前提,法律事实是小前提,而合同就是法律事实中重要的一种。在此我想强调的是,法律行为不仅是探究案件事实的基础,还是法官作出判决的主要依据,放在三段论的框架内,法律行为也是大前提,法官在审理合同纠纷时,应特别注意把当事人的意思表示作为基点。

如同法律不经解释不得适用一样,法律行为也是不经解释不得适用。在解释时,我们应当站在理性第三人角度去理解合同条款表达出来的意思,只有这样,才能提取合同的规范意义。这种理解不是某个人的私自理解,而是反映了一定的社会共识。《合同法》第125条第1款强调,合同的解释,要考虑合同所使用的词句、合同的有关条款、合同的目的、交易习惯以及诚实信用原则,从而作出概括性理解,这种理解实际就是规范性的理解。这种理解类似于法律解释。法律解释就是以一种外部视角通过某些特定的方法来探究法律规范的含义。

这种关于法律行为的规范性理解,对法官提出明确的要求,即妥当理解当事人订立合同的内容,知晓当事人签订合同时的意图,准确把握双方之间的权利义务关系,进而把当事人所订立的合同当作裁判的主要根据。在这个意义上,法律行为不仅仅是小前提,同时也是大前提。

也正是在这个意义上,可以说,作为负担行为的法律行为还是一种法源类型。处分行为之所以不是,是因为它仅是在履行义务而非创设义务;只有创设义务,才等于在当事人之间创制规范,成为当事人行为和法官裁决的依据。相比之下,法律行为与通常的法律规范没有实质差异,唯一的差异就在于法律规范是由立法机构创设,体现国家意志,而当事人之间的意思表示是双方自我创设的规范,体现私人意志。但就对当事人的约束力而言,它们没有差异。

这样看来,理解法源,一定要把视野放宽,不成文的习惯和一纸合同都可以作为裁判的大前提,只不过,受制于目前法律文书的表达,这种法源无法成为裁判依据。因此,在法律行为领域,意思表示解释永远是第一位的,其构成法官审理案件的指引。也正是在这个意义上,我们说法律行为是一种规范,而不仅仅是事实意义上的那一纸文书、一纸契约。

■ 阅读指引

1. [德]维尔纳·弗卢梅:《法律行为论》,迟颖译,法律出版社2013年版。
2. [德]迪特尔·梅迪库斯:《德国民法总论》,邵建东译,法律出版社2000年版。
3. [德]卡尔·拉伦茨:《德国民法通论》,王晓晔等译,法律出版社2003年版。

首先,这三本书籍均为德国学界的经典著作,经久不衰,影响甚广,参引率极高,并得到我国学界的一致推崇。其次,从内容上说,三本著作都用大量的篇幅讲述法律行为的基本理论以及制度关联,可以说法律行为理论就是这三本书的核心内容。此外,三位学者写作风格各有不同,观点各异,通过比较阅读,能够发现不同学者的理论偏好以及各自不同的价值立场,可以使我们对法律行为的基本理论有更为深刻的理解。

物权法的若干基本问题

葛 云 松

关于作者

葛云松

北京大学法学院教授，博士生导师。南京大学法学士（1992年），北京大学法学硕士（1995年），英国牛津大学进修（2000～2001年），北京大学法学博士（2002年），美国耶鲁大学法学硕士（2005年）。主要研究领域为民法总则、物权法、债权法、票据法、非营利组织法。

1995年开始在北京大学法学院任教，主要讲授民法总论、物权法、债权法、民法案例研习等课程。

（说明：原文著于2020年，《民法典》颁布生效之前。）

物权法的学习方法

本文要讲的是物权法学习的进阶问题。在具体展开之前，先稍稍谈谈学习方法。

物权法内容颇多、盘根错节，并且难度深度都相当之高，所以，不管是哪个法学院开设的物权法课程，课时总是紧张的。因此，学习物权法，最重要的是能够掌握其中的基本概念和理论框架，特别是能够在民法基本体系之中理解物权法的基本问题，知道一个物权法问题如何被提出、如何对其进行思考。如果思考的方向是妥当的，那么大体上就已经达到了本科生教学的目标。至于说现行法的具体规定、细节，除非一些非常重要的制度需要我们熟练掌握，其在大多数情况之下并不是学习的重点。如果只是拘泥于具体制度，那么在时间久远之后，或是法律更动之后，当前的学习就失去意义了。因此，培养自己对于物权法问题、民法问题的基本概念的理解能力以及思考能力，才是最重要的。

所以，掌握基本概念、核心概念体系以及提出、解决民法问题的基本思考方式，是课程的核心目的。

在大学的课程里，不管有没有指定教材，我们的学习范围都是一个无限广阔的空间。从知识的角度来说是无限的，从方法的角度来说也是无限的。因此，指望在一门大学课程之中，对课程所涉及的问题有一个“中学式的”透彻掌握，完全是不可能的。在大学阶段学习，大家要有一种“不求甚解”的态度。一方面要努力学习，尽可能理解；另一方面也要知道，你的理解在大多数方面必然是不够深入的，甚至，对很多问题，你会发现自己处于非常混乱的状态。这没有关系。

关于学习方法，有同学比较关注案例分析的方法和框架。近年来，案例分析方法的研究和教学成了学界热点，但这其实是有点奇怪的——法学学习的目标本来就是处理实际问题，何以近来才得到大家的重视呢？案例分析本就应当贯彻法律学习的始终。我们学习各种各样的抽象理论，最终目标还是解决具体案例，否则，理论就很难说是有意义、有价值的。

至于案例分析的框架,很难一概而论。最主要是,要看特定的案件之下,什么样的法律问题被提出。所有的“解答”,都需要针对问题。从哪个角度提问,就从哪个角度来回答。我个人认为,并不存在所谓的一般分析框架。案例以不同的方式呈现,需要解决的问题也各不相同。作为法律案例,通常来说,是要求通过法律适用,得出关于某个具体当事人的法律状况的结论。为此,我们要找到可以适用于案件事实的法律规范。法律规范的寻找是一件非常专业的事情,需要对法律体系有透彻的了解,需要掌握一定的法律检索技能,并且如果是疑难问题,还需要我们通过法律解释的过程来予以解决。民法上最常见的案例形式,是试图分析当事人之间的请求权关系,这就要运用所谓“请求权基础方法”。我们将来会有机会学习。

我们现阶段的学习中,有时候要求大家基于现行法来分析案例,有时候则要求基于一般理论来分析。前者要求以现行法的具体条文以及相应的学说、判例为基本出发点;而后者则相对自由一些,在大体上遵循基本理论的基础上,较为自由地辨析法律规范的应有内容,但是在细节上不拘泥于现行法。民法理论仍然有坚实的“内核”,但是在较为具体的问题上有开放性;而现行法则由于选择了其中的某一种方案,其开放性有所减少,甚至被排除。所以,面对同一问题存在的多种答案,我们需要对这些可能的答案进行比较,权衡利弊。

■ 如何辨别物权

物权和债权的区分,是民事财产法的基本结构。物权是当事人关于特定有体物财产享有的具有对世性的绝对权。对世性要求权利内容不仅需要为物的权利人和交易相对人所知悉,也需要权利内容为潜在第三人所知悉。因此,法律秩序要求物权的类型须由法律创制,而不可任由当事人随意“发明”;特定物权的得丧变更,须依法律预设的规则而发生,从而保障人人可以大体上准确地判断物权的归属,这就是物权法定原则。物权的对世性和物权法定原则,构成了物权相对于债权的显著特性,这一特性对于案件的处理结果影响甚巨。因此法律适用者在分析案件时,常需要判断当事人权利的性质。在面对典型案例时,作出判断并非难事。但是,生活实践是无限丰富的,制定法规则不能可能穷举所有的可能性,现实中必然存在某些“边界问题”,主要体现为债权的物权化。非《物权法》规定的典型物权,依据通常理解仅具备债权效力,却依据一定的交易规则，出现了对抗非特定第三人的可能性。判断此种可能性能否实现，须根据一定法学方法加以分析。

□ 正确理解物权法定原则

根据《物权法》第5条规定的物权法定原则，物权的类型和内容只得由法律所创制。其他途径（如当事人的约定）创制的物权类型不具备合法性，不能产生物权效力。此处强调的是，《物权法》第5条所谓的法律，应作广义法律理解，不局限于全国人大及其常委会所制定的法律，也包括其他应该被交易者所知悉的法源，如习惯法和法官造法等。

习惯法是否构成民法的法源，不无争议，这涉及《民法总则》第10条的解释，以及在《民法总则》实施之前，习惯法是否构成法源。对此我认为，习惯法始终是民法的法源。在此不展开讨论。

习惯法是可以设定物权类型的法源。例如，《民法通则》以及之后的《担保法》《物权法》中，明确规定了留置权，但是，在《民法通则》实施的1987年之前，商业实践中就时常出现相关的实践问题。某人将汽车送修理厂修理，修理厂修好后汽车所有人拒不交纳修理费，修理厂因而扣留汽车。修理厂是否有此权利？当汽车所有权人陷于多个不能清偿之债时，修理厂可否优先受偿？大体上可以辨认的习惯法是，修理厂有权扣留该汽车、有权优先受偿。从一般伦理观念上来说，修理厂通过辛勤劳动，甚至新零配件的添附，增加了汽车的价值，其他债权人没有理由主张其处于平等受偿的地位。《民法通则》的规定使得该习惯法成文化，但是在《民法通则》之前该物权就已经作为习惯法而存在。

与此类似的是建设工程价款优先受偿权，此权利被规定在《合同法》第286条中，但《合同法》颁行的1999年之前，可否认为中国法上有此类型的物权？这里的问题与留置权一样，有可能当时就存在这一内容的习惯法。

一个待讨论的问题是居住权问题。2007年《物权法》制定过程中，就是否应当规定居住权的问题有过重大争论，但是最终没有将其放进去。这是否意味着在当下，中国不存在"居住权"这种物权？未必。只能说，制定法上没有。但至少某些类型的居住权，可能构成习惯法。

除了习惯法以外，法院也可基于特定考量创设物权类型。

例如，最高人民法院《关于建设工程价款优先受偿权问题的批复》（法释〔2002〕16号）第2条所规定的商品房消费者的权利，即为法官造法创设物权类型的著例。在其他通常的买卖合同(如一般的动产买卖)中,买受人在取得所有权之前,只针对出卖人享有债权,并无优于其他债权人的特别地位。但是,至少就商品房的消费者而言,最高人民法院认为,其权利优先于建设工程价款优先受偿权,进而,推论之下,也应当优先于抵押权。就其实质而言,该司法解释实际上创设了一种新的物权类型。

又如,根据2015年最高人民法院《关于人民法院办理执行异议和复议案件若干问题的规定》第28条的规定,在法院查封之前签署的不动产买卖合同中,已支付全部价款的且已合法占有标的物的买受人的不动产所有权取得权,应优先于其他金钱之债而受偿。第29条的规定实质类似。根据上述规定,不动产买受人就特定不动产的利益高于其他债权人,申言之,其所享有的权利具有对抗第三人的效力,因而性质上属于一种物权。

我们在理解法院确立新物权类型的权力时,不要仅仅认为最高人民法院的司法解释可以创设物权类型。设想一下,在2002年《关于建设工程价款优先受偿问题的批复》发布之前,北京市海淀区人民法院审理这类案件时,可否在判决中认为商品房消费者的权利居于优越地位?我个人认为,司法权的限度、物权法定原则,均不妨碍法院有这一权力。当然,这时的判决只属于个别法院的"造法"尝试,对于其他法院没有拘束力,而司法解释则具有了普遍拘束力,与制定法的地位类似了。

□ 法律条文的解释问题

典型的物权类型,当然规定在制定法之中。但是,制定法中规定了的某些权利,有时要通过审慎的解释,才能确定其性质到底是物权还是债权。

例如,《合同法》第230条规定了承租人的优先购买权:"出租人出卖租赁房屋的,应当在出卖之前的合理期限内通知承租人,承租人享有以同等条件优先购买的权利。"对于承租人的优先购买权的具体内容(进而决定了它的性质),则有不同的观点:(1)出租人与第三人订立房屋买卖合同后,承租人主张其优先购买权(通知出租人),仅仅构成订立内容相同的买卖合同的要约,但出租人有承诺义务,如果出租人拒绝履行,须承担违反该承诺义务的违约责任。(2)承租人的优先购买权是形成权,其行使权利(通知出租人)时,承租人和出租人之间即成立了一个内容相同的房屋买卖合同。承租人和第三人根据各自的买卖合同,都享有请求出租人转让房屋的请求权。这样,优先购买权的行使导致了典型的“一物二卖”现象。进而,承租人与第三人的地位平等,如果出租人已经向第三人转移了房屋所有权,则承租人仅能向出租人主张违反买卖合同的损害赔偿责任。(3)基本同上述观点(2),但是,承租人在房屋买卖合同上的权利,有优先于第三人的权利——即使出租人已经对第三人转移了房屋所有权,承租人也可以从第三人处“夺取”所有权。在第三种观点之下,承租人的优先购买权的性质是物权。那么,优先购买权到底是哪一种性质?这是一个解释问题。

□ 法律行为的解释

导致物权取得的主要法律事实是民事法律行为,也就是基于当事人的意思表示而发生的行为,其通常是双方的合意。民法的私法自治原则决定了当事人的意思表示(主要是合意)是否导致了物权变动(以及何种物权),其必须以对意思表示的解释为基础。

例如,让与担保是民间常见的担保形式,大体的模式是指,债务人或第三人为担保债务的履行,将担保物的所有权转移给债权人,债务清偿后,债务人或者第三人重新取得担保物的所有权;债务不获清偿时,债权人以某种方式通过担保物受偿。理论上和司法上常常讨论它是否因为违反物权法定原则而无效。不过在我看来,大多数讨论者忽略了一个核心问题:当事人到底意图通过约定而设定什么具体内容的权利。必须对这个问题进行分析,然后再看那些当事人意图发生物权效力的内容是否有效(抑或会因为违反物权法定原则而无效)。

试举一例:甲将自有房屋过户到乙的名下,以担保甲对乙的债务。对于这部分的合意,是否有涉嫌违反物权法定原则的地方?首先,甲作为所有权人对房屋有完整的处分权,将房屋过户给乙的行为没有任何效力瑕疵。其次,房屋过户后,乙对房屋享有完整的所有权。通常来说,双方会约定乙在债务到期前不得擅自处分房屋。这一约定的内容,如果属于债权性质的约定,自然有效且与物权法定原则无关;如果双方意图作出物权性质的约定,即意图使乙的所有权不完整(欠缺处分权),则该约定因为违反物权法定原则而无效,但是应可转化为债权性质的约定而有效。

双方通常会约定:如果甲偿还了债务,所有权复归于甲。就此点而言,当事人可能有两种典型的约定方式:(1)一旦甲偿还债务,所有权自动复归;

(2)甲偿还债务后,乙有义务(债务)将所有权转移给甲。后者是债权性质的约定,与物权法定原则无关。前者在性质上属于在(甲将房屋所有权转让给乙的)处分行为上附解除条件。就房屋而言,应认为法律未允许处分行为附解除条件,因此关于该条件的约定是无效的,但是应可转化为债权行为,内容同约定方式(2)。

不过,就约定方式(2)而言,还有一种变形:双方进一步约定,甲请求乙返还所有权的请求权,优先于乙的其他债权人。该约定的要义是,甲取回房屋所有权的权利属于物权取得权,具备物权性质。这时,就应当考虑物权法定原则了。制定法上肯定无此规定,但是,这一约定有其正当性。可以考虑应否通过法律续造而承认这种性质的物权,也就是承认该约定有效。

让与担保之下,当事人还有一些重要事项需要约定,其性质是物权还是债权需要辨析,上述思路都适用。

■ 存款人权利的性质

银行业是现代社会运行的金融支柱。存款人对于存款(活期储蓄)的权利的法律性质却存在理论争议。民法上发生这样的争议是因为,在一些案件中,对活期储蓄存款性质的不同理解会导致不同的判决结果。

例如,甲开立活期存款账户并存入 1000 元现金,但被银行错误记载为 10,000 元,之后甲从上述账户向乙在同一银行的存款账户上转账汇款 9000 元,汇款后银行发现了对甲的登记错误,问:银行是否有权从乙的账户中减去 8000 元? 这涉及两个层面的法律问题:第一,甲存款 1000 元时与银行订立的合同的性质,以及甲因此而取得的权利的性质;第二,甲对乙汇款行为的性质。

储蓄合同的性质,通常理解为消费寄托合同,即一种特殊的保管合同。消费寄托合同指以可代替物为保管物,双方约定将保管物的所有权移转于保管人,而将来保管人以种类、品质、数量相同之物相返还的保管合同。但是,也有少数学者认为,其性质是消费借贷合同,也就是,存款人把钱出借给银行。第二种观点与银行业的历史、清晰可辨的一般民众观念以及银行业者的交易观念冲突,也与有关储蓄的法规冲突,显然不成立。不过,在消费寄托合同的性质之下,仍有部分学者争论,存款人对在银行柜台交付给银行的现金是否丧失了所有权,以及存款人对“存款”是否享有所有权。我的看法是,存款人与银行共同的、同样清晰可辨的交易观念是，柜台交付的现金，其所有权完全转移给银行了，存款人的所有权完全丧失，其权利完全是债权。而现实生活中，存款的主要来源并非柜台存款，存款人的手根本没有摸过任何“存款”项下的“钱”(有体物)，他的“所有权”，又能以什么物作为客体呢？至于有人认为，存款人的所有权是指对“存款”的所有权，则更加荒唐。所有权的客体是有体物，“存款”是什么呢？当然，这只是形式(概念)角度的分析，从实质上分析，也无法得出“存款所有权”的结论。

同一银行的两个储户之间的转账，其性质如何？有一种观点认为是债权让与。如果按照这一观点，甲因为实际仅仅存款1000元，银行错误地在储蓄卡中记录为10,000元，并不能使甲的真实债权变成10,000元，进而，甲向乙转让其对银行的债权，即使乙为善意，由于不存在债权善意取得制度，乙也不能取得10,000元的债权。将汇款理解为债权让与，只是部分法学者因为不熟悉储蓄业务而造成的误解。这个问题说来话长。简单地说几点。一个人的存款，可能是因为很多其他人的多次转账而取得的，如A因为单位发工资而取得了20,000元，收取房租而从租户处取得了30,000元，账户上有50,000元，此后，A向B汇款(同一银行)10,000元，那么，A转让了哪一笔债权？你会发现，“线索”很快就“断了”。债权让与的观念，更不能解释跨行汇款。甲在A银行有存款，汇款给乙在B银行的账户，结果使乙在B银行账户上的存款增加，如何用债权让与来解释？

实际上，转账的性质，必须还原到它的原始形式，才能获得理解。也就是说，同行汇款的实质是，甲从银行账户上取出现金，将现金交付给乙并由乙取得所有权，然后乙将该现金存储到自己的账户。只不过，银行基于和乙之间的储蓄合同上的受托人地位，先是代乙从甲处获得现金，然后又代乙存入账户，从而转化为乙的存款。跨行汇款的实质是，甲从A银行账户取出现金，委托A银行将其“送交”B银行的客户乙，而B银行基于和乙之间的储蓄合同上的受托人地位，代乙接受了A银行“送来”的现金，然后又代乙存入账户，从而转化为乙在B银行的存款。

在上述框架下，上述案例的解决方案是：甲对乙的汇款行为的第一个含义是取款，即甲向银行要求取款10,000元，银行在误以为甲存款10,000元的情况下，将10,000元现金付给了甲。由于这10,000元现金中，无法辨别哪一部分是真正债务的履行、哪一部分是非债清偿，应认为甲取得了全部的所有权。

当然，这里可能还有其他的理解。但是，无论如何理解甲的所有权人地位，在甲将10,000元现金"交给"乙的时候，乙取得了所有权。进而，乙存入10,000元。也就是，虽然甲当初的实际存款是1000元，乙的实际存款却是10,000元。所以，银行不能扣减乙的存款额，只能要求甲返还不当得利。在跨行汇款的情况下，更是如此：A银行根据甲的指示，送交10,000元到B银行，进而，B银行代收后，又代乙将该10,000元存入B银行。

物权行为无因性问题的思考进路

基于当事人意思的物权变动，发生在各种极为不同的场合。是否可以用一个非常简约的概念和理论来描述这一法律现象，并且对它们的构成要件中的一般性事项进行一般性的说明？大陆法系中的处分行为理论，以及作为其中一个具体类型的物权行为理论，就是这样的理路。

以使物权变动为目的的法律行为，就是物权行为。世界上所有承认私有财产的国家的法律都承认，既然是私有财产，当然可以基于当事人的意思而使其发生变动，也就是说，如果当事人的意思是使财产权发生变动，就可以产生这一法律效果。这在英美法也是如此，尽管其没有使用法律行为、处分行为、物权行为这些抽象概念。物权行为的独立性，是承认物权内容以及意思自治原则的必然结果。

那么，什么是无因性？一个独立的物权行为，它的构成要件有哪些？其中一个问题是，基于当事人意思的物权变动，总是与一定的原因相联结（最常见的情况是，为了清偿债务而为的物权行为），而当事人所认为的原因，如果客观上并不存在，那么，物权行为是否有效？也就是说，原因的存在，是不是物权行为的一个生效要件？认为它是生效要件之一的，就是有因性的理论；认为它不是生效要件之一的，就是无因性理论。

可见，物权行为无因性理论，实际上是一个更加简单的理论。并且，由于生效要件少了"原因行为"，物权行为是否生效的不确定性减少了。也就是说，它所导致的法律关系也更加简化了。这种简单的无因性理论，"复杂"之处反而在于如何论证它的合理性。因为，它似乎与我们生活中正义直觉不一致。

我国的主流学说不承认物权行为无因性，有同学问到，这其中有没有政治方面的考量？我看不出这个问题有什么政治性质，最多是要不要体现中国法的独特性的问题，以免看起来好像是抄袭某国的理论。即便从这个角度论证，也要注意到，无论是承认还是不承认无因性，都早有成熟的外国立法以及理论，但哪种立场都不是中国的独创。无因性是一个典型的私法性质的问题，不应该有什么政治考量。决定它的力量，应当是人民的生活，特别是市场交易的主体。当然，这需要法学家（包括法官、律师）为人民"代言"，尽可能忠实地发现、整理民事生活，探求它的规范性要求。尽管观点可能不同，但是这个基本立场应当是一致的。

无因性在我国没有获得正式承认，主要因为它被理解为是一个特别复杂的理论架构。前面已经说到，这里其实存在误解。实际上，无因性理论，不仅简化了物权变动的思考框架，还简化了物权行为导致的权利义务关系的变动结果。这种误解的源头，可能是认为物权行为这个概念过于抽象。比如，我们去超市购物，购买了一瓶饮料，生活观念会认为这就是一件事情、一个交易，但物权行为理论却认为这里要先存在一个债权行为（买卖合同），超市才有义务移转饮料所有权并交付，然后是饮料所有权移转的物权行为。

法律中常常会使用抽象的概念。抽象概念尽管比较难懂，但是却是为了简化而非复杂化法律关系。抽象概念对更为广泛的现象的共性进行概括，以简驭繁，避免了对各个现象进行分别处理，所以实际是一种简化。当然抽象化也带来新的问题，如法律行为理论抽象化之后就不太容易理解。但是，何以我国学者都能够理解抽象复杂的法律行为理论，却没办法接受物权行为乃至它的无因性呢？这很让人费解。

另外，还可以再关注的问题是，抽象与简化带来的总效益是正是负。我们当前常用的法律概念作为抽象的产物，大体都可以说是正效益的。但是抽象概念对应的具体规则并不都如此。提取公因式的法律技术如果过度使用，反而会导致规范的法律描述方式变得更难、更复杂。法学家始终需要把握好这个尺度，避免陷入概念的泥淖。

比如，事实行为这个概念，大家学习《民法总则》时会学到这个概念。事实行为的各项具体规则很多、内容很丰富，但事实行为在法典之中存在有一般规定吗？没有。法学家和立法者并没有这样做，因为不同的事实行为，它们在规则上没有共通之处。非要提取公因式，就是"无话找话"，实际上反而使这个问题复杂化了。类似的情况还有，形成权是否需要做一般的规定呢？一般认为不需要。形成权是一种理论概念，但是在规则上却并无太多的共通点，不同的形成权在构成要件和法律后果上千差万别。

囿于篇幅,我们在此无法进一步分析物权行为无因性会导致的问题,以及相应的对策,这里主要是希望宏观地给大家提供一个思考框架。物权行为无因性理论并不是一个政治问题,也不是无法讨论和对话的"立场"问题。我们首先需要的是在理论上,正确地理解物权行为无因性理论所要处理的问题、可能的方案(有因、无因),这样,才可以进一步在此基础上适当地评价其技术上的合理性,以及其是否带来了更为可取的社会效果。

提问:有哪些客体可以看作物?生活中的很多事物,如银行存款、支付宝、微信余额等,能否被视为物权法规范上的物呢?判断的规则和方法是怎样的?

回答:这个问题的回答很简单,物权法上的物一定是有体物。举个例子,能成为物权法上的"物"的金钱一定指的是生活中使用的货币,而不是金融意义上的货币,如M1、M2这些。简单来说纸质钞票或者"钢镚儿"才是物,有体物上才存在所有权。我们生活之中像银行存款、支付宝和微信上的余额,其实我们拿不到摸不着。尽管你打开手机看到上面的数字,觉得很高兴,并且你随时可以像使用现金一样使用它们。但是它们并非有体物,你并没有占有和享有这些"货币"的所有权。

可能有同学进一步会问,"物必有体"这个从罗马法时代就确定的规则是不是过于古老僵硬了?为什么不与时俱进呢?我的回答是,不存在有没有与时俱进的问题。新的交易形态当然需要在民法体系之中有立足之地,但是这些新的事物并不需要我们通过修改"物"的概念进而以所有权或者其他类型的物权来对待和处理。

许多年前曾经发生过一个民法学界的重大争论:要不要把知识产权归到物权的范畴之内,如专利。专利是一种技术方案,可否认为对专利也成立所有权,从而将物权法规范适用到专利上面去呢?民法对此的回答是,它不符合物的定义,所以它不是物权调整的对象。专利是抽象的,与记载专利方案的载体,如电脑或是纸张都不一样,所以它和物有重大的区别,有非常本质的区别。民法上的处理是使专利成为一类独立类型的权利。其中的原因之一是,《物权法》中的物存在有占有制度。占有指的是对物进行实际的控制和支配,然而专利技术是不可能从物理上进行支配的。但是,把专利权从《物权法》中排除出去,并不意味着对专利的保护程度就比把它放进《物权法》更低,这里的处理并没有任何的保护程度有高低之分的意味。

回到同学提的问题上来,支付宝上的钱只是一个数字而已。数字是抽象的,更换手机还是显示那个数字,它与特定的载体并无必然的联系。这种情况之下,就不应当用物这个概念去处理它,而是用其他法律关系去处理它。选择了适当的法律关系,并不会降低对支付宝上财富的保护程度,也与物的法律定位不矛盾。用何种法律关系可以参考前面说到的存款问题,具体不再展开。

如游戏里的装备,即所谓的虚拟财产,也是一个重大的话题,有很多民法学论文讨论它。这些装备在特定游戏场景之下有一定功能,并且还能转让,转让给其他玩家还可以获得一定的对价,所以说它一定是具有财产利益的。但是这个财产利益是不是要把它描述为一种所有权,从而将装备认为是一种物呢?

这种想法不符合物的定义。正如之前说的,物是一个非常严苛的概念,有它自身的非常精确的定义。有反对意见可能会说,装备是计算机系统中产生的一个特定的东西,它一定有一个载体,游戏公司也许在北京,服务器也许在贵州、云南甚至美国,但总而言之它占据了一定机器上的物理空间,所以还是存在一个有体物。但是需要注意,这个物理空间并不是当事人所支配的对象,它其实只是一个载体而已,如果把相关的文件换服务器拷贝过去,对装备的使用没有任何影响,也就是说游戏装备的载体和专利技术的载体一样,都不是虚拟财产和知识产权本身。

还要回答的问题是,把对虚拟财产的权利从物权里面剔除出去,是不是使得这种权利在法律上得不到应有的保护了呢?例如,好不容易获得的装备,花费了金钱和时间,游戏公司却把装备取消了;又如,其他人偷了你的装备。这两种情况之下有救济吗?是有的。针对游戏公司的行为,存在合同上的救济:游戏公司把我的装备取消,我可以要求其恢复装备,继续履行。按照合同的约定,游戏公司应在一定条件下给我装备,同时不能取消或弱化其功能。如果是被盗窃的装备,则可通过侵害债权的法律规则寻求保护。因为盗窃行为侵害了我对游戏公司的债权,我有权要求损害赔偿，赔偿数额是购买同等装备的金额。

可以看到，在合同法、侵权法的规则框架下，完全可以解决这个问题，因此就不要用它来冲击物的概念，以及物权的体系。法律上的体系是基于过去的经验，通过归纳而形成的，它代表的是过去的认知。当新的技术条件、新的交易场景发生之后，就会产生新的法律调整的需求。面对这个需求时，应当考虑到旧的法律概念体系、规范体系如何去容纳、接受新的规范需求。

一种情形是，旧的规范体系可以完美处理新的问题。罗马法的时代根本没有电脑，但电脑这个东西作为所有权的客体，完全可以被罗马法上所有权的概念所接纳，在此无须创制任何新的概念。另一种情形下，旧的概念体系不能容纳新的概念，那怎么办？并非修改原有的概念，而是应当拓展这个体系。法律会随着事物不断地发展，这个发展会带来新的概念、新的权利类型。出现了新的权利类型直接处理即可。处理的过程中，应当避免毫无价值地冲击体系，这在法学方法上是不妥当的，没有实际效益。因为一旦冲击了体系，对法律问题的思考会变得不经济，甚至面临困难。在此，概念的周延性受到了挑战，以至于我们都没有办法清晰地描述法律问题。

总之，在整个法律尤其是民商法范围之内处理新的社会问题时，一方面应当进行体系性的思考，另一方面又需要保持一个开放的心态，让所有应当被法律适当处理的问题，都获得相应的规范。当然具体的操作是一个在法教义学上需要不断思考的问题。常常出现一些论点，指责旧有的概念体系不能处理新的问题，我认为这一是因为对传统的概念体系本身缺乏理解；二是因为未拥有拓展新的法律概念、法律规范的能力，以至于不得不缘木求鱼，这其实是非常错误的说法，反映了一种错误的思路。

提问：您曾提到当事人的约定因为违反物权法定而无效后可能还具有债法上的效力，这里需要如何理解当事人的意思与最终的法律效果之间的出入呢？另外您提到的让与担保这种交易实践，和2015年最高人民法院《关于审理民间借贷适用法律若干问题的规定》第24条是什么关系呢？

回答：第一个问题涉及所谓“无效法律行为的转化”制度。假设当事人有一个约定,本意是试图发生物权性的效力,可对抗第三人。对于这个约定,按照前述内容,首先是要用物权法定原则去检验,看是否要赋予当事人的约定以效应的效力。如果发现它违反了物权法定原则——这个法是广义的法,包括制定法,也包括习惯法,以及法院在个案中的观点——那么就不能发生对抗第三人的效力。这个时候就会涉及无效法律行为的转化。形象地说,法官在此试图去还原当事人之间的一个对话。“我们有一个意图发生物权性效力的约定;但如果物权效力不能发生,我们是不是退而求其次,不要让它彻底无效,而是发生一个债的效力呢?”如果法官认为当事人会这样想,这个时候就可以把它解释为能够产生债的效力。

法律行为制度的功能是实现当事人的意思。它是意思自治的工具。这意味着,在当事人追求特定的法律效果时,如果能够满足法律上设置的各种门槛,如有行为能力、意思表示无瑕疵、内容合法等,那就应当使其发生效果。物权法定原则就是内容合法项下的一个审查,如果能满足的话,就依照当事人的意愿发生效力。如果不满足,可以说其在物权法上不发生效力,但是不能因此忽略掉当事人可能还希望单纯发生债法上的效果。无效法律行为的转换就是要把当事人的意思找到并确立下来。可以说它是意思表示解释的工作内容之一。学生在学习法律行为的相关制度时,有时只关照到了强行规则的部分,却忽视了对意思表示进行解释,这是需要注意的。

无论是习题和考卷上的假设案情,还是实际的案例之中,都可能遇到一个问题,就是没有明显的迹象表明当事人做了这种或者那种选择。这时作为法官或律师处理案件时,就必须要有一个清晰的方法指引:我要通过意思表示解释的过程,对内容给予澄清。一个比较不负责任的做法是,跳过意思表示解释,直接曲解当事人的意思。

最高人民法院 2015 年《关于审理民间借贷适用法律若干问题的规定》第 24 条第 1 款规定,“当事人以签订买卖合同作为民间借贷合同的担保,借款到期后借款人不能还款,出借人请求履行买卖合同的,人民法院应当按照民间借贷法律关系审理”。根据 2015 年的该规则,债务到期后借款人不能还款,出借人要求借款人履行买卖合同的,法院不会按买卖合同来处理。如果说出借人坚持对方履行买卖合同,要求对方过户,并交付房屋,法院会驳回起诉。这是非常不正确的处理方式。

甲和乙约定:甲向乙支付借款100万元,同时双方签订买卖合同,如果乙到期无法还款,双方买卖合同实际履行,乙把房子过户给甲,甲用借款名义下尚欠的本息抵销房款。这个约定是什么意思呢?最高人民法院认为,这是做担保。但"做担保"没有太多意义。因为实际达到经济上担保功能的法律途径有很多种,每一种不同的担保途径对应着不同的权利义务安排。首先,我们要做的还是对当事人的意思进行解释。笼统地看,乙没有还款时,其承诺将房子的所有权转移给甲,此时有多种解释的可能性:一是债的更新,也就是说以房屋所有权转移的义务来替代借款返还的义务;二是债务清偿的预约;三是新债清偿。这里不做过多假设了。其次,作为法官需要解释当事人的真意。如果有一些线索表明当事人本来就有打算买卖房屋的意愿,先行借款只是设定了一个房屋买卖的条件,那么没有任何理由要否定当事人的这个意思,因为这个意思不违反法律的强制规定(如物权法定)。

因此这里需要对该第24条进行限缩解释,认定它其实是一个意思表示解释规则。也就是说,假如在意思表示解释时,什么迹象和线索都没有,不知道往哪个方向解释时,就使用意思表示解释规则。在德国法上会把这个前提条件称作"有疑义时"。但意思表示解释规则只有在没有明确的意思表示解释结论时出场,是一种任意性的规范,由立法者通过法院对当事人的意思进行补充。但是,这样的补充仍然是在试图进行意思表示的解释。意思表示解释就意味着,法律效果不是法律强加给当事人的,而是当事人自己来决定的,只不过有时当事人自己没有说清楚,或者甚至自己没有想清楚。解释的过程就是法院和当事人一起把事情想清楚、说清楚。

意思表示解释既是一个事实发现问题,也是一个规范探寻问题,相当复杂。它决定了大多数合同案件的判决结果,但这个工作法院常常没有耐心去做或者做不好,他们甚至没有意识到这是一个必须要认真完成的工作,因此就带来了问题。2015年《关于审理民间借贷适用法律若干问题的规定》第24条就是没有做好这个工作,将所谓的以买卖合同作为借款合同的担保直接认定为一种借款合同。为此我们需要对其进行限缩解释,将这个规则理解为意思表示解释规则。当然在2020年8月,最高人民法院也对这个条文进行了修正。

像这样存在问题的司法解释条文非常多，如最高人民法院对独立保证的理解也一直为理论和实务届所诟病。在学习和理解司法解释的时候，必须要多加小心。这也是为什么在本科阶段的学习之中，对于现行法的一些规定，特别是司法解释，并不要求大家系统、深入、全面地了解。第一是范围太广；第二是每一条司法解释规则都会产生进一步的解释问题，这可能会导致学习负担变得太重。就像我在一开始所说的，对于物权法的学习，现阶段还是应该以核心、基础的理论框架作为重点的学习对象。

▣ 阅读指引

◻ 立法、司法解释资料

1. 黄薇主编：《中华人民共和国民法典释义》，法律出版社 2020 年版。

   全国人大法工委组织编写的民法典条文的逐条释义与说明，作为官方权威版本，有参考价值，便于查阅法规解释。但必须提醒，该书并不代表全国人大的观点，需要辨析阅读。

2. 全国人大常委会法制工作委员会民法室编：《中华人民共和国物权法：条文说明、立法理由及相关规定》（第 2 版），北京大学出版社 2017 年版。

   尽管《民法典》生效后《物权法》即失去效力，但由于前者基于后者而制定，其大部分条文没有变动，因此本书对《物权法》的解释仍然具有相当的参考价值。

3. 最高人民法院民法典贯彻实施工作领导小组主编：《中华人民共和国民法典理解与适用》，人民法院出版社 2020 年版。

   最高人民法院对民法典条文的逐条说明，体现了司法机关对待民法、物权法规范的态度，与司法实践结合紧密，对法官有很强的指导作用，具有较高的权威性。

◻ 教材

1. 刘家安：《物权法论》（第 2 版），中国政法大学出版社 2015 年版。

   刘家安教授是著名的民法学者，教学经验丰富而卓有成效。该书系其为本科生教学写作的物权法教材，深入浅出、通俗易懂，适于初学者使用。本书对物权法规范的基本概念和理论框架有着清晰和全面的介绍，疑难问题有所涉及但点到为止。可以直接通读，也推荐反复研读。

2. [德]鲍尔/施蒂尔纳：《德国物权法》（上、下册），张双根、申卫星、王洪亮译，法律出版社 2004 年版。

   法律出版社组织翻译出版的当代德国法学名著系列中的两本，当为汉语文献中可读的德国物权法最经典与权威之教材,详细而深入地讲解了《德国民法典》的物权编规则,内容丰富而精深,翻译也准确而晓畅。我国物权法律规范对德国法有着明确而深刻的继承与学习关系,了解德国法有助于更好地掌握中国法。初读时可以结合学习进度挑选相关章节阅读,对物权法有大概了解后再行通读;另外,由于中德两国在不动产制度上差异较大,该书第三部分对不动产物权的讲解可以略读或跳过。

3. 王泽鉴:《民法物权》(第2版),北京大学出版社2010年版。

王泽鉴教授是我国最受推崇的民法学家之一,许多观点对我国法学研究、法律适用乃至立法工作有重大影响。该书系其对我国台湾地区"民法"物权编所著之系统教科书。我国大陆与台湾地区的民法理论有共同的理论基础,许多规则几无差别,因此该书对了解物权法律规范深有助益。可在初步学习一遍物权法课程后通读此书。

论文

1. 葛云松:《法学教育的理想》,载《中外法学》2014年第2期;葛云松:《简单案件与疑难案件——关于法源及法学方法的探讨》,载《中国法律评论》2019年第2期。

两篇论文分别阐述了作者对于中国法学教育范式以及(民法)法学方法论的系统观点,对应着前文第一部分的内容,许多因篇幅与场合而未能言尽之意可由此二文加以补充。

2. 申卫星:《物权法定与意思自治——解读我国〈物权法〉的两把钥匙》,载《法制与社会发展》2013年第5期。

物权法定原则如何缓和,其中的"法"可以包括哪些范畴,习惯对于物权形成有何作用,意思自治在物权法中有何影响……前文第二部分提出与涉及之问题,可以继续在此文中寻找答案。

3. 陈承堂:《存款所有权归属的债法重述》,载《法学》2016年第6期。

与前文第三部分对于存款合同性质之讨论相关,此文对存款的所有权归属进行了梳理,驳斥了货币占有即所有作为判断归属之依据的观点,着重对银行之历史与交易结构进行分析。

4. 朱庆育:《物权行为的规范结构与我国之所有权变动》,载《法学家》2013年第6期。

前文第四部分提到了无因性理论,主要从物权行为之要件出发进行讨论,该文着眼于分析分离原则与无因原则之内涵、优势以及面临的批评,简明扼要,提供了另一重观察视角。

侵权责任的正当性及其实现途径

王成

关于作者

王　成

北京大学法学院教授，博士生导师。近年来主要学术兴趣为民法基本理论、侵权责任法、人格权法、合同法、法律大数据等。

自2005年开始一直为北京大学法学院本科生、研究生讲授侵权责任法。独著《侵权责任法》为北京大学规划教材，被评为北京大学优秀教材（2018年）。

侵权法的思维模式所要讨论和解决的问题是:面对一个侵权案件,该如何入手、如何展开、如何得出结论。具体而言,假设A起诉B,声称自己遭受B的侵害,要求B承担侵权责任。面对这样的主张,需要着手解决的问题是:如何判断A是否应当得到救济、B是否应当受到惩罚,或者A主张的损失是否应当由B来承担、如何承担、承担什么?

侵权法的思维模式涉及三方面的内容。事实的发现(事实问题)、正当性(理念问题)以及正当性的实现途径(技术问题)。正当性的实现途径又包括权益的认定、构成要件(请求权、动态系统理论)、免责事由、责任构成及形式等。

一方面,思维模式可以告诉我们,在面对一个具体侵权案件时,该按照什么样的思路寻求尽量妥当的结果;另一方面,思维模式的演进基本涵盖了侵权法的方方面面,当我们面对一个侵权法问题,能够明白所研究具体问题的属性,从而增加研究的针对性,有助于研究的深入展开。

■ 事实的发现

□ 侵权法的目的与侵权法问题的典型场景

从微观来说,侵权法的目的是要解决已经发生的侵权案件;从宏观来说,侵权法的目的是要预防侵权行为的发生,划定权利救济和行为自由的界限。这两个目的是互相关联的。一方面,通过对具体案件的处理,让权利救济和行为自由的界限明确起来,从而使潜在的加害人和受害人各自采取必要的预防措施;另一方面,权利救济和行为自由的界限明确以后,具体侵权案件的处理规则也就确立了。

侵权法问题面对的典型场景,可能是一个没有形成案件的纠纷,也可能是一个侵权案件。无论怎样,在典型场景中,A声称B侵犯了自己的合法权益,要求B为此承担责任;B往往主张自己在行使权利,并没有侵犯A的权益。比如,在刘翔诉《精品购物指南》报社等侵害肖像权案中,刘翔主张《精品购物指南》报社使用自己比赛的照片侵犯了自己的肖像权。《精品购物指南》报社则认为自己在进行新闻报道。[1] 作为法官或者侵权法的研习者，需要判断B是否侵犯了A的合法权益。当答案是肯定的时候，需要进一步判断该给予A什么样的救济。

□ 事实的发现

无论纠纷还是案件，事实是一切的基础。因此，发现事实是最首要的任务。

有些案件事实是清楚的，如刘翔诉《精品购物指南》报社等侵害肖像权案；有些事实则是不清楚的，如徐某某诉彭宇人身损害赔偿纠纷案中，在彭宇下车到徐某某倒地受伤期间究竟发生了什么事情，在案件审理过程中一直是不清楚的。[2] 在事实不清楚的情况下，需要依靠法官的生活常识和人生经验，根据现有证据及证据规则作出推理。由于每个人的生活常识和人生经验各不相同，法官作出的推理，很容易引发争议。正如彭宇案展现给我们的一样，无论作出怎样的推理，都必然有不同的意见。

目前视频影像技术发展迅速，加上城市里摄像头遍布，相较于过去，事实的发现似乎更简单、更清晰。但是值得注意的是，视频呈现的影像往往仅是一个片段，实际的事实只会更加复杂。比如，电梯劝阻吸烟案中，视频资料反映了当时发生的画面，但是画面并没有声音，因此双方之间具体发生了怎样的言辞交锋，还是不清楚的。[3]

有些案件的事实与摄像头无关。在侵犯著作权案件中，认定是否构成抄袭的事实，要耗费裁判者主要的精力。在陈某诉余某等侵犯著作权案中，原告诉称，原告陈某（笔名琼某）于1992年至1993年创作完成了电视剧本及同名小说《梅花烙》，并自始完整、独立享有原告作品著作权（包括但不限于改编权、摄制权等）。2012年至2013年，被告余某（笔名于某）未经原告许可，擅自采用原告作品核心独创情节进行改编，创作电视剧本《宫锁连城》，被告湖南经视公司等共同摄制了电视连续剧《宫锁连城》（又名《凤还巢之连城》），原告作品全部核心人物关系与故事情节几乎被完整套用于该剧，严重侵害了原告依法享

---

[1] 参见北京市第一中级人民法院（2005）一中民终字第8144号民事判决书。

[2] 参见江苏省南京市鼓楼区人民法院（2007）鼓民一初字第212号民事判决书。

[3] 参见田某菊与杨某生命权纠纷上诉案，河南省郑州市中级人民法院（2017）豫01民终字第14848号民事判决书。

有的著作权。众被告则认为原告指控的被告改编原告作品的事实根本不存在，被告的作品是独立创作。在长达53,000多字的一审判决书中，主要的篇幅是在比对原告作品与被告作品之间人物关系、故事情节之间的相似程度。[1]为了得出结论，法官不仅需要对案涉作品详细阅读，还需要对二者事实上是否相似逐一比对，以得出结论。

学校课堂教学中，一般会假设事实是清楚的。这个假设与真实的司法过程存在较大差距。司法审判中的事实查明过程恰恰是非常复杂的，随着案情的逐渐深入，判断结果甚至会出现完全逆转的情况。司法程序的复杂设计也多有类似考量，出现的新事实、新证据，极有可能反转审判结果，因此需要不同的程序设计，保障当事人的合法权益。

□ 纠纷比诉讼更复杂

一般来说，当事人之间的纠纷要比形成的诉讼更加复杂，尤其是发生在熟人之间的纠纷以及诉讼。当事人之间发生的纠纷，诉讼时只能选择某个争议焦点，找到法律规定的请求权基础，使用法律的话语体系，使其符合法院受理的条件，最后体现为一个案件。这个加工过程，就是纠纷逐步被加工简化的过程。

有这样一个案件：被告乙（哥哥）和原告甲（妹妹）系兄妹关系。原告甲于2000年11月出国，2011年9月回国。庭审中，原告甲提交2010年1月9日美国中文网刊登的《寻找甲》文章打印页，内容为：应北京市居民乙请求，中国驻纽约总领馆日前发布寻找甲女士的启事。甲于2000年11月赴肯塔基州Lexington探亲，曾在UK实验室及当地餐馆打工，自2007年10月与家人失去联系。现家人万分着急，希望与她早日取得联系。如有上述有关人士的线索，请与总领馆联系。另外，领事馆将尊重被寻者意愿，只应被寻者要求向其提供寻亲者联系方式，由被寻者自主决定是否与寻亲者联系，领馆不主动向寻亲者提供被寻者联系方式。文章中间有原告甲一张照片。原告甲另提交被告乙记录联络地址和凭据、租用邮局邮箱凭证、转租协议，据此主张被告乙刊登的上述寻人启事、照片，内容失实，对其造成负面影响，且其间被告乙在国内非法转租其房屋、提取其存款，侵犯了其肖像权、姓名权、名誉权，对其造成财产损失。

---

〔1〕参见北京市第三中级人民法院民事判决书，(2014)三中民初字第7916号。

被告乙认可寻人启事的真实性，主张此举系应母亲要求，在长时间联系不到原告甲的情况下而刊登，不是侵权。经询，原告甲认可自2007年从美国原住处搬至救济所，2007年至2010年未联系过家人。就该寻人启事对其造成的影响，原告甲主张，在美国时，移民局询问其是否存在非法做工情形；回国之后其在搜寻网站搜，仍可看到自己照片，认为被告乙欲借此侵吞其财产。[1]

本案中妹妹起诉哥哥，认为后者侵犯了其肖像权、姓名权、名誉权等。但是从上面法院查明的事实中，可以隐约感到双方的争议并非肖像权、姓名权、名誉权。这几项权利不过是为了满足诉讼条件而被提炼出的手段。双方多年形成纠纷的复杂程度远超这个侵权案件。

对于这样的案件，如果只是从案件本身入手解决，无论结果如何，都无法解决双方之间的纠纷。

上述案件反映的情况具有普遍性。对于这类案件，只有努力发现或者努力接近双方真正的纠纷，才可能彻底解决双方的纠纷。

■ 侵权责任的正当性

侵权法逻辑思维展开的第二个步骤是正当性判断问题。简单来说，正当性就是结果妥当性。正当性是对事实的评价问题。区别于事实问题，正当性是价值层面的判断。解决问题的规则和方法是围绕结果妥当性展开的。

我们通常用结果是否公平来判断某一案件的结果是否妥当。但是对公平本身又需要判断标准。某些场合，人们能够达成共识说某个案件的处理结果是公平的；但是在更多场合，有些人认为是公平的，有些人则认为是不公平的。

判断正当性或者结果的妥当性，需要考虑侵权法的基本范畴。

□ 侵权法的基本范畴

侵权法的基本范畴包括两个方面：一是权利救济；二是行为自由。一般来说，受害人一方代表着权利救济，加害人一方代表着行为自由。受害人一方希望更多的权利救济，加害人一方希望更多的行为自由。法律需要确定的是权

---

[1] 参见杨某与杨某1人格权纠纷案，北京市第一中级人民法院（2018）京01民终字第5713号民事判决书。

利救济和行为自由的界限。更偏向于权利救济还是更偏向于行为自由？问题的关键在于：每个人既是权利主体，又希望有更多的行为自由。因此，每个人都既需要权利救济又需要行为自由。权利救济和行为自由都具有稀缺性，二者之间呈现紧张关系，此消而彼长。比如，与《民法通则》（已废止）第 100 条相比，《民法典》人格权编第四章大大扩展了肖像权的内容。具体来说，《民法通则》第 100 条的规定只限制未经同意对他人肖像的营利使用，而《民法典》人格权编第四章在一般意义上限制对他人肖像的制作、使用、公开以及许可使用，禁止丑化、污损或者利用信息技术手段伪造他人肖像。根据《民法通则》第 100 条的规定不侵犯肖像权的行为，在《民法典》生效后，将是侵权行为。对肖像权救济的增加，意味着与肖像有关的行为自由的范围限缩。

无论是在立法层面还是司法层面，权利救济和行为自由就像天平的两端。法律的目的是希望在二者之间找到平衡，不能完全倾向于权利救济不管行为自由，也不能完全倾向于行为自由不管权利救济。但是，权利救济和行为自由的界限如此模糊，以至于并不存在一概而论的统一标准。侵权法几乎所有的制度规则，都是服务于权利救济和行为自由之间界限的寻找和判断。

□ 典型的场景

我们假设事实能够确定，侵权问题的典型场景是：A 对 B 造成了某种伤害。

以最常见的一类纠纷为例：假设 A 的行为造成了 B 身体的伤害。我们可以将场景具体化：

A 无意中撞倒了站在他身后的 B；
A 为了躲避狗的攻击在慌乱中撞倒了 B；
A 滑冰撞倒了 B；
A 失手打伤了 B；
A 精神病发作打了 B；
A 酒后打了 B；
A 酒后开车失控撞倒了 B。

我们可以进一步假设不同的场景：

A 无来由打了 B；

B 辱骂 A 一句,A 打了 B;

B 辱骂 A 半小时,A 打了 B;

B 偷了 A 的东西,A 打了 B;

B 半夜翻墙进入 A 家里,偷 A 的东西,A 打了 B;

B 动手打 A 半个小时,A 打了 B;

B 侮辱并打了 A 的女朋友,A 打了 B;

B 侮辱并打了 A 的孩子,A 打/伤/杀了 B;

B 侮辱并打了 A 的父母,A 打/伤/杀了 B。

上面场景的共同点,都是 A 造成了 B 的伤害。但是场景的情节只要稍加变化,我们的判断就可能发生变化,以至于可能会得出不同的结论。面对相同的场景,不同的人可能会得出不同的结论。我们会内心纠结、难以取舍。其中重要的原因在于,我们内心试图在确定责任是否成立时,判断的基准在不断动摇。就像用天平称量东西,左右施重不同,天平倾斜方向也相应发生变化。但是与天平称量东西较不相同的是,天平的基准是明确固定的,变化的是两边的因素。而正当性判断过程中,不仅两边的因素在变化,而且判断的基准本身就是模糊、不确定的。因此,侵权案件的正当性判断要比天平称量东西困难和复杂。

□ 侵权责任的正当性

在确定权利救济和行为自由的界限时,最根本的判断标准是正当性。如前所说,所谓正当性,就是结果的妥当性。碰到一个法律问题,我们通常的思维逻辑是先有大概结果再去寻找理由。这一过程被称为找法的过程。[1] 因此,法律的规则和方法都是为结果服务的。我们评价一个法律规则,也是从结果妥当性来评价的。当我们说一个法律规则需要修改,实际上是说,该法律规则导致的结果不具有妥当性。我们希望通过规则的变化,能够重新找回结果的妥当性。

侵权责任的正当性问题非常复杂,权利救济和行为自由的界限非常模糊。如上面所展示的,同样是一方当事人人身权受到侵害的情况,侵权人实施侵权行为时的主观状态、细节不同,就会导致正当性判断的差异,相应地也会得出

[1] 参见王泽鉴:《民法思维》,北京大学出版社 2009 年版。

不同的裁判结果。相对于过失的情况,让故意行为承担责任,往往争议更少;相对于作为侵权,不作为侵权的正当性判断更为复杂。比如,高空抛物中要让可能的加害人承担责任,哪怕是补偿责任,都引起极大的争议。这种争议归根结底是正当性判断的争议。

□ 与违约责任的比较

所有民事责任都需要正当性论证。相对于违约责任,侵权责任对于正当性的需求更为强烈、论证的复杂程度更高。

违约责任承担的正当性源于当事人对自己承诺的违反,即答应别人的事情,就应当做到。这就是违约责任的正当性。我们无须进一步挖掘:为何答应别人的事情就应当做到。违约责任的正当性基本上就是这样单一的。

但是,如上面我们假设的场景所展示的,我们似乎很难找到一个单一的标准来判断究竟应当支持 A 还是应当支持 B,侵权责任承担的正当性更为复杂多元。为什么违约责任的正当性和侵权责任的正当性会有如此差异?我们尝试通过以下比较来回答这个问题,也希望借此深化对侵权责任正当性的讨论。

合同关系与侵权关系、违约责任与侵权责任存在以下不同:

1. 意思表示的渐进交换与突然发生

合同关系的形成往往都需要经历一个或长或短的谈判磋商过程,即要约与承诺。因此,合同是磋商或者反复磋商的结果。磋商,就是意思表示在交换;双方磋商的过程,就是意思表示交换的渐进过程,也是信息披露的过程。通过彼此的信息披露,双方都要评估对方的缔约能力和履约能力,同时也要评估自己的缔约能力和履约能力,据此作出利益安排。每一个合同都存在信息交换的过程,只不过,越是复杂的合同,信息交换的过程越长。这个过程就像谈恋爱双方互相了解的过程。彼此对对方披露的信息有了一定的确信,双方的想法实现了平衡,就可能缔结婚姻的契约。这个过程又像天平称量东西,最后如果能够实现左右的平衡,交易就成立了。同时,双方的所有交易条件也都摆到了天平的秤盘上,彼此都能一目了然,非常清楚。我们常说动机错误不是错误,不构成撤销事由。但是当动机被作为民事法律行为的内容时,就可以作为撤销事由。这句话实际上就是说:动机能否作为影响合同效力的因素,关键是看在磋商过程中其是否被放到了天平上。在磋商过程中没有被放到天平上让对方了解,尤其是提出相应的交易条件,在交易开始后则不能再影响交易。

只有当动机在磋商过程中被放到天平的秤盘上作为交易条件，对方对此已经有充分了解、进行了评估，觉得可以接受时，动机才可能会对合同产生影响。

合同缔结后，如果一方突然打破了之前经过多次磨合实现的平衡，那么这就是违约。反过来，违约责任的正当性，就是一方打破了好不容易形成的平衡。

侵权关系往往是突然发生的，双方事先不可能通过任何形式进行意思表示交换。因此，不可能从意思表示中寻找责任正当性的线索。也正因如此，侵权责任对正当性的需求，要远远甚于违约责任对正当性的需求。

上述不同构成了以下各种不同的基础。

2. 双赢结局与双输结局

合同关系中，在意思自由的情况下，当事人之所以愿意缔结成立合同关系，是因为双方通过意思表示的渐进交换已经达成了双方满意的利益安排，双方利益实现了平衡，双方都将通过这种合同安排获得想要的利益。而在侵权关系中，受害人受有损失当无疑义，加害人因为有责任的承担，尤其是在惩罚性赔偿的场合，也无法得到利益。当然，某些场合由于责任配置不当，出现了加害人，尤其是故意的加害人因侵权行为获利的情形，此时就应当调整责任配置。

3. 对损害存在预先安排与否

缔约过程中，双方会对合同正常履行作出安排，往往也会对可能出现的违约风险在合同中提前作出安排。当事人可以约定违约金或者违约产生的损失赔偿额的计算方法(《民法典》第585条第1款)。当事人也可以选择保证、抵押、质押等担保债务的履行。

侵权关系中完全不可能存在类似的安排。

4. 熟人之间与陌生人之间

合同关系一般发生在熟人之间，或者随着合同磋商过程的深入逐渐变成熟人。更重要的是，违约发生的领域，相对来说应当都是双方熟悉的领域。侵权行为多是在陌生人之间突然发生的，也有很多发生在熟人之间的侵权。重要的是，侵权情形至少对其中一方，往往是陌生的。这种以往关系的铺垫和延续，会对责任的正当性以及纠纷的解决产生何种影响，还有待研究。

5. 将来利益的损害与既存利益的损害

订立合同的目的是追求将来的利益，合同是对于将来利益的安排，是为了将来变得更好。侵权则是对既存利益的影响,对既存利益的影响也可能影响将来利益,但其根基在于既存利益。

因此,违约责任一般产生“没有变得更好”的效果,违约责任是因为没有使对方变得更好而产生的责任;侵权责任一般产生“使现状变得更坏”的效果,侵权责任是因为使对方现状变得更差而产生的责任。在制度设计上,违约责任主要在于保护将来利益(原《合同法》第 113 条第 1 款,现《民法典》第 584 条),侵权责任主要在于保护既存利益(原《民法通则》第 117 条)。这样的结论有助于我们对某些损害如何进行救济作出更好的安排。

比如,纯经济利益损失,其性质属于将来利益的损失。因此,合同法是预防纯经济利益损失的重要机制,当事人可以通过合同约定对未来的不确定进行控制。反之,通过侵权责任救济纯经济利益损失,往往显得捉襟见肘、力不从心。因此,侵权法上对将来利益的保护,是侵权赔偿中的难题。

6. 可预见规则与全面赔偿

合同法中违约损害赔偿有可预见规则的限制,即违约损害赔偿不得超过违反合同一方订立合同时预见到或者应当预见到的因违反合同可能造成的损失(《民法典》第 584 条但书)。可预见规则,意在鼓励缔约双方进行充分的信息披露,保护当事人预期。而在侵权关系中因为不存在信息披露的过程,所以对侵权损害要进行全面赔偿。

7. 归责原则单一与归责原则多元

违约责任的归责原则主要采单一的无过错严格归责,有违约即有责任(《民法典》第 577 条);侵权责任归责原则的配置更为复杂,涉及过错原则(《民法典》第 1165 条)、无过错原则(《民法典》第 1166 条)、公平原则(《民法典》第 1186 条)等多元归责原则。

8. 严格责任与过错责任为主

如前所述,违约责任主要采严格责任。侵权责任主要采过错责任,辅之以无过错责任、公平责任原则,同时又有过错相抵(《民法典》第 1173 条)、正当防卫(《民法典》第 181 条)、紧急避险(《民法典》第 182 条)、好人条款(《民法典》第 184 条)等更为细化的规则设计,从而构建侵权责任的归责体系。

9. 对精神损害赔偿与否

违约责任是否存在精神损害赔偿,素有争议。反对理由的实质,与合同关系存在双方的缔约过程、双方对损害已经有所预见和安排有关。而在侵权领域,由于侵权行为的突然发生,存在对当事人产生精神损害的可能性。违约责任发生精神损害的场合,事实上是因为存在侵权的情形。也就是说,是因为存在侵权(人格权)的情形,才使违约责任也可能导致精神损害赔偿(《民法典》第996条)。

10. 责任的正当性不同

上述种种不同,造成了违约责任和侵权责任正当性的不同。承担违约责任的正当性源于当事人对允诺的违反,是对社会基础秩序的背离,来源单一。比较而言,侵权责任的责任基础更为复杂。仅仅有权益受到伤害的结果,并不一定导致救济和责任。侵权责任对正当性的需求更为迫切,也更为复杂。不存在单一的侵权责任的正当性。

正当性的判断能够让裁判者得出大概的结论。这种结论还需要进一步借助更为技术性的方法加以论证和实现。正当性的技术性实现途径有助于确保法律及具体案件处理结果的稳定性和可预期性。

■ 侵权责任正当性的实现

□ 侵权之"权"的认定

权益的认定是侵权法思考和判断的基础。

1. 权利类型的判断

面对当事人的主张,首先需要判断当事人主张所依赖的权益是否为法律所保护权益。以人身权益为例,首先需要判断原告主张所依赖的人身权益是法律所规定的权益类型。这种判断会有两种可能的结果。

第一,如果当事人主张所依赖的权益不是法律所保护的权益类型,则可以驳回当事人的主张。

在丘某某诉中国法制出版社一案中,原告丘某某诉称:中国法制出版社2004年9月出版了《典型案例与法律适用　行政类　行政赔偿诉讼》(以下简称《行政赔偿》)一书。该书中第六则案例为"汤某某诉福建省龙岩市交警支队直属大队违法扣车申请行政赔偿案",原告丘某某是此案原告汤某某的委托代理人,但该案例中却未列明丘某某的代理人身份。原告认为,一个案例的产生,是当事人、法官和代理人三方参与而成的劳动成果。中国法制出版社在该书案例中有意删节代理人情况,内容与案例事实不符,无从体现诉讼关系,忽略了代理人的劳动价值,因此侵犯了原告享有的三项权利:(1)劳动成果权,即就劳动成果要求劳动所得的权利,包括物质所得和精神所得,接近于知识产权;(2)列名权,指劳动者对自己的劳动成果列名的权利,与著作权中的署名权和专利权人表明身份的权利有类似又有区别;(3)荣誉权,案件中代理人作为智力劳动者参与创造了作品(劳动成果),有权获得社会正面的评价,可以带来一定的名声,被隐名后就无从获得。

法院查明:在汤某某诉龙岩市公安局交通警察支队直属大队违法扣车申请行政赔偿案(以下简称汤案)中,本案原告丘某某是汤某某一审、二审的委托代理人。2004 年 9 月,中国法制出版社出版《行政赔偿》一书。该书第一部分"典型案例"中"案例 6"为汤案,该文分"问题提示""案情""审判""评析"四部分,在"案情"部分仅载明原告和被告的基本情况,未列明委托代理人情况。[1]

本案中原告主张三项权利受到侵犯:劳动成果权、列名权以及荣誉权。

关于列名权,二审法院认为:我国法律并无有关列名权的规定,也没有关于劳动者对其劳动成果享有署名权的规定,丘某某主张列名权,没有法律根据。[2]

二审法院关于列名权的处理,就是关于权利类型的判断,法律没有规定这种权利类型,则可以直接驳回原告主张。

第二,如果当事人主张的权利属于法律规定的权利类型,则需要进行权利内容的判断。

面对当事人的主张,如果当事人主张所依赖的权利类型属于法律所保护的权利类型,则不能立即驳回当事人的主张,需要进入权利内容的判断,即需要继续审查当事人主张的利益能否为法律规定的权利所涵盖。

2. 权利内容的判断

权利内容判断,是判断原告所主张的利益是否可以被法律规定的权利类型所涵盖。

在上述丘某某案件中,关于荣誉权,二审法院认为,荣誉权是指自然人、法人或其他组织获得、保持、利用荣誉并享有其所生利益的权利。丘某某并未因在汤案中的代理行为取得相关荣誉,因此,其不享有荣誉权,书中汤案未列明

---

〔1〕 参见北京市海淀区人民法院民事裁定书,(2006)海民初字第 14745 号。

〔2〕 参见北京市第一中级人民法院民事裁定书,(2007)一中民终字第 900 号。

其委托代理人身份也不会损害其获得荣誉的权利。[1]

在任某某诉北京百度网讯科技有限公司案中,原告任某某认为被告侵犯了其名誉权、姓名权以及被遗忘权。法院对原告主张的三个权利类型和内容分别进行了判断。

关于名誉权,一审法院认为:“首先,公民享有名誉权,公民的人格尊严受法律保护,禁止使用侮辱、诽谤等方式损害公民、法人的名誉。本案中……既不存在使用言辞进行侮辱的情况,也不具有捏造事实传播进行诽谤的情况,明显不存在对任某某进行侮辱、诽谤等侵权行为,故百度公司相关搜索的前述情形显然不构成对任某某名誉权的侵犯。”

关于姓名权,一审法院认为:“公民享有姓名权,有权决定、使用和依照规定改变自己的姓名,禁止他人干涉、盗用、假冒。本案中,既然百度公司并无人为干预‘相关搜索’有关‘任某某’词条的行为,没有特定个人的特定指向,那么,对于作为机器的‘搜索引擎’而言,‘任某某’这三个字在相关算法的收集与处理过程中就是一串字符组合,并无姓名的指代意义;即使最终在‘相关搜索’中出现‘任某某’这一词条与本案原告有关,也只是对网络用户使用‘任某某’这三个字符状态的客观反映,显然不存在干涉、盗用、假冒本案原告任某某姓名的行为,况且现代社会中自然人不享有对特定字符及组合的排他性独占使用的权利,故百度公司在相关搜索中使用‘任某某’这一词汇并不构成对任某某本人姓名权的侵犯。”[2]

在前述刘翔案件中,刘翔主张被告以该种方式使用其肖像侵犯了其肖像权。由于《民法通则》第100条规定了肖像权,因此,不能当然驳回刘翔的请求。法官需要审查刘翔所主张的利益是否能够被肖像权所涵盖。

权利内容的判断有难有易,如对荣誉权内容的判断要比对肖像权内容的判断更容易。这是因为肖像权的边界比荣誉权更为模糊。

《民法典》人格权编对每一种人格权的内容都进行了规定,这些规定对于权利内容的判断非常有帮助。比如,关于肖像权内容,《民法典》人格权编第五章大大扩展了《民法通则》第100条规定的内容,有助于判断当事人主张的利益是否属于肖像权的内容。当然肖像权内容的扩张,意味着行为自由空间的

[1] 参见北京市第一中级人民法院民事裁定书,(2007)一中民终字第900号。
[2] 参见北京市海淀区人民法院民事判决书,(2015)海民初字第17417号。

限缩。

3. 权利类型还是权利内容的判断

权益的认定,需要先判断权利类型,在得出肯定答案后再判断权利的内容。不能将权利类型的判断误作为权利内容的判断。

在前述丘某某案中,关于劳动成果权,二审法院认为:“丘某某在汤案中的劳动,已经通过该案判决中载明的委托代理人身份得以体现。‘案例6’系针对汤案的评论性文章,该文对汤案的使用仅限于客观事实,丘某某并未对该文主张著作权,亦无证据证明其对该文的创作投入了劳动,故丘某某对该文并不享有劳动成果权。”[1]

法官的逻辑似乎认为我国法律上存在劳动成果权这种权利类型,只不过丘某某的主张不属于劳动成果权的内容。事实上我国法律上并没有劳动成果权这种权利类型。二审法官这种思维逻辑,是把本应属于权利类型的判断当作权利内容的判断。

在这一判断过程中,还有一个问题需要讨论。由于许多人认为我国法律上存在一般人格权,因此在认定某种具体权利类型不存在时,会进一步判断原告主张的利益是否属于一般人格权的内容。

在前述任某某诉北京百度网讯科技有限公司案中,关于被遗忘权部分,一审法院认为:

> 至于百度公司是否侵犯了任某某主张的一般人格权中的所谓“被遗忘权”一节。任某某认为,其已经结束了陶氏相关企业的教育工作,其不再与该企业有任何关系,此段经历不应当仍在网络上广为传播,应当被网络用户所“遗忘”,而且该企业名声不佳,在百度相关搜索上存留其与该企业的相关信息会形成误导,并造成其在就业、招生等方面困难而产生经济损失,已经产生了现实的损害,这种“利益”应当作为一种一般人格利益予以保护。
>
> 本院认为,我国现行法中并无法定称谓为“被遗忘权”的权利类型,“被遗忘权”只是在国外有关法律及判例中有所涉及,但其不能成为我国此类权利保护的法律渊源。我国侵权责任法规定,侵害民事权益,应当依照本法承担侵权责任。行为人因过错侵害他人民事权益,应当承担侵权

---

〔1〕 参见北京市第一中级人民法院民事裁定书,(2007)一中民终字第900号。

责任。由此可见,民事权益的侵权责任保护应当以原告对诉讼标的享有合法的民事权利或权益为前提,否则其不存在主张民事权利保护的基础。人格权或一般人格权保护的对象是人格利益,既包括已经类型化的法定权利中所指向的人格利益,也包括未被类型化但应受法律保护的正当法益。就后者而言,必须不能涵盖到既有类型化权利之中,且具有利益的正当性及保护的必要性,三者必须同时具备。

本案中,任某某希望"被遗忘"(删除)的对象是百度公司"相关搜索"推荐关键词链接中涉及的其曾经在"陶氏教育"工作经历的特定个人信息,这部分个人信息的确涉及任某某,而且该个人信息所涉及的人格利益是对其个人良好业界声誉的不良影响,进而还会随之产生影响其招生、就业等经济利益的损害,与任某某具有直接的利益相关性,而且,其对这部分网络上个人信息的利益指向的确也并不能归入我国现有类型化的人格权保护范畴,因此,该利益能否成为应受保护的民事法益,关键就在于该利益的正当性与受法律保护的必要性。

任某某主张删除的直接理由是"陶氏教育"在业界口碑不好,网络用户搜索其姓名"任某某"时,相关搜索推荐的词条出现其与"陶氏教育"及相关各类名称的"学习法"发生关联的各种个人信息于其不利,实际上这一理由中蕴含了其两项具体的诉求意向:其一是正向或反向确认其曾经合作过的"陶氏教育"不具有良好商誉;其二是试图向后续的学生及教育合作客户至少在网络上隐瞒其曾经的工作经历。就前者而言,企业的商誉受法律保护,法律禁止任何人诋毁或不正当利用合法企业的商誉。况且,不同个人对企业商誉的评价往往是一种主观判断,而企业客观上的商誉也会随着经营状况的好坏而发生动态变化,因此不宜抽象地评价商誉好坏及商誉产生后果的因果联系,何况任某某目前与陶氏教育相关企业之间仍具有同业或相近行业的潜在竞争关系。就后者而言,涉诉工作经历信息是任某某最近发生的情况,其目前仍在企业管理教育行业工作,该信息正是其行业经历的组成部分,与其目前的个人行业资信具有直接的相关性及时效性;任某某希望通过自己良好的业界声誉在今后吸引客户或招收学生,但是包括任某某工作经历在内的个人资历信息正是客户或学生借以判断的重要信息依据,也是作为教师诚实信用的体现,这些信息的保留对于包括任某某所谓潜在客户或学生在内的公众知悉任某某的相

> 关情况具有客观的必要性。任某某在与陶氏相关企业从事教育业务合作时并非未成年人或限制行为能力人、无行为能力人,其并不存在法律上对特殊人群予以特殊保护的法理基础。因此,任某某在本案中主张的应“被遗忘”(删除)信息的利益不具有正当性和受法律保护的必要性,不应成为侵权保护的正当法益,其主张该利益受到一般人格权中所谓“被遗忘权”保护的诉讼主张,本院不予支持。[1]

与丘某某案中的列名权和劳动成果权相比较,被遗忘权同样属于法律没有明确规定的权利类型。那么为什么在丘某某案中可以直接驳回原告诉求,而在任某某诉北京百度网讯科技有限公司案中需要如此复杂的论述?这首先是一个非常个性化的问题,对此问题的处理依赖于受理案件法官的判断。法官当然也可以按照处理列名权和劳动成果权的方式处理被遗忘权。本案与丘某某案的不同在于,本案原告已经主张了被遗忘权是一般人格权的范畴,法官讨论的是被遗忘权是否属于一般人格权中未被“未被类型化但应受法律保护的正当法益”。可见法官的思路在于:承认我国法律上存在一般人格权;本案原告主张的利益是否属于一般人格权涵盖的内容。因此,本案表面上属于对权利类型的讨论,实际上属于对权利内容的讨论。

权利内容的判断往往是非常复杂的,尤其是对边界比较模糊的权利。通过直观的方法无法得出结论时,就需要进入构成要件的阶段。

□ 侵权行为的构成要件

关于侵权行为的构成要件,存在不同观点。无论哪种观点,构成要件都是从不同角度反复论证权利救济和行为自由的界限。构成要件是将侵权行为从不同角度所作的细微解剖。侵权行为的某个方面,既可以从此角度分析,也可以从彼角度分析。比如,机动车驾驶人该踩刹车而未踩,造成他人损害。该踩刹车而未踩,既可能从过失角度分析,也可以从不作为侵权角度分析。机动车驾驶人不仅没有踩刹车,还踩了油门,同样可以从过失角度分析,也可以从作为侵权角度分析。这些分析,都是要为结果的正当性、妥当性服务。

除构成要件外,尚有请求权的方式。请求权的方式应当是一种更为快捷

---

〔1〕 参见北京市海淀区人民法院民事判决书,(2015)海民初字第17417号。

的方式。快捷方式有一个前提,需要被侵犯权利的边界更清晰。比如,物权可以采用请求权的方式,物质性人格权可以采用请求权的方式。对于精神性人格权,不仅请求权的方式是不够的,侵权构成要件往往也是不够的,此时又出现了动态系统理论。《民法典》第998条将动态系统理论变成了法条。第998条明确限定其适用于精神性人格权,道理即在此处。当然,不同的精神性人格权,其边界的清晰程度也不相同。比较来说,肖像权、名誉权的边界最为模糊,也最容易与其他主体的行为自由发生冲突。所以,法律关于肖像权、名誉权的规定更为复杂,引起争议的案件也最多。

简单总结而言,当权利内容的判断无法直观得出结论时,可以用请求权的方法;请求权的方法无法得出结论时,需要借助构成要件;构成要件依然存在困难时,动态系统论就有了需要。

□ 免责事由

侵权行为要件构成,一般就可以过渡到侵权责任,除非出现免责事由。因此,在构成要件之后,就需要对免责事由是否存在进行考察。常见的免责事由包括受害人故意、第三人行为、不可抗力、正当防卫、紧急避险等。在类型化侵权行为中还需要考察是否存在具体免责事由。比如,在医疗侵权中,需要看是否存在"患者或者其近亲属不配合医疗机构进行符合诊疗规范的诊疗、医务人员在抢救生命垂危的患者等紧急情况下已经尽到合理诊疗义务、限于当时的医疗水平难以诊疗"等免责情形(原《侵权责任法》第60条,现《民法典》第1224条)。

□ 侵权责任

侵权行为要件已经构成,又不存在免责事由的情况下,就会有侵权责任的承担。依据侵权行为适用的归责原则不同、构成要件不同,侵权人承担的侵权责任也不同。除自己责任、单独责任外,还有他人责任,包括连带责任、按份责任、补充责任、不真正连带责任、补偿责任等特殊责任形态。损害赔偿数额的计算、损益相抵等,都属于侵权责任部分的内容。因果关系中,责任成立的因果关系属于构成要件部分的内容,责任范围的因果关系则属于损害赔偿,即侵权责任部分的内容。

■ 小结

面对一个侵权案件，首先是要发现事实，其次进行正当性判断，然后按照权益认定、考察构成要件（请求权、动态系统）、检索免责事由、确定侵权责任逐步展开。每一个侵权法问题，也可以大致对应到上述思维模式的某一部分，从而能够明确问题属性，有助于问题的集中和深入讨论。

▣ 阅读指引

1. 王泽鉴：《侵权行为》（第 3 版），北京大学出版社 2016 年版。
2. 王泽鉴：《人格权法》，北京大学出版社 2013 年版。
3. 王泽鉴：《民法思维》，北京大学出版社 2009 年版。

   以上三本书是学习侵权法的必读书，理由无须赘述。
4. 邱聪智：《从侵权行为归责原理之变动：论危险责任之构成》，中国人民大学出版社 2006 年版。

   讨论归责原理最深入的一本书。有助于对侵权法思维模式和原理的思考。
5. 郑成良：《法律之内的正义》，法律出版社 2002 年版。

   讨论“正义应当在规则之内实现”的书。比较早，也比较薄，但是非常值得一读。逻辑严谨、文字优美、可读性强。
6. 文中所引裁判文书。

   这些判决书对理解侵权法思维模式有很大的帮助。鉴于篇幅，在文中没有全面展开，建议查找阅读。

商法学习的重要内容和路径

陈若英

关于作者

陈若英

北京大学法学院副教授。北京大学法学学士（1999年），英国牛津大学欧洲和比较法硕士（M.Juris.2000年），美国芝加哥大学法学硕士（LL.M.2005年）、法学博士（J.S.D.2010年）；比利时鲁汶大学全球教授（2019年），美国芝加哥大学法学院访问教授（2009～2010年，2016～2017年），以色列特拉维夫大学法律系访问教授（2016年），美国芝加哥大学法学院讲师、法律经济学研究员（2005～2006年）。主要研究领域为商法、土地管理法、政府规制理论和法律经济学。

自2011年1月开始在北京大学法学院任教，主要讲授以下课程：（1）进阶讲授类：商法概论；（2）高阶研讨类：商法前沿、转型中的中国商事规制（英文）、房地产法专题；（3）案例研习类：商法案例与谈判研习课。

学什么——理论分析框架和商法的功能

作为商事交易活动的规则，商法涵盖了合伙企业法、海商法、保险法、票据法、公司法等一系列古老的规则，也包括证券法、电子支付法、大数据交易和监管规则等更为前沿的内容，其源头至少可以追溯到欧洲中世纪的商人法，[1]经过长达数世纪、在数个相对集中的市场和民族国家基于类似的商事交易活动同时萌芽且并行发展而来。此后，随着跨国贸易和跨国投资在全世界蔓延和迅猛增长，这些法律的内容和适用范围不断拓展，也出现了融合趋同的发展态势，海商法、合伙企业法等都是比较典型的例子。在我国，我们今天所讨论的商法肇始于20世纪70年代末改革开放初期颁布的《中外合资经营企业法》，1986年颁布的《外资企业法》和1988年颁布的《中外合作经营企业法》。商法随着1993年《公司法》和随后颁布的《海商法》《证券法》《保险法》等逐步完善和发展。其在我国的发展历程，充分反映了中国经济增长及中国成为全球贸易、服务和资本市场重要组成部分的特殊需求和挑战。

正因为这一漫长而又夹杂着各国、各类主体活动痕迹的独特发展路径，相较于同学们比较熟悉的其他部门法，如刑法、民法等，商法显得比较庞杂和松散。然而，这并不意味着对商法的研究和学习无章可循，更不必采取“头痛医头，脚痛医脚”的策略分散学习商法中的不同领域。如果能够适用某些行为理论，解释和预测商事交易会否成行，解释和预测商法对交易决策产生何种影响，运用这些理论来分析商事活动和评判法律规范，对商法的学习应能达到事半功倍的效果。因此，在“商法概论”这门进阶课程中，我们将尝试用“理性选择”理论（rational choice theory）的分析框架，来理解商事交易和商法的“实然”与“应然”。为此，我们从下述两方面学习具体的商事交易类型和商法制度：（1）意图进行商事交易的主体可能面临哪些障碍，而商法如何帮助其克服这些障碍从而达成交易；（2）商法如何帮助应对商事交易给第三方带来的负面影响和挑战。

---

〔1〕 徐国栋：《罗马商法及其与“民法”的合一——以优士丁尼〈法学阶梯〉为考察对象》，载《法制与社会发展》2017年第5期。

□ “理性选择”模型下的商事谈判和交易

各类主体所从事的种类繁多的商事交易，包括以物易物，购买商品、服务，投资等形式，庞杂而丰富，且不断变换。不断出现新型的交易，让人目不暇接。那么，商事交易是否具有某些可抽象出来的本质特征供我们理解和应对？一个比较有说服力的理解框架来自现代社会科学，特别是经济学中用于解释个体决策的“理性选择”模型。根据理性选择模型，在一定的约束条件下，决策个体会以最大化自己的某些偏好和效用为目标，并为此而进行选择，且这些偏好是基本稳定的。在众多社会科学理论中，理性选择理论被认为是最能全面和统一解释人类决策的一个理论框架，对于频繁发生且比较透明的市场行为，这一理论框架的解释力和预测力尤为突出。在过去的一个多世纪中，以理性选择理论框架为基础而形成的社会规则和政策在各国被广泛采纳，进一步增强了这一理论的说服力。[1]

在这一理论框架下，交易主体之间的交易是为交易各方创造出新价值，也就是“合作剩余”（cooepration surplus）。当各方预期的合作剩余大于预期的交易成本时，各方就会选择进行交易；反之，如果预期的合作剩余太小，或者预期的交易成本过高，各方就放弃交易。这里需要注意三个问题。

首先，理性选择假设模型并没有假设各方会力争最大化各方所能分配到的合作剩余总量，而只是会力争最大化预期能分配给自己的那部分合作剩余，但这两个目标并不总是一致的。前者可等同于将把“饼”做大作为唯一的目标，后者则把最大化自己所分得的“饼”作为目标。当分配原则不同时，“饼”自身的大小与分配结果并不必然呈正向关系。把“饼”做大对社会整体而言当然是更好的结果，当商事交易的当事人为了确保自己的份额最大化而放弃这一选择时，就对法律和监管部门的介入提出了需求，也为这种介入提供了正当性。

其次，合作剩余一般体现为经济利益，如股权、债权、利润和现金等，但并不限于这些形式，还可能是一块自己不会做但可以买到的蛋糕、能带来租金收入和转售增值的房地产所有权、在电影院观看一部电影的感受，甚至可能是一

---

〔1〕 关于理性选择理论的一个简要介绍，参见 Thomas S. Ulen, *Rational Choice Theory in Law and Economic Theory*, Encyclopedia of Law & Economics on Line, 1999, p. 790 – 818。除经济学家外，国内政治学家较早对其进行了介绍，并将其运用于我国政治学研究中，例见邢瑞磊：《理解理性选择理论：历史、发展与论争》，载《武汉大学学报（哲学社会科学版）》2015 年第 3 期。

连串在普通人眼里毫无价值和意义的数字和标记。合作剩余反映了交易主体偏好和效用的多样性,其形式的不断丰富和更迭,恰是商业活动繁荣的标志。但也正是因为这样的多样性,使法律规范的制定、监管和司法裁判更易产生争议。

最后,理性人假说和建立在这个假说之上的理性选择模型得到经济学家、法学家和政治学家的广泛接受的原因,并不在于其对真实世界每个交易主体和每一笔具体交易的描述有多精确。其价值在于,与其他的行为理论假说相比,理性选择模型提供了可以用真实数据和证据加以检验的理论,根据这些理论,商人、企业家所做的预测比其他的行为模型所预测的后果更为接近真实世界里的状况。虽然商人在行为时可能根本不知道这一模型,但运用这些理论却能预测企业和个人在一定外部条件下的行为选择和其他后果。[1]

大家对于理性选择理论一个最常见的质疑是,即便是商业社会和市场中的主体,也并不总是理性的,商事交易主体经常是冲动的、情绪化的,特别是大量的消费者。行为经济学对此提供了很好的回应,我们也会在本课程中逐一介绍。值得注意的是,行为经济学是基于对个体的偏好悖论、认知偏差、有限理性(bounded rationality)的心理学研究发展而来的,其不仅没有推翻理性选择理论,反而进一步完善了理性选择理论的解释力,也提升了基于这些理论所制定的规范体系和公共政策的正当性。具体到商事交易和商法领域,在关于公司法和证券法中小个人投资者的保护、消费者保护、大数据和人工智能中个体权益的保护等重要前沿的商法问题中,这些理论的综合运用都带来了丰硕的成果。

对于理性选择理论的另一个常见质疑是,市场主体的选择和偏好会在与其他主体的交往中变化和互动。对此,我们也会引入以理性决策理论发展出来的其他理论模型,如博弈论(game theory)和集体决策理论(collective decision making theory)。这些理论对理解和规范国际贸易、企业和证券市场中商事个体的决策方式都提供了宝贵的洞见。当我们继续拓展,力图理解商事活动如何影响第三方进而受到立法者和监管者的干预时,则可适用在这一分支上的社会选择理论(social choice theory)和公共选择理论(public choice theory)。

---

〔1〕 刘伟、苗岭:《国内学界对理性选择理论的误解:一个初步反思》,载《社会科学动态》2017 年第 2 期。

□ 降低交易成本,提高交易效率

这是商事交易达成的障碍和商法的功能之一。在理性选择理论的分析框架下,各方有可能因为交易成本过高而放弃交易和放弃创造新价值的机会,而这样的选择对双方和整个社会而言都是低效率的选择。因此,商法的一项重要功能就是尽量降低交易成本,从而促成交易的达成,帮助各方合作、交易,使得合作剩余的产生成为可能,并最大限度地保留可供分配给各方的合作剩余。这样的交易成功率越高、发生得越频繁,就越能提升整个市场中,乃至整个社会中资源配置的效率,提高社会福利总量。对商事活动和商法的这一认识,与我国商法学界的既有观点也是一致的,反映了商事活动的营利性特征和商法对效率的追求。〔1〕 同时,也正是因为商人有逐利的天性、希望不断降低交易的成本、增加交易量并拓展交易的新方式,他们不断创设和发展能够帮助其有效降低交易成本的商法新规则,使商法呈现明显的自发性和自治性,〔2〕灵活而丰富,并不断发展和变化。这些特征都与民法、刑法等由一国立法者自上而下制定规则、法典化、体系化的特征形成了鲜明的对比。

通过探讨交易成本如何影响交易、交易结构、是否设立企业组织和选择组织形式等,我们将逐个分析商法的主要问题。交易成本(transaction costs)概念被广泛使用,始于诺贝尔经济学奖获得者罗纳德·科斯所发表的《企业的性质》一文。〔3〕 科斯关注的问题是——包括法律在内的制度如何影响当事人的交易成本,从而影响他们面对两条路径时的选择:以合同的方式进行交易获得,还是通过成立企业进行生产获得。当合同交易需要面临订立合同、监督合同执行和强制执行合同等成本时,对需要一方依赖另一方的供应或者双方互相依赖供应情形下的双方而言,这一方式的交易成本明显高昂。此时,如果成立企业,日后在企业内部以单方命令的方式通过生产获得,则可降低后续的交易成本。此时,影响合同成立、监督和执行的社会制度,以及影响企业成立和运行的社会制度,包括法律在内,就会通过其所导致的交易成本差异而最终影

---

〔1〕 例见钱玉林:《商法的功能、价值及其定位——兼与史际春、陈岳琴商榷》,载《中国法学》2001年第5期;蒋大兴:《〈民法总则〉的商法意义——以法人类型区分及规范构造为中心》,载《比较法研究》2011年第4期;赵磊:《商事信用:商法的内在逻辑于体系化根本》,载《中国法学》2018年第5期。

〔2〕 施鸿鹏:《民法与商法二元格局的演变与形成》,载《法学研究》2017年第2期。

〔3〕 Ronald Coase, *The Nature of the Firm*, Economica, Vol. 4, p. 386 – 405 (1937).

响当事人在签订合同交易和成立企业生产这二者之间作出选择。

例1：国际贸易的交易成本

国际贸易的交易成本可以包括如下内容：(1)信息搜寻成本；(2)信息处理成本；(3)谈判成本；(4)订约成本；(5)合约执行的监督成本；(6)合约得不到履行后的再谈判成本和合约修订成本；(7)合约被违反后的强制执行成本。

例2：商法降低交易成本举例：海上货物运输合同

在跨国贸易海运途中，运输船只可能遭遇恶劣的天气、海难和海盗等可能会导致运输货物毁损和灭失的风险。在气象技术、交通工具和通信技术尚不发达的时代，即便能搜寻到有关双方和货物的信息，签订运输合同仍然面临巨大的负担。托运人、承运人和货物买卖双方都面临巨大的不确定性和由此产生的风险。因此，在对运输交易的谈判过程中，各方就需要为描述这些可能出现的风险花费大量的成本；对能够描述出来的风险和可能的损失，各方还需要就如何分配风险和损失进行艰苦的谈判，并将之详细描述于合同中，进一步增加了交易成本。各方还需要在合同中就承运人雇佣的船员故意和重大过失造成的毁损作出规定，以确保承运人会在雇佣和管理船员上投入足够的精力。正因如此，海商法、票据法和保险法等商法部门的规则应运而生，以法律规则、行业规范和自律及格式合同等形式对各类风险、损失和收益在交易各方之间规定了分配的原则，大大降低了描述这些风险、损失和收益的成本，为各方节约了谈判和制备合同的成本。这些古老的商法规则促成了更多的运输交易和国际贸易，为买卖双方、承运人、保险人、银行等相关主体创造了巨大的财富，增加了其所在国家的税收收入，惠及了当地的老百姓、社会事务和国家。

例3：公司清算后，股东之间分配剩余财产的比例规则

在公司这种组织形式刚刚萌芽的时候，投资交易一般仅仅发生在熟人之间。基于众所周知的原因，在熟人之间就盈利分配等问题展开充分的讨价还价是极为困难的事情。此外，兴致高涨的合作伙伴从事一项充满美好前景、令人激动的新事业时，也很难“拉下脸”来商讨投资失败或者清算公司的可能性及具体的资产处置计划，提议讨论这些话题轻则会被认为不吉利、不合时宜，重则可能伤害投资者及合作伙伴之间的信任关

系。投资者也可能会对投资前景过分乐观，因而完全没有考虑到公司清算解散的可能性，疏于就股东之间分配剩余财产的比例和其他相关规则进行谈判和确定合同条款。这两类原因都可能导致各方在就投资签订协议和草拟公司章程和股东协议时在该事项上留下空白。这一留白自然会给实际的清算造成困难，增加清算成本和拖延清算时间。控制公司日常经营管理的大股东和管理者恐会利用这个时间为自己谋取私利。

对此，各国公司法都会对此规定缺省规则，即公司股东对此留白时适用的规则，从而降低清算成本，并同时减少大股东和管理者利用留白谋取私利的动机。

□ 控制商事交易的负外部性

这是商事交易对第三方的影响和商法的第二个功能。若商事交易只会影响交易的各方，或者对交易主体之外第三方的影响都是正面的、只增加社会的总体福利，则商事交易总会得到社会的支持和鼓励。而且，合作剩余越大，各方可分配到的合作剩余越多，各方的收入也会增加。与此同时，因为交易的频率和规模增加，可能会需要雇佣更多的人，从而创造更多的就业机会。而更多的就业机会和个人收入的增加都有利于扩大税基和提高政府的税收收入，为公共品的提供筹集到更多的资金，丰富公共品的供应。然而，实践中的情况并不总是如此，甚至相反。商事交易经常会对第三方造成负面影响，甚至严重减损公众利益。若交易各方不需要为其交易给第三方造成的负面影响承担任何责任或者支付任何费用，即这些负面影响不会减损其预期的合作剩余，则这些负面影响可统称为“负外部性”。如果负外部性过大，商人和他们的交易会引起反感，甚至受到指责和限制，有的甚至最终被禁止。例如，几乎所有的政府都会对投资重污染行业加以限制，甚至禁止某些污染过于严重的化工产品的生产。

对会产生严重负外部性的商事交易，商人和商法并没有袖手旁观，将其留给其他法律部门处理。历史上，商人自发成立的行会、自律组织在历史上发展出了很多控制和消除负外部性的措施和规则。各国商法中也包含了一系列规则，要求从事交易的商人为其给第三方造成的负面影响承担赔偿责任，或者承担降低此种负面影响的责任，甚至在极端情况下因此严重限制和禁止某些商事交易。这就是商法所发挥的第二个重要功能：限制和消除商事交易的负外部性,促使商事交易持续进行。

而且,随着科学技术的发展,商事交易和其他人类活动所制造的风险种类越来越多,风险也越来越大,人类已经处于所谓的“风险社会”之中。因此,在“商法概论”课上,我们还将关注商事交易可能产生的负外部性,理解商人和行业组织如何自发地控制这些负外部性和外部性风险,思考商人自律面临的挑战和困难。当然,我们也会学习商法在控制这些负外部性和其他风险中发挥作用的机制和形式。

例 4:企业自发控制交易的负外部性:星巴克发布《咖啡和种植园公平规范》

咖啡豆的种植在亚洲、非洲等极为贫困的发展中国家极为普遍。为了增强咖啡豆的价格竞争力,咖啡豆种植园经常会通过雇佣童工、压低工资、规定超长工作时间等方式压低咖啡豆的生产成本。但这些国家尚未颁布相关的劳动保护法律,也缺乏实施劳工保护的公共资源和人力,更缺乏必要的文化和社会认同基础。因此,这些操作并不会给咖啡农场和供应商带来任何的法律责任或道义负担。咖啡种植农场深藏于偏远的山区,加之这些发展中国家的交通和通信基础设施较差,这些明显违反伦理良知的操作在过去并不为外界所知。总之,咖啡的零售商和消费者享受到了廉价咖啡豆带来的益处,却不必承担咖啡豆生产给产地劳工带来的不利影响,零售商和消费者的咖啡买卖交易对咖啡产地劳工产生了明显的负外部性。作为全球最大的咖啡零售商,星巴克与其消费者的买卖活动也产生了这样的负外部性,且随着其销售量的逐年扩大而不断增加。

自 2004 年,星巴克通过与一个非营利组织的合作,颁布了《咖啡和种植者公平规范》(CAFÉ Practices),由该非政府组织帮助向星巴克供应咖啡的种植园作出改变,实现包括禁止童工在内的社会公平、环境公平和经济公平。这一规范的执行效果良好;截至 2015 年年底,向星巴克供应咖啡的种植园和咖啡豆处理厂中,已经有 96% 为长期员工提供了最低工资保障,超过 80% 为长期员工提供带薪病假,100% 承诺不再使用童工,100% 确保种植园和处理厂里的学龄儿童入学接受教育。[1]

---

〔1〕 具体可参见与星巴克合作的该非政府组织的网站(https://www.conservation.org/docs/default-source/publication-pdfs/starbucks_cafe_practices_impact_assessment_2011-2015.pdf.)介绍。

例5：法律如何控制股东依股东协议和章程行事的外部性：保护债权人利益

公司的实际控制人对公司财产和业务所享有的支配权、控制权，是由公司的股东协商决定的，这些协议内容一般体现在公司章程和股东协议中，得到公司法及合同法的承认和保护。债权人不是公司章程和公司股东协议的签订主体，是典型的第三人。在公司徘徊于破产边缘或者已经破产时，如果继续履行和执行股东之间协议的内容，经常会出现实际控制人过度冒险，以避免公司走向破产清算的情形。但过度冒险会给债权人的利益带来巨大的威胁；在公司实际控制人的冒险失败时，债权人就无法收回自己的本金和预期获得的利息及其它投资回报。市场中有相当数量的债权人是商业银行，贷款的资金来源是公众存款。如果不要求股东将其可能给债权人造成的威胁和损失在交易中予以考虑，甚至公众的存款也会付之东流。因此，各国公司法和破产法中都包含了一些规则，限制公司实际控制人在公司濒临破产时处置公司财产的权利，在公司正式进入破产程序但解散之前，甚至完全剥夺了股东的决策权，暂停公司章程和股东协议的效力。

为何学——学习商法的意义

同学们知识背景丰富多样，有的同学还有工作经验，对商事交易和商法的认识与看法必定千差万别。仅仅因为商法是必修课而学习商法的同学，甚至可能会天然地抗拒商法，对商法的学习持怀疑态度。而主动选择商法的同学自有不同的理由、目标和秉承的价值。学习商法固然可以帮助我们满足商业社会对法律专业人士的苛刻要求，磨砺法律的专业技能，参透商法的原理，但其意义远不止于商事活动和商法规范本身。学习商法概论和商法中具体的部门法，除了能够获得有关的知识增量外，还能帮助我们更加深刻地理解1979年之后中国社会，从一个不同的视角思考中国和中国人在未来世界中的位置。而这些认知和思考，对生活在我们这个时代的专业人士，是不可或缺的。学习商法所获得的知识增量和习得的分析方法，还能让我们对其他部门法和整个法律制度，获得新的洞见和启发。

□ 学习商法是理解当今中国社会和开启未来之路的一把钥匙

20 世纪 70 年代末至今，无论对国内还是对整个世界而言，改革开放和经济发展及其带来的巨大社会变革，无疑是这个时代最重要的历史事件之一。我国保持了 40 多载的经济高速增长，社会也发生了翻天覆地的变化。例如，1980 年，我国人均 GDP 约 300 美元，相当于世界平均水平的 12% 左右；2019 年，按照现价美元估算，我国人均 GDP 大致相当于世界平均水平的 90%。截至 2022 年 5 月，全世界上市公司市值最高的 100 个公司中，来自中国的企业共有 11 家，排名第二，仅次于美国。[1] 这样的成就可谓前无古人，是数量众多的商事主体活跃从事商事活动的直接成果。“伴随和服务市场经济是中国商法的初心和使命”，“商法追随中国市场经济发展，四十年如影相随”，[2] 也深刻地被这一历史过程所形塑。

在改革开放启动初期相继通过的三部有关外商投资企业的法律是我国商法的开端，[3] 奠定了中国区别于诸多发展中国家的法律基调。这几部企业组织法的立法理念和规则，吸取了当时经济最发达和投资最活跃的国际市场经验，为中国在吸引当时具有资本、技术和管理优势的外国投资者到华直接投资做出巨大贡献。对于深化国有企业改革和推进市场经济在我国的发展，商法也具有里程碑式的意义。以公司法为例，1993 年颁布的第一部《公司法》“突破了自 1986 年起草这部法时就一直争论不休的意识形态桎梏，即关于多元化股东为特征的公司与公有制的关系”，[4] 为国有企业的大规模公司制和股份制改革提供了制度支撑，也为民营企业的发展提供了制度条件。2005 年《公司法》修订，从多方面提升了投资者的积极性，如大幅降低了公司设立门槛，拓展股东自治的边界，确立了股东权利的可诉性，加大了投资者保护的力度等。与此同时，其为国有企业改革提供制度保障的功能也仍在继续：从国外引入现代

---

〔1〕 参见普华永道（PWC）发布的报告——《2022 年全球前 100 公司》（具体网址可参见 https://www.pwc.com/gx/en/audit-services/publications/top100/pwc-global-top-100-companies-by-market-capitalisation-2022.pdf）。

〔2〕 赵旭东：《改革开放与中国商法的发展》，载《法学》2018 年第 8 期。

〔3〕 赵磊、谢晶：《改革开放以来商法学研究回顾、现状与展望》，载《华东政法大学学报》2017 年第 2 期。

〔4〕 朱慈蕴：《中国公司法在本土化与国际化的融合中演进——改革开放以来的历史沿革、最新发展与未来走向》，载《东方法学》2020 年第 2 期。

公司治理结构的直接目的就是提升国有企业的经营和管理效率。2013 年《公司法》的修订,延续了对投资者的鼓励和保护,借助公司注册制度的改革,废除了法定注册资本的最低限额要求,完成了各地零散的公司注册改革实践的制度化。

这 40 多年的发展历程中,还出现了一个与商法相关的有趣现象:在合同法、物权法、侵权法等及基础性的私法部门法尚未颁布之前,外国投资者、我国民营企业、国有企业就已经展开了投资、有偿获得土地使用权等其他资源和原材料,雇佣员工、开发技术和产品、销售产品和提供服务等一系列商事活动,并取得了瞩目的成果。然而,这些商事活动的顺利展开和蓬勃繁荣,并非发生在法律的真空中,而是在各类商法规范的"保驾护航"中达成的;1992 年颁布的《海商法》、1993 年颁布的《公司法》和 1995 年颁布的《担保法》,都发挥了这样的功能。

与此同时,开放市场、活跃国际贸易并给跨国投资松绑的商业需求,也是包括商法在内的法律和法制健全的强劲动力和助推因素。我国申请加入世界贸易组织(WTO)长达 10 年的谈判过程,也正是我国商事组织日趋成熟、贸易和投资迅猛增长并日趋成熟的阶段。我国于 2001 年正式加入世界贸易组织时,中国在贸易、资本和人才上其实已经全面融入全球市场,拉开了日后在诸多商事领域成为强劲"领头羊"的序幕。而这一过程,也恰是我国民商事法律制度萌芽和发展的动力,深刻影响了包括商法在内的我国法律制度的发展,直接催生了我国民商法领域中的诸多"第一"和诸多法律、法规的清理和修订,如《合同法》(1999 年颁布)和《信托法》(2001 年)。[1] 我国 40 年的社会经济发展史和同期商法的迅猛发展,不仅没有证伪良善法律制度助力经济和社会发展这一经典命题,反而为其提供了有利的新证据。

洞察以商法为代表的法律制度与我国改革开放和经济发展之间的丰富互动,将能帮助我们避免陷入两类缺乏建设性的窠臼。第一类窠臼是将我国商法与国外成熟市场商法进行简单对比后对前者进行肤浅的批判,第二类窠臼则是忽略我国法律对过去 40 年工业化和现代化进程所起到的积极作用。细致入理地洞察商法及其在我国市场和社会中的作用机制、引发的问题,可帮助我们体察中国社会取得的成就和当今中国面临的任务和挑战;使用商法中几

---

〔1〕 刘敬东:《入世 10 年对中国法治建设的影响评述》,载《国际经济法学刊》2011 年第 3 期。

乎是国际通行的话语体系和规范体系，也将有助于我们将中国放置于一个更为合理的全球坐标体系中，将中国与世界其他国家和经济体、与历史中其他崛起和兴盛的民族国家作出有意义的类比，从中摸索出前行的方向和道路，窥见和应对我们自己和整个世界的未来。

□ 学习商法有助于对法律的总体把握和对其他部门法的研习

“法治搭台，经济唱戏”是我国法律制度的突出特征。正视这一特征，无疑有助于学习、评判和改革我国诸多部门法和整个法律制度。而遵循商法这条路径所收获的知识，自然有助于其他部门法的学习。在理性选择的理论框架下所呈现的交易目的、商事主体所面临的交易成本与其带来的负外部性，常常也是其他部门法的作用对象。例如，具有竞争关系的企业之间通过订立价格控制协议，导致价格机制失效、消费者不得不支付更高价格的交易，就是反垄断法要禁止的交易。

商法对商业活动负外部性的成功控制案例比比皆是，其作用机理自可以为其他部门法所借鉴，以应对相同甚至类似的问题。然而，商业活动不断将人类对未知世界的憧憬想象与强大的资本和非凡的技术相结合，在深刻改变个人生活和世界面貌的同时，也不断制造出全新的风险。商法在激励和威慑商人和商业组织控制这些风险方面的乏力与失败，同样触目惊心。这些风险如同悬挂在人类生活中的“达摩克利斯之剑”，无法回避；其他部门法也应从商法的乏力与失败中窥见法律激励和威慑社会活动主体所面临的困境，吸取教训。

具体而言，商法知识对其他部门法的知识外溢至少体现在两方面：(1)商法和其他一些部门法都以商业活动作为共同的调整对象，商法中对商业活动所积累的认知和应对策略，不仅可以，甚至在很多时候应当纳入其他部门法的考量范围；(2)在商法中得以运用的诸多理论，特别是有关商事主体的行为解释和行为预测理论，若运用得当，可以帮助我们更好地理解法律制度中其他重要主体的选择和行为模式，如监管部门、法院和立法部门。

1. 商业活动是诸多部门法的共同调整对象。通过商法的视角，我们能够看到商事主体、商事组织与普通自然人的诸多区别，也能更好地认识到商事交易和其他商事活动不同于普通自然人的目的和动机。在观察商事活动的计划和实施过程时，运用理性选择理论的解释框架，能帮助我们克服情感的冲动和过于表面化的价值判断，最终冷静厘清法律对商事主体可能形成的外部约束和内在激励,为商业活动所引发的问题探寻到有效且符合法律价值追求的解决方案。

例6:商事逻辑在其他部门法中的应用——环境法

现代科技和资本的完美“联姻”早已将无数个人的想象、智慧和技能纳入了层出不穷的产品和服务之中,但也对人体健康和生态环境造成了不可估量的风险和损害。因此,环境法是一部以商业组织为主要调整对象的法律。如果不理解商事组织和商事主体行为选择的动因,不区分自然人和商事组织违法动机的差异,就很难对污染治理提出行之有效的法律解决方案。例如,自然人的很多违法行为是故意的,其行为就是为了加害于人;但无论是个人因为开车出行,还是因企业排放污染物的行为带来违法和污染环境、危及健康等后果,污染环境、危害人类健康和生命,很明显不是汽车生产商或者排污企业的投资者和运营者所追求的目标。然而,我们很难期待企业主动把控制污染物排放纳入投资和企业运营的内在目标中。各国的实践也证明,企业即便在技术、资金和管理上都享有明显优势,也未必会主动利用这些优势去探索控制污染物排放的措施。囿于高昂的执法成本,仅仅依靠法人犯罪的刑事责任和罚款等外在的事后惩罚和谴责,远远不能有效威慑超标过量排放污染物的行为;这也正是早期环境法中的“强制—控制”策略在全世界变得乏力的根本原因。

然而,当环境法立法者和监管者不再将污染物排放视作天然应受到惩罚和谴责的“恶意”加害行为,而把污染物排放责任转化成为税费缴纳责任后,排放污染物造成的法律责任就部分转化成了商事组织要实现盈利时必须精打细算和严格控制的成本。虽然环境税、排污费的实施并不意味着企业可以在缴纳税费后任意排放污染物,但若立法者和监管部门设定的排污税费标准恰当,企业为控制这一成本所采取的管理、技术措施,就能带来减少污染物排放的直接效果,实现环境法和环境政策目标。对企业排放污染物这一行为动机的认知转变,以及随之而来的法律和监管工具选择的调整,给我国和世界各国都带来了明显的环境效益;政府也因为从“猫捉老鼠”的游戏中解脱出来而维护了法律的尊严。排污税费的计算以监管部门实时准确获取排污监测数据为前提,自然需要投入相当的公共资源和人力,但在线排污检测系统的建设和运营费用,与传统“强制—控制”模式的制度成本不可同日而语,其在实现环境目标的同时还节约了大量的执法成本。

2. 学习商法可以帮助我们理解立法和执法机构的行为选择。法院、立法机关和监管机构等法律机构,是明显不同于商事主体的组织体,其在组织目标、内部激励和管理机制、人员构成和所面临的外部约束上,都可谓与商事组织有天壤之别。这些法律机构的工作目标多元,但并不包括营利。此外,法院、立法机关和监管机构虽明显承担了服务经济发展、助力提高投资和企业效率等经济任务,但这些机构及其运行的制度都保有法律所特有的价值和制度目标,如平等、公正以及实体和程序正义等。更何况,这些任务之间经常存在冲突。比如,对个案公正的追求可能会牺牲总体的公平。又如,对程序正义的维护和追求,则可能会拖延实体公正的实现,甚至牺牲实体正义,美国辛普森案所引发的争议正在于此。如此多元和关系复杂的机构价值与目标,自难以被我们对目标较为单一的商事主体的分析所涵盖。

对于法院、立法机关和监管机构的行为选择,适用于商法领域的理性决策理论虽无法完全解释或精准预测,却可以帮助我们探究一个普遍存在的问题:法律实践和法律执行结果为何会偏离法律制度目标和立法目的?正如商事交易有交易成本,这些法律机构在执行规则时也面临执行成本,甚至有的执行成本与商事主体的交易成本是相同或类似的。在发现了这些不同的执行成本及其对法律解释和适用构成的障碍后,就迈出了降低执行成本和填补执行鸿沟的第一步。而且,由于商事主体经常是导致法院和监管机构解释法律和适用法律的始作俑者,他们在对法律的解释和适用过程中的参与方式也经常会影响执法成本。相应地,改变商事主体在这一过程中的参与行为和方式时,也可能降低制度总体的执行成本,同样有助于缩小法律规则与法律执行结果之间的差距。最后,如果我们发现某一规则或某一执法机关的执行成本因为种种原因完全不可控,或者某些执行成本畸高,对执法机构甚至最终的公共财政造成的负担过重,我们就可能需要更换这一规则的执行机构,以降低执行成本;抑或是我们会需要反思为某一规则和制度设定的最初目标是否需要调整,以便让执行成本变得更为合理,实现目标和执行结果的大致统一。

例 7:法院解释和适用法律的执行成本举例

经济学家在研究司法制度和法官行为时,发现法院和法官在执行法律时至少面临下述类型的成本(并不穷尽):(1)法院的财务成本:一是固定成本:如办公场所的建造成本、人员编制等;二是运营成本:如法官、书记员和其他工作人员的工资、办公场所的租金和维护成本、资料和办公用具的购置成本。(2)个案裁决的信息成本:如法官为了完成事实查明、法律查明和正确适用法律所需要花费的时间、精力等。(3)个案的司法裁决书撰写成本:撰写裁决书所花费的时间、精力等。(4)个案裁判错误后法官个人和法院作为机构要承担的成本:声誉受损、晋升前景受损、失去额外的经费和编制等。(5)"寻租"成本:若法官接受了当事人的贿赂,则可能会作出错误的判决。

例8:诉讼规则如何降低法官裁决的信息成本并实现正义

在个案裁判中,法官面临查清事实和正确适用法律两方面的信息负担,如果这一负担过重,错案率就会比较高,侵害当事人的利益。我国诉讼法规则不断修订的重要目的自是加强对当事人的权利保护。与此同时,从信息负担和信息成本的角度观察,这些规则客观上降低了法官面临的信息成本,因此降低了错案率,在提高司法裁判效率的同时实现了正义。例如,我国1996年修订的《刑事诉讼法》对庭审制度进行了改革,要求控辩双方在法官的居中主持下,展开一定程度的平等对抗,公诉机关需要更为积极地查清案件事实,并在庭审中应对被告方的质证;被告方会更为积极主动地为庭审做好事实和法律两方面的准备。[1] 如此使得法官从双方获得的信息质量大大提高,自有利于更快作出判决,在提高效率的同时降低错案率。

美国诉讼制度中的证据开示则在降低法院信息负担方面走得更远。在正式开庭前,原被告双方在法庭外,通常在律师的主持下相互开示和交换各自掌握的证据。在这一过程中,法官和法院工作人员并不参与,双方只要将证据开示的时间、地点等相关信息提前告知法院。如果当事人在开示过程中拒绝回答问题或撒谎,则可能招致刑事责任。因此,证据开示过程中,案件的事实可基本得到澄清,双方律师也会据此对法律问题作出自己的判断;双方遂可根据获得的事实和对法律的判断进行和解谈判,若谈判失败,则通知法院开庭;但若谈判成功,则不需要法院开庭即可结案。

---

〔1〕 陈卫东:《刑事诉讼法治四十年:回顾与展望》,载《政法论坛》2019年第6期。

美国绝大部分的民事诉讼都在法院第一次开庭前即和解结案。[1] 即便仍然开庭，由于证据开示过程中已经查明了大部分的事实，仍会大大减轻庭审中法官的信息负担。从个案角度看，这一制度可能将法官的信息负担降为零，却没有减损实质和程序正义。就诉讼制度的整体运行而言，则使法院得以将有限的资源用于事实和法律问题都更为复杂的疑难案件中，提升整个司法体系的效率，使更多个案得到公正处理，实现正义。

对法律规则与法律执行之间的差异，特别是监管制度中诸多偏离公共利益的监管执行结果，理性选择理论给出了另一种可能的解释：监管俘获。在传统的理论框架中和立法目的中，监管制度的设立和执行应当是为了实现公共利益，特别是在市场失灵而司法救济不足的情况下，监管机关介入商事交易行为，从而保护和实现公共利益。但偏离公共利益的监管决定和监管制度似乎并不罕见，其被形象地称为"监管失灵"。对此，经济学家在理性选择的框架下创立了监管的"俘获理论"。这一理论最大的洞见在于将监管者视作一个理性选择主体，有其可能独立于监管目标的自身的利益，尽管监管者所追求的目标不是经济利益，但监管者在监管过程中也会最大化自己的独特目标，如权限、编制和经费、声誉等，监管部门的决策者可能在一定程度上为自己离开监管部门打开就业之路并努力提升自己未来的市场价值等。

如何学——关于学习方法的建议

商法是一门紧贴商事活动需要和应对商事活动挑战的部门法。因此，在学习中，建议大家以商事主体和商事活动中的上述两类问题为导向进行学习，而非从概念到概念。具体而言，学好商法，需要把握以下重要环节：(1)关注商事交易的事实；(2)贯通地熟悉各类规则和制度选项；(3)结合事实，运用法学理论和其他社会科学理论对制度选项进行评判、选择和建构；(4)不断提出问题，在寻找问题和解答问题的过程中解开疑点、打通逻辑关系、厘清规则体系并评价商事问题和法律解决方案之间的匹配性，针对匹配不足的原因寻找解决方案。

---

[1] 可查阅美国律师协会官方网站(https://www.americanbar.org/groups/public_education/resources/law_related_education_network/how_courts_work/cases_settling/)上的信息。

□ 关注商事交易的事实

学习法律,自然离不开对于法律所力图规范、助力的商事交易的理解。因此,全面和透彻地掌握和理解商事交易有关的事实至关重要。养成关注事实的习惯,将对事实的准确描述和理解作为处理商法问题的第一步,是学好商法的首要技能。与商事交易相关的下述三类事实尤其值得关注:(1)交易目的、风险分担和利益分配安排;(2)各方达成交易面临的困难;(3)交易对第三方造成的不利影响。

面对一项或一系列商事交易,首先,需要梳理交易主体的身份及其面临的外部约束和激励机制;其次,在充分了解主体和交易的交易事实之前,避免妄断商事主体的交易动机,并以猜测的动机作为放任抑或限制,甚至禁止这类商事活动的依据。为此,要特别注意避免交易表象的"迷惑性"。例如,一些看似"免费"提供的软件和佩戴饰物,实则是为了免费获取用户数据甚至是隐私信息,并不能因为其免费而自然将其排除在法律和监管的"雷达"之外。再如,在博物馆纪念品店高价售卖似乎并不值钱的明信片、矿石和仿制品,并非为了助力投资人获得暴利,而是为购买和展示昂贵的展品、维持博物馆向公众开放而筹集必要的资金。所以,对于博物馆的高额利润,政府一般会提供减免税收、便宜或免费的土地和现金资助等。

第二类事实,即需要关注商事交易中各方达成交易所面临的困难,从而为法律是否需要介入和如何介入提供事实依据。

例如,在现代航空运输和现代通信技术尚未普及和商业化前,从事跨国贸易的各方极难调查了解对方的情况,加之语言差异和地方性的交易惯例各异,沟通和谈判都极其困难,给贸易和融资都造成了极大的障碍。国际贸易交易术语,海上运输中风险的分配原则和支付标准单据应运而生,发展出了国际贸易法、海商法、票据法等一系列商法规则。再如,很多公司的章程与公司法的条文高度相似,很多公司都以公司法的条文作为范本和基础草拟公司章程,即便是并不需要遵守太多强制性规则的小公司。这并非巧合,而恰是公司法一个重要功能的表现:公司章程为投资者提供缺省规则,以此解决投资者谈判和撰写公司章程的困难,降低这一过程的高昂成本,从而降低股权投资和设立公司的总体成本,便利投资活动,尤其是对于资金保有量并不高,且缺乏相关经验的创业者和初次投资者。

学习商法中需要注意的第三类事实,也许并非传统商法研究的对象,而是商事主体的组织形式规则和商事交易的风险分担和利益分配机制是否对第三方造成了不利影响,即商事交易的"负外部性"。因为商法的核心目标就是帮助交易各方克服困难,提高交易效率,从而增加交易频率和扩大交易规模。但现代商法不仅关注交易和交易模式的效率,还同时控制交易的"负外部性",使商业模式具有长期的可持续性。例如,股东出资设立公司时,把自己的财产转移给了公司这一独立的法人,但大股东实际控制了公司财产的使用并通过决策影响这些财产所面临的风险。如果任由公司和股东任意进行交易,控股股东经常会通过与公司签订服务合同等方式向公司收取畸高的服务费,从中获利。这样的关联交易若频繁发生,就会导致公司成本上升、净资产下降。长此以往,大股东与公司之间的这些交易就会对一些第三方产生影响。例如,小股东可分得的股息红利可能会减少,且股权的出售价格也会下降。为避免此种情况频繁发生,公司法对公司的董事和控股股东施加了信义义务,证券法也对公司与包括控股股东、董事等在内的关联人之间的关联交易加以限制。

在信息爆炸的时代,这就需要训练快速搜索出相关事实的能力。为此,需要有意识地训练自己查找相关信息、提炼有效信息和高效准确汇总及表达信息的能力。而这些能力的培养和提高,离不开高质量和一定数量的阅读,如对经典法学著作、经济史著作的阅读。要保持对市场前沿和法律发展的敏感度,需要我们不断跟进时事报道,特别是定期阅读具有一定专业性和深度的财经类报道。

□ 掌握法律技术,熟悉法律制度选项

法律具有自身的逻辑体系和技术特征。这套逻辑体系不同于常识或商业逻辑,也需要使用一套"法言法语",与日常话语表达方式有所差别。商法也同样如此。正是因为商法具有独立于商人和商事交易逻辑的一套独立的价值、逻辑和体系,才具有了帮助商人克服交易障碍、缓解商事交易负外部性的功能。商法沉淀了世界各国、不同时代商事活动的智慧,成为制度解决方案的载体,从而获得了超越国界、社会阶层和划时代的生命力。因此,学好商法不能仅仅依赖基于常识和商业逻辑的猜测和推理,更离不开对法律技术和法律语言的熟练掌握,而熟练只能通过反复地学习和练习才能获得。对于下面的这个问题,依据常识得出的答案与根据公司法推导出的结论很可能是不一致的,

这就需要大家熟练掌握公司法、证券法的规则。

例9:公司为董事、高管的债务提供担保的规则

为了更好地激励公司董事和高管为公司努力工作,公司是否可以为董事、高管个人从银行获得的贷款提供保证担保;如果答案是肯定的,需要履行何种程序?如果公司没有履行这些程序而直接与贷款银行、董事和高管签订了担保协议,日后银行可否依据该协议向公司主张债权?

商法积淀的技术和原理体现在不同形式和丰富多样的法律制度选项中,需要我们不断更新和拓展这些知识,因此,对历史制度、我国和比较法法律数据库的搜索的技能至关重要。

在商法领域,制度选项的来源主要有两类:法律规范和实践,实践包括商业惯例、交易惯例等。在我国,查找法律规范时,自然需要关注制定法、各部门和地方政府的规范性文件和最高人民法院不时发布的司法解释。与此同时,还需要及时跟进各种"准规范"性文件,如最高人民法院发布的指导案例、会议纪要和批复。此外,由于我国的政府监管和规制对商事主体和商事交易的监管较为活跃,还需要关注相关商事领域监管者不时发布的规则和典型执法案例。

例10:最高人民法院就各类商事交易颁布的司法解释和"准规范"性文件

主要包括:(1)《关于适用〈中华人民共和国公司法〉若干问题的规定》(一)至(五);(2)《全国法院民商事审判工作会议纪要》(俗称"九民纪要");(3)《全国法院审理债券纠纷案件座谈会会议纪要》;(4)《第二次全国涉外商事海事审判工作会议纪要》;(5)就《民法典》总则及各编发布的解释。

最后,由于商品、服务和资本的跨国流动,商法是一门天然的"跨国"法。跨国流动的商人和他们的助手自然将各自国家的规范和实践带到了世界各地,生根发芽。与此同时,各国立法、司法者和监管部门为了反映相似的商事交易的需求,解决交易各方面临的共同挑战和对第三方产生的类似不利影响,自然会相互借鉴。因此,国际条约和比较法经常能为我们提供有益的制度选项。要快速搜寻和识别相关的历史事实和比较法立法例、司法判例,就需要我们掌握在法律数据库、社会科学数据库甚至是互联网上快速搜寻和识别的能

力。对于比较法的学习、批判和借鉴,若能直接掌握外语并直接使用,在学习和运用上都将能起到事倍功半的效果。

例 11:对我国商法具有较大影响的国际公约和比较法

主要包括:(1)《联合国国际货物销售合同公约》;(2)《瑞士商法典》(民商合一模式);(3)《德国民法典》(民商分立模式);(4)《1939 年美国信托债券法》(American Trust Indenture Act of 1939)。

值得关注的是,由于技术、文化、政治、经济和法律制度的差异,很多商法制度选项在一些国家和地区并未以立法、司法判决和行政监管规则等强制性规范的形式存在,而是以行业自治规则和企业的自律性规范的形式影响商事活动,同样值得大家关注。

例 12:行业自治规则和企业自律性规范

例如:(1)《淘宝平台违禁信息管理规则》;(2)《淘宝网七天无理由退货规范》;(3)澳大利亚咖啡交易商协会(Australian Coffee Traders Association Inc.)发布的 The Common Code for the Coffee Community。

□ 找寻对新问题的解决方案

在掌握了事实并初步筛选了制度选项后,我们经常会发现既有的制度选项并不能满足新的商事活动之需求,不能有效应对新的商事活动给第三方和社会造成的不利影响。此时,就需要我们对既有的法律制度和规范进行批判性的思考,甄别其所反映的价值判断是否应为我们所用,发现其谬误、不当和不足之处,对既有的制度选项进行调整后加以运用。有时候,我们甚至需要作出新的价值判断,依据相似的原理或不同的原理构建新的商法制度。而这种理解、批判和构建离不开对既有理论和既有价值判断的学习和适用。

在商法领域,我们要学习的理论并不限于商法理论本身,如公司法中有限责任制度的理论、证券法中的集体决策理论等。其他一些社会科学的理论,对于学习商法也大有裨益,如经济学、金融学、政治学、人类学和社会学等。

例 13:诺贝尔经济学奖获得者之经济学理论在商法中的应用

主要有:(1)罗纳德·科斯(Ronald Coase)的交易成本理论(transaction theory);(2)乔治·阿克罗夫(George Akerlof)和约瑟夫·斯蒂格利茨(Joseph Stiglitz)的不对称信息市场理论(asymmetric information);(3)尤

金·法马(Eugene Fama)和拉尔斯·汉森(Lars Hansen)的资产价格理论(asset pricing theory);(4)奥利佛·哈特(Oliver Hart)和本特·霍姆斯特罗姆(Bengt Holmström)的不完全契约理论(incomplete contract theory)等。

□ 如何提问及如何寻找答案

商法的内容古老而常新,涵盖的内容异常丰富,这就需要同学们不断在既有知识的基础上提出问题,在对问题的探寻和解答中巩固学习成果和推进学习进展。如何提出好的问题,就成了商法学习方法中一个重要的任务。但头脑中出现了疑惑就立刻向他人请教却并非好习惯,甚至可能影响交流质量,因为问题的质量本身反映了一个人进行自学、不断发展自我的意愿和付出的努力。在信息搜寻近乎免费和异常便捷的时代,如果能在向他人提出问题前,自己首先做些简单的搜索、查询,甚至是做一些初步的阅读后再提出问题,不仅能事半功倍,避免浪费时间,还能使得问答成为深入和长期交流的开端。

为此,就需要同学们习得并不断练习高效搜索和处理信息的技能,学会使用主要的法律信息数据库,充分利用互联网的优势,从法院、立法机关和监管机构的网站等获取需要的信息。以下是一个往届同学提出的问题,以及我对如何找到答案所建议的查询步骤。

例 14:合伙企业在中国能否上市

对于这一问题,我们首先要把一个概念搞清楚,即何为"上市"。"上市"明显并非法律专有名词,但上网简单查询一下,就能发现,"上市"一般指首次公开发行股票。明确了这个关键词,我们就可开始查询制度规则和制度选项,明确合伙企业是否可以在我国的股票交易所公开发行权益。《证券法》第 13 条等条款对首次公开发行股票有明确的规则,大家还可以从证监会和上海、深圳股票交易所发布的一系列的规则里印证这一答案:目前,在我国,只有股份公司可以公开发行股票,其他组织形式均不能"上市"。对于这样的事实性问题和简单的法规查询,同学们完全可以独立完成。

获知中国的制度规则后,大家可以顺藤摸瓜思考的下一个问题是:比较法的规则是否也是如此?同样在互联网上,大家使用 IPO、limited partnership 等关键词可以比较容易地查询到,在美国纽约的股票交易所,自

1981年出现了一类上市的有限合伙企业(master limited partnership),最早的是Apache Oil Company,著名的波士顿Boston Celtics棒球队也是这类有限合伙企业。另一个有趣的现象是,尽管相关的规则并未将公司作为唯一的合法适格上市主体,不少大的投资机构为在纽约股票交易所上市,仍然使用公司而非有限合伙作为上市主体,如著名的黑石集团和KKR。如果希望更详细地学习这一制度,还可以到美国证券交易监管委员会的官网查询具体规则。

基于我国规则和美国纽约股票交易所规则在上市主体组织形式要求上的差异,也基于在纽约股票交易所上市企业对组织形式的不同选择,接下来需要思考的就是如何评价这种不同的立法选择;而要进行合理的评价,则需要探究允许有限合伙等其他组织形式上市的原理。为此,就需要进一步了解规则的细节并阅读相关的文献。通过查询"北大法宝"等中文法律数据库,我们可以找到国内的文献,如蒋大兴老师的论文《需要重建公司王国吗?——不宜用公司法统领全部企业类型》(《环球法律评论》2019年第6期)。查询英文的法律数据库,则可看到国外学者对这些问题的思考。

最后,在法律职场和校园里熬更守夜的经历让我深深体会到,专业人士的专业也体现在能否向普通人清楚解释法律问题和法律的解决方案。商法内容十分庞杂和丰富,商法的体系和逻辑也并非普通人的常识,更需要大家在熟悉规则和制度选项之外尽量多地吸纳相关的理论分析框架,在提出问题和解决问题中不断磨砺处理信息、自学和表达的能力。

▣ 阅读指引

☐ 权威教材

1.《商法学》编写组:《商法学》,高等教育出版社2019年版。

马克思主义理论研究和建设工程商法学指定教材,体系完备,以实际问题为导向,力图构建符合中国国情的商法知识框架体系;总结了我国改革开放以来商事法制发展的成就,汇集了我国商法学界多位知名学者的研究成果和思考,在相当程度上展现了通说。

2.施天涛:《商法学》(第6版),法律出版社2020年版。

体系全面,反映了最新的立法和司法动向,特别是新修改的《证券法》、《外商投资法》

和《公司法》等,也体现了最高人民法院关于这些主要商法部门法发布的重大司法解释的内容。

3. 赵旭东:《商法学》(第4版),高等教育出版社2019年版。

在相当程度上反映了通说,强调规范性,同时反映了国外商事立法和理论发展的动向。除了结合最新的立法和司法动向外,也反映了相关的行政规章内容。

4. 甘培忠等:《企业与公司法学》(第10版),北京大学出版社2020年版。

紧扣我国企业公司实践及其制度变迁,更新至第10版,也吸收了新生代学者加入撰写,力图贯通民法学、商法学、经济法学的学术分野,以个人投资开办企业为原点,渐进导入企业的其他法律问题,结构完整、体系完备,适于学习理解和掌握企业与公司法的基本知识。

5. 邢会强主编:《证券法学》(第2版),中国人民大学出版社2020年版。

体系全面,反映了证券法的最新修订成果,兼顾了主要的证券品种和各层级、板块的市场,在介绍基本制度和原理时,也在很大程度上反映了共识和通说。该书也展现了作者对当下与证券市场相关的前沿商法问题的思考,如监管科技、金融科技、区块链、人工智能和大数据等。

6. 李建伟:《公司法学》(第5版),中国人民大学出版社2022年版。

作者打破传统教科书既定的章节顺序,参考了英美公司法教科书的体例安排,力图按照法律制度本身的内在逻辑联系对章节结构安排进行创新。目前已更新至第4版,根据最新的司法解释内容进行了补充和更新。

◻ 立法、司法解释资料

1. 最高人民法院民事审判第二庭编著:《最高人民法院关于公司法司法解释(一)、(二)理解与适用》,人民法院出版社2015年版。
2. 最高人民法院民事审判第二庭编著:《最高人民法院关于公司法司法解释(三)、清算纪要理解与适用》(注释版),人民法院出版社2016年版。
3. 最高人民法院民事审判第二庭编著:《最高人民法院公司法司法解释(四)理解与适用》,人民法院出版社2017年版。

该丛书是最高人民法院对于公司法司法解释的权威说明,体现了司法解释的颁布宗旨及出台过程中争议的诸多问题和官方立场。

4. 人民法院出版社编:《最高人民法院公司法司法解释理解与适用》(简明版及配套规定),人民法院出版社2018年版。

该丛书在对原有司法解释理解与使用内容进行精选、摘编、重组的基础上,根据新的法律法规和司法解释进行了更新,由最高人民法院学者型法官深度把关并选取重点发条,嵌入重点条文完整解读,并提供了案例及法律文件完整文本的二维码。将繁杂的司法解释汇聚于一个文本中，便于翻阅使用。

5. 邓峰、许德峰、李建伟主编：《最高人民法院公司法司法解释(四)理解适用专题讲座》，中国法制出版社2018年版。

三位主编均为最高人民法院《关于适用〈中华人民共和国公司法〉若干问题的规定(四)》起草咨询专家。该书内容兼顾理论与实践，呈现了这一司法解释出台过程中的重大争议、条文要点释义和域外法的比较参照等。书中包含筛选出的典型案例，比较全面地反映了条文在实践中的表现样态、核心争议和裁判立场。内容以专题形式展开，便于学习。

6. 王瑞贺主编：《中华人民共和国证券法释义》，法律出版社2020年版。

立法机关对新修订的证券法的逐条说明和解释。

7. 郭锋等：《证券法：制度精义与条文评注》，中国法制出版社2020年版。

该书由最高人民法院研究室副主任、中国法学会证券法学研究会会长牵头组织撰写，各章节的作者来自法院、证券业协会、证券交易所、证券公司等机构，中国法学会证券法学研究会审定。该书系统阐释了2020最新修订的证券法立法背景和加入的新制度，对条文的解释结合了实务操作、立法背景、学术研究成果和国外立法例的内容。

8. 人民法院出版社编：《最高人民法院保险合同司法解释理解与适用》(简明版及配套规定)，人民法院出版社2018年版。

该丛书在对原有司法解释理解与使用内容进行精选、摘编和重组的基础上，根据新的法律法规和司法解释进行了更新，由最高人民法院学者型法官深度把关并选取重点发条，嵌入重点条文完整解读，并提供了案例及法律文件完整文本的二维码，方便拓展阅读。

9. 最高人民法院民事审判第二庭主编：《最高人民法院民法典担保制度司法解释理解与适用》，人民法院出版社2021年版。

□ 中文专著

1. 楼建波：《金融商法的逻辑：现代金融交易对商法的冲击与改造》，中国法制出版社2017年版。

从金融危机切入，观察现代金融交易对民商法基础的挑战与重构，涉及商事组织法、财产法、合同法、信托法、担保法、破产法等诸多部门，通过对一系列具有代表性的金融交易和典型案例进行解析，呈现这些挑战与重构。

2. 许德风：《破产法论：解释与功能比较的视角》，北京大学出版社2015年版。

系统讨论了破产法上的理论要点和难点，内容全面，体系完整，论证深入扎实。既能满足初学者对破产法进行全面学习的需要，也能为高阶学习者提供有足够深度和广度的分析与启发。引用的国内外文献完整详实，为读者深入学习和探讨破产法领域的问题提供了明晰的路径。

3. 邓峰:《普通公司法》,中国人民大学出版社 2009 年版。

以英美普通法为中心,系统地阐述了公司法律制度,侧重于对基本原理、激励机制和法律规则的阐述,涉及法域之间的差异和理论争议,按照价值—机制—原理和规则的逻辑展开,分析中国的法律规则和实践。资料详实,为读者进一步学习相关问题提供了有价值的索引。

4. 刘燕:《公司财务的法律规制——路径探寻》,北京大学出版社 2021 年版。

跨越公司法、公司财务和税法,跳出"追究公司财务造假的法律责任"的思维定式,从历史角度探究公司财务运作的商业逻辑、会计描述与法律定性之间的互动,通过对过去 20 年中国最具代表性的公司财务运作争议解析,揭示和评价各种规则;从一个独特的视角,进一步理解商事组织和商事活动规制的逻辑和多样方式。

5. 罗培新:《公司法的合同解释》,北京大学出版社 2004 年版。

该书吸收了法学、经济学、社会学等多学科的知识和分析方法,以合同为视角,探寻公司法的实质正当性。对公司法的规范基础和公司法结构的各个要素,从合同角度进行全面分析,并对我国的公司法和公司法研究提出了反思。

回 其他

1. 法学核心期刊。

学者们对于商法基本问题和前沿问题的探讨和争鸣最集中地发表于这些期刊,核心期刊专业和严谨的筛选和编辑工作,为确保期刊文章质量提供了有力保障。

2. 财经类期刊,如《财新周刊》《中国改革》《财经》等。

商法与市场和经济制度及其发展密切相关,阅读财经类期刊能为理解商法、掌握商法前沿问题提供有价值的背景和信息。

3. 最高人民法院网:http://www.court.gov.cn/。

最高人民法院官方网站,了解司法政策、司法解释的权威之选。

4. 主要监管部门的官方网站。

监管制度和规则是现代商法的重要组成部分,我国商法也不例外;关注这些主要监管部门不时发布的规则(包括征求意见稿)、典型执法和相关数据统计报告等,对理解和评判商法具有不可或缺的作用:(1)国家发展和改革委员会:www.ndrc.gov.cn;(2)国家市场监督管理总局:www.samr.gov.cn;(3)中国证券监督管理委员会:www.csrc.gov.cn;(4)中国商务部:www.mofcom.gov.cn;(5)中国银行保险监督管理委员会:www.cbirc.gov.cn。

5. 中国商法网:http://www.commerciallaw.com.cn/。

中国法学会商法学研究会的官方网站,汇聚了商法研究成果。

6. “商法界”微信公众号。

由中国社会科学院法学研究所商法研究室主办，汇聚商法学术研究和交流的最新成果，更新及时。

保险法学习的思维方式

谷 凌

谷　凌

北京大学法学院副教授。北京大学法学学士（1991年），北京大学法学硕士（1994年）。主要研究领域为保险法、票据法、商法总论。1994～2003年在北京大学分校（现北京大学联合大学应用文理学院）法律系任教，自2003年开始在北京大学法学院任教。主要讲授以下课程：保险法、票据法。

本文主要针对大家在保险法学习中存在的问题和薄弱之处，围绕“保险合同法的基本原则”、“保险法的特殊性”以及“保险法学习的方法”三个核心问题展开讨论，为大家介绍在保险法的学习中应当注意的问题以及思考问题的方式。

■ 保险合同法的基本原则

保险合同法的基本原则，是其价值观念和价值取向的高度抽象表达，贯穿于整个保险立法，对各项保险制度和保险规则起到统率和指导作用，是保险活动的基本准则、法律解释的基本依据，同时也是研究保险法的出发点和立足点。因此，保险法的学习首先要从保险合同法的基本原则入手，通过认识保险合同法的基本原则，能帮助大家建立起保险合同法的重点框架。本文我将主要为大家介绍“最大诚信原则”、“保险利益原则”以及“损失补偿原则”三大基本原则。

□ 最大诚信原则

最大诚信原则是保险法课程重点讲解的基本原则。它是保险法为了应对保险本身存在的严重的信息不对称问题而出现的。具体来说，就是指投保人对保险标的及其危险的了解远远超过保险人，而保险人对保险条款的把握远远超过投保人，这种事实上存在的信息不对称问题，使保险法对投保人和保险人都作出了诚信方面的要求，而这种要求随着保险法的发展，也在不断地发生变化。

保险最早起源于海上保险，在保险法产生初期，保险法更强调对投保人的诚信要求，主要反映为对投保人告知和保证义务的要求，若有违反，法律赋予保险人以抗辩的权利，如主张合同无效、解除合同等，保险人对已发生的保险事故可以不承担给付保险金的责任。

而随着保险的发展，也随着整个社会的发展，当保险从海上保险发展到陆上保险之后，保险中信息不对称的状况逐渐发生了一些变化，保险人对与保险标的有关的危险不再只能依赖于投保人的告知，保险人有了调查危险的可能性。是否还要坚持过去对投保人的严格的要求？保险人是否也应有诚信义务的要求？例如，我们都知道，在保险中保险人所承保的危险，多是发生的可能性小，不发生的可能性大，绝大多数保险合同都是因保险期限届满而归于消灭，因此，保险人在一定程度上可能会利用投保人告知义务的相关规则，在订立合同时不积极评估风险，而是将其置于保险事故发生之后，从而降低了自身承保的成本，甚至可能发生保险人的逆向道德风险。这也使得被保险人的保险保障因为保险人随时可以以其违反告知义务抗辩，始终处于不确定状态，还有可能使被保险人丧失潜在的投保机会。面对人们对保险人在诚信方面的质疑，保险法也开始加强对保险人的诚信要求。各国保险法都对保险人因投保方违反告知义务所取得的抗辩权加以限制，如我国《保险法》第 16 条对可抗辩期间以及弃权、失权的规定；同时，保险法还增加了对保险人信息披露的要求，如我国《保险法》第 17 条关于说明义务的规定。与此同时，保险法对投保人告知义务的要求，也在不断降低，从无限告知义务到有限告知义务，从客观主义发展为主观主义，甚至在有些国家强调因果关系的要求，这些都反映出保险法的具体制度在保险发展过程中出现的变化和调整，值得大家关注。

□ 保险利益原则

除了最大诚信原则，保险法中的另一个重要原则，就是保险利益原则，这也是各国保险法所公认的基本原则。

保险利益是指投保人或者被保险人对于保险标的所具有的法律上承认的利益。也可以将其表述为，投保人或者被保险人对于保险标的具有一种经济上的利害关系。保险利益原则具有以下三个重要功能：

第一，区分保险和赌博。通过保险利益将保险与同样带有射幸合同色彩的赌博区分开来，以此遏制投机行为的发生。

第二，预防道德风险的发生。道德风险，简单来说就是投保人订立保险合同，其目的不在于得到保险的保障，而是希望能从保险中获得额外的收益。如果没有保险利益的要求，发生保险事故，投保人不但无任何损失，反而会获得高额保险赔付，则很有可能诱发道德风险。通过保险利益的要求，对保险合同的效力或被保险人的索赔请求权产生影响，从而起到防止道德风险发生的作用，保护了被保险人或保险标的的安全，维护社会安定与公序良俗。

第三，限制损失填补的程度。以保险利益为依据，其不仅界定了保险赔付的最高限额，而且明确了保险赔付仅针对保险利益范围内的损失。

提到保险利益原则，需要注意的是，我国《保险法》中对不同类型的保险，对保险利益的要求并不相同。例如，在财产保险中，《保险法》要求被保险人在保险事故发生时，必须对保险标的具有保险利益，从而确保被保险人所获得的补偿，确实是其因保险事故发生所遭受的实际损失，当然，若投保人在保险事故发生时不具有保险利益，则不享有保险金的索赔请求权；而在人身保险中，对于保险利益的要求更多出于对预防道德风险的考量，《保险法》对其保险利益的规定更加严格，要求投保人必须在订立合同时对被保险人具有保险利益，否则保险合同无效。

除此之外，在弃权制度中，保险人不能放弃主张保险利益的权利。具体来说，即便保险人在清楚地认识到投保人、被保险人不具有相应保险利益的情况下，自愿选择承保并声明放弃该抗辩权利，但是根据法律对保险利益的强制性规定，该保险合同仍然是一个无效合同。所以说，保险利益在某些时候会关系到保险合同的效力，相关的具体内容我们将在保险利益中再行介绍，这里不加展开。

□ 损失补偿原则

在保险合同法的基本原则中，除了最大诚信原则和保险利益原则之外，损失补偿原则作为保险合同法的另一重要原则，是指保险旨在填补被保险人因保险事故发生而遭受的实际损失，防止被保险人通过保险获得额外收益，从而预防道德风险的发生。保险法中有很多的规则和设计与损失补偿原则紧密相关，如超额保险、重复保险，各国保险法根据损失补偿原则都对它们有所限制。具体来说，损失补偿原则，原则上适用于带有补偿性特征的保险中，是以对被保险人遭受的实际损失进行补偿为目的的，定额给付型保险中一般没有本原则适用的余地。

有同学会疑问："定额保险中允许约定超额保险金，为何在重复保险中却有所规制？"这个问题可能模糊了"定额保险"与"定值保险"的概念，或者说其实想了解的是："定值保险是不是允许订立超出保险标的价值的保险合同？"原则上来讲，定值保险仅存在于损失补偿型保险，保险金额不应当超出保险标的的价值。定值保险与不定值保险的最大差异，在于其事先确定保险标的的价值，通过双方或者委托第三方专业机构对保险标的价值的评估，将风险的控制置于事前评估阶段。需要注意的是,该评估一旦发生错误,那么在保险事故发生之后,保险人若想主张构成超额保险,需要证明投保人存在欺诈行为等;而不定值保险则是在保险事故发生后,才进行保险标的价值的判断,按照保险事故发生时保险标的的实际价值来进行衡量。至于说定额保险,一般没有重复保险的限制,但是近些年有学者提出中间型保险中也应限制重复投保。

与重复保险问题相关的还有保险竞合(也有称其他保险),多个保险合同的赔偿竞合时不一定构成重复保险,但在按照保险合同约定进行赔付时,也存在额外获利的可能,因此在解决保险竞合中的责任分配问题时,同样存在损失补偿原则适用的余地。

保险中的代位求偿制度,也是损失补偿原则的一个重要的派生制度。具体来说,当保险事故是由于第三人原因造成时,被保险人基于保险合同的约定享有向保险人请求保险金的权利;同时,基于第三人侵权行为,亦享有向第三人请求赔偿的权利。以车辆碰撞事故为例,被保险人既能向承保车损险的保险公司请求赔付自己车辆损失,又能向第三人请求侵权损害赔偿,如此一来就能因一次事故获得双重的赔付。若法律不加以限制,被保险人就能够获得双重赔付。对被保险人而言,保险事故发生比不发生更加有利,存在诱发道德风险的可能性。因此,各国保险法都规定有保险代位求偿制度,赋予保险人基于赔付保险金,取得代位被保险人向第三人求偿的权利。关于代位求偿制度设计的具体内容,保险代位求偿制度中会进行介绍。

上述三个原则是目前公认的保险法当中的基本原则,此外还有一个原则,也是目前学者提出较多的,就是对价平衡原则,我们会在下一个问题中,结合具体的内容进行简要介绍。

■ 保险法的特殊性

接下来我们进入对第二个问题的介绍——保险法的特殊性。我们常说在保险法的学习过程中,必须要考虑保险合同本身的特殊性,考虑保险行业自身的特殊性,这样才能在学习具体规则时理解为什么某些保险法规则会不同于一般合同规则。

□ 保险法的技术性

保险法是一门技术性很强的部门法,它的技术性主要源于保险建立在精算的基础之上。保险行业本身是建立在数理统计基础上的行业,由此保险法中存在很多技术性规范。商法中的很多规则,是将商人在从事商业行为的过程中形成的一些惯例、规则通过法律的方式加以确定。而保险法作为商法中一个重要的部门法,同样具有这个特点,保险法中的很多规则,也都是源于行业惯例,是对保险实践中经验和客观规律的总结。

保险作为处理危险的一种方式,是通过集合危险、转移危险从而起到分散损失的作用。而对危险的集合,也就是将具有同质危险发生可能性的风险人群集合到一起,形成风险共同体,以共同分摊个体危险。保险人在接受危险转移、集中危险及提供保险保障时会努力确定一种与每一个被保险人的危险程度互成比例的价格,使单个被保险人的危险被分配到危险程度大致相当的危险共同体中。若分配本身不公平,就会导致整个群体乃至其经营出现问题。为避免分配的不公平,需要对个体危险进行准确的评估。保险人作为风险偏好者,本身并不畏惧风险的发生,其所畏惧的是对风险的评估、统计出现错误,这种错误会给保险的经营带来严重的,甚至毁灭性的打击。因此,保险人必须要准确地评估承保风险,这是其开展所有保险业务的基础所在。

保险法上的对价平衡原则源于给付与对待给付均等原则。按照理论上的平衡公式,保险人所收取的保险费总额,应当等于其所支出的保险金总额,只有这样才能达到对投保人利益维护的最大化,而这一对待给付是建立在严格的数理统计基础上的。对价平衡原则的功能在于保证具体保险关系中投保人或被保险人与保险人之间,风险转移与风险承担的成本对价的合理均衡,目的是维持保险机制的正常运转。对价平衡原则在保险法的很多规则中都有体现。以如实告知义务为例,在一个风险共同体中,不同的被保险人职业不一样、健康状况不一样、爱好习惯不一样,保险人面对不同程度的风险,如何合理地评估保险的费率,才能使收取的保险费与承保的风险相匹配?如果保险人仅考虑单个个体的利益,而忽视整个风险共同体的利益,那么在理赔中就会出现偏差,给其经营造成损失,从而影响其偿付能力,长远来讲,就是投保人或者被保险人将来可能得不到完全的赔付。可见,保险中准确的风险评估至关重要,保险本身就是应该建立在严格的数理统计的基础之上,保险人必须根据不同的风险程度,收取不同的保费,从而照顾到整个风险共同体中成员的利益。而出于经济效益方面的考虑,现行规则是通过投保人履行告知义务——保险人询问、投保人回答——的方式来完成,由此,保险人在核保时就要评估其将承保的风险与收取的保费是否匹配，根据每个成员的不同风险程度，收取不同的保费。

在保险合同存续期间，也存在保险标的危险增加或减少的可能，此时保费也应进行相应的调整。危险程度减少的，保险人应降低保险费率，并向投保人退还相应保险费；危险增加的，《保险法》规定被保险人负有危险增加的通知义务，保险人有权依合同约定增加保费或者解除合同。以网约车为例，网约车的发展，为我们日常出行提供了极大的便利，但当私家车从事网约车业务发生保险事故，向保险公司请求保险金赔付时，保险公司通常以被保险人违反危险增加的通知义务为由拒赔，其理由在于，保险公司认为私家车从事网约车的行为，导致了承保危险的增加，被保险人未及时履行危险增加的通知义务，而正是增加了的风险导致了保险事故的发生，因此保险人拒绝对发生的保险事故进行赔付。除此之外，保险法中其他的一些制度，如有关合同解除的退费、超额保险部分保费的返还等亦体现了对价平衡的要求。

甚至到了理赔阶段，保险人也要求投保人或受益人在保险事故发生后，必须及时通知保险人，使其能够及时出险、勘探现场，从而判断事故发生的原因、经过、损失，以此作为将来理赔的依据。如果保险人对不属于承保风险造成的事故损失进行赔付的话，看似对此次事故中遭受损失的个体被保险人有利，但实际上损害了风险共同体中其他成员的利益。

这里我们再延伸一下，当多个原因共同造成保险事故的发生，其中既有承保风险，又有除外风险，且无法判断损失发生的具体原因时，通常的保险惯例是保险人一概拒绝赔付，其理由就在于对风险共同体利益的考量。因此，同学们在理解这个问题时，就需要从风险共同体的视角去看待它。而随着保险的发展，对这个问题的认识进入了新的阶段，如比例因果关系的引入，打破了过去"全赔或全不赔"的做法，出于公平与对价平衡的考虑，区分承保风险和除外风险对损失发生的影响程度，保险人需要按照一定的比例进行赔付，这在一定程度上反映出保险本身的发展。类似的变化还有，对于告知义务违反的救济方式，也突破了过去的全赔或全不赔的传统，如我们之前介绍过的《德国保险法》中，其第 19 条第 2 款至第 4 款，区分轻过失、一般过失和重大过失赋予保险人不同的抗辩权。我国《保险法》中对年龄误告没有达到保险人不承保的程度时采用多退少补或是比例赔付的方式，也是一个典型的例证。可见，保险法也在不断地进行修正和调整。

□ 保险是社会的精巧稳定器

回到保险法本身的特殊性这个问题上,我们之前已经提到,保险本身是建立在数理统计的基础之上,所以它的很多规则其实是和保险的技术要求无法分离的。从保险的功能角度来讲,保险本身能够起到转移危险、分散损失的功能,能够尽快地填补被保险人因为保险事故发生而遭受到的损失,使其能够重新开展生活或者生产活动,所以保险也被称为社会的精巧稳定器。

也正是基于此,国家对于保险的监管更加严格:其一,在制定保险的监管规则时,结合保险本身的功能作出了很多特别的要求,如对保险人经营管理的监管、保险人的偿付能力监管以及保险公司破产的特别规定等,关注保险经营的稳定性;其二,保险法中存在很多的强制性规定,不仅反映在保险业法部分,还在保险合同法中有体现,如对保险利益的要求、对死亡保险的特殊要求、对道德风险的预防等;其三,明显倾向于保护处于弱势地位的投保人、被保险人利益,如对格式条款的控制、对保险人合同解除权的限制等。

□《保险法》与其他部门法的关系

保险法与民法、公司法等部门法之间都存在很密切的关联,但本文主要围绕保险合同展开,因此这里我们以《保险法》和《民法典》之间的关系为例,向大家介绍《保险法》和《民法典》之间的联系和冲突。

《保险法》和《民法典》在很多方面存在一致性,但基于保险法本身的特殊性,又确实存在许多不同之处,因此有人说《保险法》和《民法典》之间是“和而不同”的关系。《民法典》中列举规定的有名合同中并不包含保险合同,但基于它们之间存在的普通法与特别法的关系,保险法规定的保险合同规则优先得以适用,若保险法没有规定,就应当适用《民法典》的规定。对于二者的一致性,最直观的部分,在于保险合同作为合同的一种,除法律特别规定外,适用一般合同规则的规定,如对民事合同的主体方面的规定,《保险法》并未提及,此时就需要适用《民法典》当中规定的关于主体资格要件等的条款。在合同成立和生效的问题上,也是如此。对于合同的成立、生效问题,我国《保险法》中并没有作过多规定,仅在第 13 条规定,在订立保险合同时,由投保人提出投保要求,经过保险人同意承保,保险合同成立。但关于具体的合同如何订立、生效,就应当适用民法典中的相关规则。

《保险法》和《民法典》之间的关联远远不止于此，学习保险利益时大家会发现对于保险利益的认定，涉及物权法、债权法、婚姻家庭法的相关规则。例如，在财产保险中，判断保险利益时，很大部分是基于民法对物权和债权的规定；在人身保险中，对保险利益的判断，会涉及婚姻家庭关系；在保险金的给付问题上，也可能出现被保险人没有指定受益人，受益人丧失受益权，或者指定的受益人先于被保险人死亡，而其又没有指定其他受益人时，保险金会被作为被保险人的遗产，从而发生遗产继承的问题，此时就涉及继承编。

除此之外，侵权行为法对保险也有至关重要的影响，如我们前面提到的代位求偿制度。具体来说，因为第三人原因所造成的保险标的损失，传统上来讲绝大多数都是基于侵权损害的原因，保险人代位求偿的权利是基于被保险人依据侵权法规则所享有的向第三人求偿的权利产生的。顺带一提，债权人代位和我们保险中的代位求偿制度是否相同，大家可以做些思考。关于侵权制度对于保险的影响，还有一个典型的例子，就是责任保险。责任保险是以被保险人依法应承担的对第三人的赔偿责任作为承保标的，而依法承担的赔偿责任，传统上指的就是侵权损害赔偿责任，只是发展到现在个别情形下违约责任也会纳入承保的范围。

通过前面的介绍，我们会发现《保险法》和《民法典》之间确实存在很密切的关联，但是，不可否认的是，《保险法》的一些规则和《民法典》的规定是存在冲突的，当发生法律竞合问题时，应当如何认识和处理呢？对于法律竞合的处理，大家都知道有几个规则：上位法优于下位法、特别法优于一般法、新法优于旧法等。由于《保险法》和《民法典》之间并非上位法和下位法之间的关系，所以我们主要关注特别法优于一般法以及新法优于旧法的适用可能性。

在思考特别法优于一般法的适用可能性时，我们会发现《保险法》中存在很多涉及此内容的规定，这里我举几个例子稍作说明：在合同条款的说明义务方面、合同解除的事由和效力、受欺诈方撤销权等方面，《保险法》与《民法典》的规定都有所不同。

合同解除问题是一个很典型的例子，《民法典》对合同的解除、合同解除的效力等都有原则性的规定，但《保险法》中对此作出了特殊的规定，如第15条规定，除有合同约定或法律的规定外，合同成立后，投保人有权解除保险合同，保险人不得解除合同，即《保险法》限制了保险人的合同解除权。此外，在合同解除权的除斥期间问题上，《保险法》针对一些特别情形作出了专门规定，如第

16 条第 3 款规定的不可抗辩条款，就规定保险人因投保人违反告知义务的解除权，自合同成立之日起经过 2 年的，该权利消灭。当投保人存在欺诈的情形时，我们曾经介绍过《德国保险法》明确规定欺诈不适用不可抗辩条款，而我国《保险法》的现有规则中无法得出这个结论。而《民法典》赋予了受欺诈方以撤销权，且自知道或者应当知道撤销事由之日起一年内不行使才消灭。并且，基于合同解除与合同撤销在法律后果上的不同，从原则上来说，在合同已经履行的情况下，行使合同解除权，解除仅向将来产生效力，这就意味着保险人对已经收取的保费，对已经承担风险的部分有权扣留，所谓"已经承担风险"并不意味着已经发生了保险事故，而行使合同撤销权的法律后果也不同。由此围绕着保险人能否在保险法规定的解除权丧失时再依据《民法典》主张撤销权引发了争议。甚至在《关于适用〈中华人民共和国保险法〉若干问题的解释(三)》的征求意见稿中，都存在两种不同意见相互抗衡的局面：其一，投保人在订立保险合同时未履行如实告知义务，保险人解除保险合同的权利超过《保险法》第 16 条第 3 款规定的行使期限，保险人以投保人存在欺诈为由，要求撤销保险合同，符合原《合同法》(当时《民法典》尚未出台)第 54 条规定的，人民法院应予支持；其二，人民法院不予支持。由此，可以看出《保险法》和《民法典》在某些问题上确实存在一定冲突。目前多数说主张通过特别法优于一般法来解决法律适用问题，当然也存在不同的看法，如有人认为《保险法》之所以作这个规定，是为了保护投保人、被保险人的利益，而且也恰恰是考虑到保险合同的特殊性，尤其是在人身保险合同中，其作为一个长期性的合同，确实存在一些变动的可能性，如果一直赋予保险人该抗辩权利，可能会对投保人造成一定的不公平，因此，在这个问题上学界一直存在争议。所以同学们面对这个问题，就要思考如何去解释这些规定之间的适用，思考特别法优于一般法能否解决这个问题。

我们再以诉讼时效的规定为例，《民法典》修订时调整了关于诉讼时效的规定，将一般诉讼时效调整为 3 年，而现行《保险法》在诉讼时效方面的规定，还停留在除人寿保险之外的其他保险，被保险人或受益人向保险人请求保险金给付的诉讼时效为 2 年，从知道或者应当知道保险事故发生之日起计算。这就产生了争议，对于人寿保险之外的非寿险业务，诉讼时效到底是按照《保险法》规定的 2 年，还是按照《民法典》规定的 3 年呢？此时，应当按照特别法优于一般法进行解释，还是适用新法优于旧法，更有利于保护投保人、被保险人的利益呢？这个问题目前在实务中也存在很大争议。对于这些法律竞合带来的冲突，法官们通常倾向于寻求立法或者司法解释的方式来处理相关问题，而我们在保险法学习中，在法律未明文规定的情况下，仍然要学会从自己的角度思考如何分析问题，使用何种逻辑更为顺畅，采取哪个解释路径更为恰当。

保险法的学习方法

最后，针对保险法的学习方法，我们在之前的课程中其实做过很多介绍。本文我再总结四个方面，也作为给大家的在方法上的建议。

1. 阅读保险学方面的教材，主要是考虑到保险法本身具有很高的技术性，因此了解保险学的知识有利于理解保险法中的一些具体规则。

例如，对于“为什么《保险法》明确规定人寿保险的保险费不能通过诉讼方式要求缴纳”这一问题，其实就关系到人寿保险中保费厘定的具体方式：人寿保险的保险期间一般都比较长，且存在危险变动的可能性，被保险人随着年龄增长，其死亡、患病的概率都会增加。一方面，保险人为了防止发生逆选择的风险，另一方面，随着年龄的增加，投保人缴纳保费的能力可能下降，若完全按照风险来收取保费，在高风险阶段可能面临无力支付高额保费的情形。因此，保险人在人寿保险中采用平准保费的收取办法，也就是说投保人在一开始缴纳保费时会多缴一部分，这部分实际上应对的是还未到来的保险期间，实际上尚不属于保险人的既得债权，而类似于投保人的储蓄，储蓄所得累计为现金价值。因此，人寿保险当中存在现金价值永不丧失条款，在任何情形下这部分价值都归于投保人。由此，人寿保险的保费中蕴含现金价值的部分，如果允许通过诉讼的方式要求对方缴纳保费，就相当于强制对方储蓄，所以《保险法》规定人寿保险中不允许通过诉讼的方式请求保费缴纳。

由此可见，要想更加透彻地理解保险法中的一些具体规则，是需要建立在对保险学有相当了解的基础之上的。因此，再次推荐大家在课外阅读、学习保险学方面的书籍。

2. 通读教材，对保险法建立体系化的认识，在此基础上阅读推荐给大家的论文和专著。我希望同学们在学习保险法时，不要采取碎片化的学习方式，不能只沉浸在对某一个具体规则的研究中，而是要建立在通读整本教材，对整个保险法有了体系性的认识之后，再回头阅读推荐文献，有利于加深对规则的理解和认识。只有当对保险法存在体系化的认识之后，才能在研究某一具体规则时，思考其与其他规则之间的关系和影响，这对同学们之后撰写相关论文时思考问题的全面性也有帮助。当你想提出一个新的观点时，如果缺乏全局性的思维，那么就很有可能只对某个规则做了考虑，而没有从其他角度来看待可能引起的连锁反应，那么这个观点就可能立不住。

3. 阅读法律法规、司法解释、行政规章等规范文件。课堂时间的有限性，使课程难以面面俱到地向大家展示所有内容，有些内容即使列举在讲义上也不会多作讲解，这些内容就需要同学们利用课余时间自行学习、消化。其中，特别要注意银保监会的行政规章，以及对实践中行业惯例的解释，甚至一些尚未达到规章程度的意见等，这些在保险实践的操作中都起到了指导性作用，如合理期限的 15 天，就是保险行业中惯例形成的期限。通过阅读这些规范文件，能够帮助同学们理解实务中的很多操作规范。

4. 搜集阅读案例，关注新问题。除了书籍及其许多典型案例，同学们还可以关注最高人民法院发布的指导性案例中关于保险法方面的案例；若有时间，还可以关注实践生活中的案例。

立法在很多情形下都存在一定的滞后性，保险法也同样如此。因此，建议大家平时关注与保险相关的一些新问题。在互联网技术高度进步的现在，我们在日常生活中除了便携式通信设备，还时常佩戴有智能手环等穿戴式智能设备，这些设备不仅能够实时监测我们的身体状况、生活习惯，还能够不间断记录这些信息并上传至如“微信运动”等社交平台。那么，以下这个场景就很有可能发生：通过在投保时在手机上点击接受，手机就自动将记录的信息上传至保险公司的数据库中。换言之，这些原本需要投保人自行披露的信息，可能借由此智能设备在点选同意条款后，甚至可能在不知不觉间就完成了信息的披露。那么，对保险人而言，获取投保人信息的途径的多样化，是否会对其就投保人告知义务的抗辩权产生影响，就是值得我们思考的问题。对这个问题，除了通过立法的方式去解决，我们也可以通过对《保险法》第 16 条第 6 款即“保险人的弃权与失权”进行法律解释，思考能否将此情形纳入该款规定的适用范围中，通过解释的方式来解决实践中发生的新问题。

新技术的出现会对保险的发展产生一些影响。例如，机动车保险就是最早推广互联网业务的险种，驾驶人员在行驶过程中的很多数据都会实时完成上传。除去对告知义务的影响，还有对风险评估因子的影响，甚至对于险种也可能会产生影响。再如,最近围绕特斯拉的多起事故,保险业关注的是自动驾驶技术对保险的影响。当前所谓具备自动驾驶功能的车辆,还要求驾驶人员在行驶过程中必须手握方向盘,自动驾驶系统只是起辅助作用;但未来若真正进入无人驾驶时代后,所谓"驾驶人员"在行驶过程中将不再起到控制车辆的作用,而仅仅是作为乘客,此时对于保险事故的发生,我们很可能不再认定是由"驾驶人员"所造成,而很可能就是车辆本身的产品质量问题,这自然就会对现在的第三者责任险带来很大的冲击,可能使其演变为产品质量责任保险,法律主体也会发生变化。

因此,大家在学习过程中,关注身边的新事物不仅可以提高学习兴趣,还可以培养、提高自己分析问题解决问题的能力。

▣ 阅读指引

☐ 教材

1. 韩长印、韩永强:《保险法新论》,中国政法大学出版社 2010 年版。

   通过对本书的学习,了解保险法的基础知识以及实践中存在的争议。

2. 李玉泉:《保险法》(第 3 版),法律出版社 2019 年版。

   通过阅读本书,可以学习保险法基本理论以及保险实务中一些规则设计的原理。

☐ 理解与适用类著作

1. 最高人民法院保险法司法解释起草小组编著:《〈中华人民共和国保险法〉保险合同章条文理解与适用》,中国法制出版社 2010 年版。
2. 最高人民法院民事审判第二庭编著:《最高人民法院关于保险法司法解释(二)理解与适用》,人民法院出版社 2013 年版。
3. 杜万华主编,最高人民法院民事审判第二庭编著:《最高人民法院关于保险法司法解释(三)理解与适用》,人民法院出版社 2015 年版。
4. 杜万华主编,最高人民法院民事审判第二庭编著:《最高人民法院关于保险法司法解释(四)理解与适用》,人民法院出版社 2018 年版。

   通过阅读上述系列书籍,了解保险法及司法解释起草过程中存在的不同立法建议、立法理由,以及一些经典案例。

☐ 参考书目

1. 袁宗蔚:《保险学》,首都经济贸易大学出版社 2000 年版。

学习一些保险学知识,有助于理解保险法中的规则设计。

2. 江朝国:《保险法基础理论》,中国政法大学出版社 2002 年版。

帮助读者了解以德国为代表的大陆法系保险法的基础理论。

3. 陈欣:《保险法》(第 3 版),北京大学出版社 2010 年版。

帮助读者了解英美法系保险法的基础理论。

4. [美]约翰・F. 道宾:《美国保险法》(第 3 版),梁鹏译,法律出版社 2001 年版。

一本原汁原味的美国保险法小册子。

5. Malcolm A. Clarke, *The Law of Insurance Contracts*, Lloyd's of London Pr. Ltd., 2009.

6. [英]Malcolm A. Clarke:《保险合同法》,何美欢、吴志攀等译,北京大学出版社 2002 年版。

英国保险法领域的经典著作,提供中英两个版本,两本书可以对照阅读。

7. Kenneth S. Abraham, *Insurance Law and Regulation: Cases and Materials*, 4th ed., Foundation Press, 2005.

8. [美]肯尼斯・S. 亚伯拉罕:《美国保险法原理与实务》,韩长印等译,中国政法大学出版社 2012 年版。

美国保险法领域的经典之作,提供中英两个版本,两本书可以对照阅读。

英美财产法的旨趣和学习路径

楼建波

关于作者

楼建波

北京大学法学院教授，博士生导师。北京大学法学学士（1988年），北京大学法学硕士（1991年），英国伦敦大学哲学博士（法律）（2001年）。主要研究领域为财产法、金融法和商法。

自1991年开始从教，历任北京大学法学院助教、讲师、副教授和教授。期间，2000年至2005年任英国剑桥大学中国商法讲师。现于北京大学主讲以下课程：（1）初阶讲授类：普通法精要（私法）、房地产开发交易法律制度、房地产融资法律制度；（2）高阶研讨类：房地产法专题研究、商法前沿；（3）全英文授课类：中国的商业与社会：法律视角、中国民法。

英美财产法古老、复杂、灵活，即使是英美法系国家和地区的本土学生，在学习财产法时也面临较大困难。本文作为英美财产法的导论性文章，将在勾勒英美财产法旨趣的基础上，提供作者认为有益于我国学子理解和掌握英美财产法的学习路径。本文将重点回答三个问题：英美财产法是什么？怎么学？为什么要学？首先，本课程的核心内容是"英美财产法"，第一部分将重点讨论英美财产法下的财产以及英美财产法的框架体系。其次，从方法论上谈一下怎么学好英美财产法，以及如何进行英美财产法与我国物权法的比较研究。第二部分着重介绍学习英美财产法的思维模式，即把财产和财产法放到特定的场景里去理解的场景化(contextualization)思维方法。最后，本课程讲授的是英美财产法，而非我国物权法的近亲罗马法和近现代大陆法系物权法，我们需要回答一个问题——为什么要学习英美财产法？

■ 英美财产法是什么

□ 从"普通法财产法"到"英美财产法"

为什么是"英美财产法"，而不是"普通法财产法"？

首先，普通法是一个比较宽泛的概念，可以指代与大陆法系或者民法法系(civil law)相对的普通法法系(common law)或英美法系(English law)，或者与制定法(statute law)相对的判例法(case law)，或者和特别法相对的一般法(general law)，还可以指代和衡平法(equity law)相对的普通法。[1] 从这个意义上讲，如果要在一个学期全面地介绍包括英国、美国、加拿大、澳大利亚、新西兰和很多其他普通法系国家或地区的财产法，几乎是不可能的。

其次，"普通法财产法"本身可能不是一个精确的概念，因为财产法具有鲜明的地域特征(目前几乎没有财产法领域的国际公约，尤其是不动产方面的国际公约或统一法)。更重要的是，从法源上看，即使是英国或美国的财产法，也不尽是普通法(判例法)，还有衡平法和制定法。

最后，"公法—私法"的划分源自罗马法，并流行于大陆法系国家，英美法

---

[1] See "Common Law" in Black's Law Dictionary(8th edition).

系国家不太强调这种划分。大陆法系国家提及私法时,是指民法和商法。如果将大陆法系的"公法—私法"划分套用到英美法系,私法通常包括合同法、财产法、侵权法、婚姻家庭法、继承法、公司法、信托法等。[1] 更重要的是,财产法规范并不限于私法规范,还包括规划、征收、税收等公法上的内容。

因此,从现实可行的角度,本课程仅考察英美财产法,而且侧重英美财产法中的私法规范。下面依次对英美财产法下的"财产"(property)的内涵与外延,以及英美财产法的框架体系进行介绍。

□ 财产的内涵与外延

试图界定"财产"这一术语,是极其困难的。美国著名财产法学者克利贝特(John E. Cribbet)甚至认为"财产是什么"的问题"无法回答"[2]。其症结在于,英美法中的财产和财产权往往是混用的:普通人将财产定义为"物"(things),法律则将财产定义为与物有关的对他人的"权利"(rights)。例如,甲购买了一本书,普通人可能认为甲拥有的财产是这本书,而法学教授会从专业的角度主张,甲拥有的财产是与这本书有关的具有受法律保护的权利(如法律禁止他人擅自使用这本书)。

这种认识,和我国《民法典》的规定及国内主流理论有异曲同工之妙。我国《民法典》第114条规定,"物权是权利人依法对特定的物享有直接支配和排他的权利"。全国人大法工委编著的《中华人民共和国民法典释义》不仅提到物权的直接支配性,还提到了物权的对世性——"对于所有权来说,权利人可以按照自己的意愿行使占有、使用、收益和处分的权利。直接支配还有排除他人干涉的含义,其他人负有不妨碍、不干涉物权人行使权利的义务"[3]。通说认为,物权不仅仅是人与物的关系,还有人与人之间的关系——"物权,是指民事主体在法律规定的范围内直接支配一定的物,享受利益并排除他人干涉的权利,是人与人之间对物的归属和利用关系在法律上的体现"[4]。

回到英美财产法对财产的界定——财产是人与人之间与物相关的权利。

---

[1] 关于"公法—私法"的划分,参见《元照英美法词典》"Public Law""Private Law"词条,和 *The Oxford Companion to Law*, Oxford University Press, 2002, p. 994, 1013。

[2] John E. Cribbet, *Concepts in Transition: The Search for a New Definition of Property*, U. Ill. L. Rev. I, I(1986).

[3] 黄薇主编:《中华人民共和国民法典释义(上)》,法律出版社2020年版,第224页。

[4] 杨立新:《物权法》(第7版),中国人民大学出版社2021年版,第22页。

我们需要进一步回答三个问题:(1)财产先验于法律,还是以法律为基础?(2)财产是人与人之间的何种"权利"?(3)财产权利存在于何种"物"?

1. 作为"关键先生"的法律

关于财产与法律的关系,法律实证主义和自然法理论持不同观点。前者认为财产以法律为基础,正如边沁所言,"财产与法律共生共灭。没有法律,就没有财产;取消法律,财产就不存在"[1]。后者认为权利本质是一种基本正义,不依赖于政府而产生,如洛克主张人们在自然状态中就拥有财产权,政府的主要目的是保护财产,而不能侵犯这种权利。[2]

美国遵循的是法律实证主义的理论,认为财产权利及其范围只有得到法律的背书才能存在。体现这一思想的典型案例是美国最高法院于1823年审理的 *Johnson vs. M' Intosh* 案[3]。该案中,美国 Piankeshaw 印第安土著部落将一大片荒地卖给了 Thomas Johnson。后来美国国会又将其中的一部分土地转让给了 William M' Intosh,而 Thomas 的后代已经继承了土地并将其对外出租。承租人因此向联邦法院提起诉讼,要求驱逐 M' Intosh。该案要解决的问题是印第安土著部落是否有权出卖土地产权。美国最高法院否定了基于"抽象正义"承认印第安人的土地所有权这一自然法观点,而是采用法律实证主义的理论,认为印第安土著部落不享有国家法律承认的土地所有权,因此无权对外处分土地。

代表美国最高法院撰写判决书的马歇尔首席大法官(Chief Justice Marshall)在认定印第安土著部落对土地的权利性质时,区分了所有权(right of ownership)和占有权(right of occupancy),强调土地产权"完全取决于土地所属国家的法律"(the title to lands "must be admitted to depend entirely on the law of the nation in which they lie"),土地产权的确立不能建立在"抽象正义原则"或者印第安土著的习惯法之上,而应建立在已经确定且授权司法机关适用的

---

[1] Jeremy Bentham, *The Theory of Legislation*, Ocean Publications, Inc. 1975, p. 69. (Property and law are born together, and die together. Before laws were made there was no property; take away laws, and property ceases.)译文参见[美]约翰·G. 斯普兰克林:《美国财产法精解》(第2版),钟书峰译,北京大学出版社2009年版,第2页。

[2] [英]约翰·洛克:《政府论译注(下篇)》,杨宇冠、李立译,中国政法大学出版社2018年版,第102、149、182~183页。洛克将人的生命、自由和地产均归类为 property,人们在自然状态下享有全部 property,"生命、自由和财产不受其他人的侵犯和觊觎","人们联合成为国家和置身于政府之下的重大的和主要的目的是保护他们的 property"。

[3] *Johnson vs. M' Intosh*, 21 U. S. (8 Wheat.) 543 (1823).

法律之上。根据美国的法律,在土地转让给 M' Intosh 前,只有美国联邦政府享有该土地的产权,印第安土著部落享有的仅仅是可以被联邦政府取消的占有权(right of occupancy)。在判决中,有一句著名的话,“征服赋予的产权,征服者的法院不能否定”(conquest gives a title which the Courts of the conqueror cannot deny),也就是说,财产权利是由法律规定的。1955 年美国最高法院在 *Hit – Ton Indians vs. United State* 案[1]中,遵循了 *Johnson vs. M' Intosh* 案确立的先例,认定阿拉斯加的印第安土著部落对所占有的土地仅享有占有权,不享有所有权,因为当时的法律和国会决议均未规定印第安土著部落享有土地产权。因此,印第安土著部落无权就美国农业部将土地上的木材销售获利的行为,请求获得宪法第五修正案下的征收补偿。

2. 权利束和权能

英美财产法中一般将财产定义为与物有关的“权利束”(a bundle of rights)。其中最重要的有排他权(the right to exclude)、转让权(the right to transfer)、占有使用权(the right to possess and use)以及抛弃权(the right to destroy)。

英美财产法认为权利束中没有一束是不可或缺的,也没有规定哪一束是财产的本质权利。例如,O 可以拥有土地的产权,但受到 A 合法通行的地役权的限制,因此 O 的土地产权对 A 不具有排他性;O 不能为了逃避债务而转让土地,因此 O 的土地产权在这个意义不可转让;O 如果将土地租给承租人 T,O 在这段时间内就让渡了他的占有使用权,但他仍然对土地享有财产权利(复归权,reversion)。

相比之下,我国物权法规定所有权的占有、使用、收益、处分等四个权能,至少在理论上都是不可或缺的,否则就不是一个完整的所有权。诚然,所有权具有弹力性,所有权四个权能中的某个或某几个权能暂时脱离财产所有人或者暂时被限制的,所有人并不因此丧失对物的所有权,因为所有人理论上有权回复该权能。但是,如果我们完全剥夺了某人对物的某个权能,那么剥夺的就不单单是一个权能,而是整个所有权了,即所有权相对消灭了。以占有权能为例,“所有人失去对物的占有和支配……称为所有权的相对消灭”[2],但是所

---

[1] *Hit – Ton Indians vs. United State*, 348 U. S. 272 (1955).

[2] 杨立新:《物权法》(第 7 版),中国人民大学出版社 2021 年版,第 57 ~ 59 页。

有人出租房屋时，仅仅失去了对房屋的直接占有，在理论上他被解释为“间接占有人”，因此他对房屋仍享有所有权。

探讨权利束和财产权的关系，具有现实意义。在 *Kaiser Aetna vs. United States* 案[1]中，Kaiser 把一个池塘改造成和海湾相通的潟湖，并向通航的往来人员收费。美国政府以该潟湖属于美国的可航行水域（navigable water）为由，在上面设置了一个免费通航的公共地役权。Kaiser 起诉，认为美国政府的行为构成宪法修正案第 5 条的征收，要求获得补偿。美国政府抗辩主张，当 Kaiser 将池塘与海湾相连时，Kaiser 就失去了权利束中的排他权，他不能阻止他人通航。[2] 美国第九巡回上诉法院认定排他权作为财产权的基本权利之一，不能未经公平补偿就被政府征收。该案中，美国政府在潟湖上设置免费公共通航役权（navigational servitude）的行为，构成对 Kaiser 财产权的实质侵害，是一种征收行为，因此需要对 Kaiser 公平补偿。

与我们从权能角度区分所有权和用益物权，以及各种用益物权不同，英美财产法较少根据不同财产权权利束的特点对财产权进行分类（其假设是所有的现实地产权的权利束并无不同），更强调按时间（by time）和按人数（by person）对财产进行分割。前者如根据权利人是否现实占有使用财产，区分当前产权（present estate）和未来权益（future interest）；后者如共有安排，如共有人 A 和 B 对整块土地同时享有平等的占有使用权。

3. 物、权利和关系

财产是人与人之间与物有关的权利。什么“物”可以成为财产权的客体呢？传统英美财产法对该问题的回答很简单：物包括不动产和动产两类，动产包括有形动产（chattels）和无形动产（intangible personal property）。其中，动产存在两个例外：其一，人体器官和组织虽然是“有形的、可见的物”，但英美财产法传统上不承认其为财产法的“物”，不过随着医疗技术的发展，法律承认了部分人体器官的财产权属性（如器官移植），并对人体器官的利用施加限制；其二，野生动物是无主物，政府和私人在没有捕获野生动物之前，都不在财产意义上拥有野生动物，因此多数法院主张政府机构不对由野生动物引起的私人

---

[1] *Kaiser Aetna vs. United States*, 444 U. S. 164, 176 (1979).

[2] Bundle of rights are commonly characterized as property. See *Kaiser Aetna vs. United States*, 444 U. S. 164, 176 (1979).

财产损失负责。[1]

在历史上,财产法几乎是专门处理土地和有形动产的法律。但在今天,无形财产或者权利越发重要。将权利作为财产的客体,加强了财产的可分性,从而满足了财产自由转让的需要,并推动了财产公示制度的完善。但无形财产也对财产法提出了许多新的挑战。例如,可以作为财产权利基础的无形"物"有哪些?这个问题的答案一直处在变化之中。以人的姓名为例,过去,财产权利不可能存在于姓名之中,除非将姓名以某种特殊方式使用(如作为商标)。但在今天,法律保护名人的"形象权"(right of publicity),禁止他人将名人的姓名用于商业营利目的。[2] 但更多的无形"物"能否作为财产的问题,尚待解决。例如,在美国婚姻法上有一个著名的配偶财产认定问题,A 上班赚钱支持其配偶 B 接受医学教育,B 的学位是否为婚姻"财产",双方离婚时 A 能否分享 B 的学位利益?[3]对于这个问题,美国各州法院的立场并不统一。一些州的法院将学位视为无形财产,学位的价值在离婚时应当在配偶之间分配;但是大部分州的法院认为学位不属于无形财产,因为学位不具有可转让性,而且学位本身并未保证其未来价值(学位的未来价值取决于学位获得人是否利用学位谋生)。[4]

4. 财产不仅仅是权利

近几十年来,越来越多的学者认为,财产权人既享有权利又负有义务。普通法有一个法谚说:"一个人的家就是他的城堡,他想做什么就可以做什么。"但这种财产权利绝对的观点,显然是过于简单且错误的,财产权必然受到社会目的的限制。因此,相比将财产定义为"权利",或许将财产定义为与物有关的、人与人之间的关系,更为准确。霍菲尔德(Wesley Newcomb Hohfeld)教授在 20 世纪初就认为,财产由一系列复杂的具有法定约束力的关系所组成,从

---

[1] *Sickman vs. United State*, 184 F. 2d 616.

[2] 参见[美]约翰·G. 斯普兰克林:《美国财产法精解》(第 2 版),钟书峰译,北京大学出版社 2009 年版,第 9~10 页。

[3] 该问题的首个判例是 *O'Brien vs. O'Brien*, 114 Misc. 2d 233, 452 N. Y. S. 2d 801 (1982). 该案中,纽约州法院认为学位是婚姻财产,离婚时其价值可以分割。妻子对婚姻的贡献价值为 103, 390 美元,丈夫的学位价值为 427,000 美元(考虑到丈夫的年龄及其如果没有获得医学学位的收入情况)。因此,法院认定妻子应当享有丈夫学位价值的 188,800 美元。

[4] Linda Susan Mullenix, *The Valuation of an Educational Degree at Divorce*, Loyola of Los Angeles Law Review, Vol. 16:2, p. 227–284(1983).

而实现了财产法理论的革命。[1]

□ 课程体系

英美财产法的授课内容十分庞杂，既有具体规则和基本制度，也讨论规则制度背后的理念和原则。许多英美法系国家和地区法学院的财产法教学大纲，都凸显了这个特点。

学习英美财产法，我们要试图理解制度背后的理念和原则。财产法是一个社会的基本经济、政治和社会制度的镜像。例如，美国国父托马斯·杰斐逊（Thomas Jefferson）就强调私有财产是民主自治的基础，财产权利可以为公民发表独立政治观点提供经济保障。具体而言，拥有土地产权的公民，可以自食其力，因此可以自由地通过投票、作出政治决定、担任公职等方式服务于社会。相反，没有土地的公民只能依靠他人的善意才能养家糊口，有点类似于封建农奴，因此，他容易受到他人的操控、贿赂或者屈从于其他经济压力。[2] 正因如此，杰弗逊倡导把联邦拥有的公共土地相对平均地分给或廉价出售给无地公民（"有恒产者有恒心"），保证民众相对平等地拥有土地。但是，财产是会流动的，人口是会变化的，这种公平到底能维持多长时间呢？为此，杰弗逊建议并在弗吉尼亚州推行了一系列的财产制度改革，包括允许土地转让但限制土地的商业化用途，以维持这种公平。[3] 财产法蕴含的理念和哲学，使许多英美财产法教授认为自己的工作和宪法学者一样伟大和重要。

当然，财产法的基础还是制度和规则。本课程将从英美财产法的现代化（从 tenure 到 estate 的转化）切入，依次讨论英美财产法中的地产权（estate）、租赁（leasehold）、共有安排及未来权益（future interests）等基本制度。这里作者想强调英美财产法的核心概念"地产权"（estate），与大陆法系国家物权法的核心概念所有权之间的区别：estate 以占有为前提，通过占有来公示；所有权由法律确认，不以占有为前提。在英美法系国家，失去占有就失去了 estate，但并不等于不享有任何财产权。例如，A 是地产"所有人"（fee simple holder），A 把现

---

〔1〕［美］霍菲尔德：《基本法律概念》，张书友编译，中国法制出版社 2009 年版。

〔2〕［美］约翰·G. 斯普兰克林：《美国财产法精解》（第 2 版），钟书峰译，北京大学出版社 2009 年版，第 20 页。

〔3〕See Stanley N. Katz, *Thomas Jefferson and the Right to Property in Revolutionary America*, J. L. & Econ., Vol. 19, p. 467 (1976). Gregory S. Alexander, *Time and Property in the American Republican Legal Culture*, N. Y. U. L. Rev., Vol. 66, p. 273 (1991).

行地产权——终身地产权(life estate)或者定期租赁地产权(如99年定期租赁地产权)授予B——而非其所享有的全部权益授予他人时,则其在该现行地产权存续期间享有复归权(reversion,一种未来利益)。

在美国法学院,财产法通常要上1学年(3学期),但在北京大学法学院,本课程只有1学期,所以只能是精简版的财产法。以下是我们一个学期要讲授的七讲的主要内容:

第一讲是导论,介绍英美财产法是什么,英美财产法的学习方法,以及为什么要学习英美财产法。

第二讲讲授财产和权利的关系。英美法中的“财产”是与物有关的、人与人之间的、具有法定约束力的权利或者关系,本讲引导学生阅读经典判例和经典文献,深化对财产内涵的认识。具体而言,通过研读 *Johnson vs. M' Intosh* 和 *Hit – Ton Indians vs. United State* 两个案件,我们将看到印第安人是如何失去土地权利的,以及其中蕴含的法律实证主义财产观念;通过阅读霍菲尔德的《基本法律概念》,我们可以分辨关系说在财产本质定性上的超越和局限性。

第三讲介绍英美财产法上关于财产起源的各种理论。法律为什么确认财产?政府为什么要保护财产?关于私有财产的根据,美国财产法上不存在统一的理论。美国财产法建立在各不同相同甚至相互冲突的理论基础上,包括先占理论、劳动报酬理论、功利主义理论、法经济学理论、民主共和理论和人格权理论等。其主流观点认为,单一理论无法完美地提供所有场景下私有财产的取得依据。例如,先占理论主要适用于无主自然资源,作为人们取得无主自然资源财产权的依据。先占理论的局限性在于其既不能完全说明私有财产的存在(如某人偶然踢开一块石头而发现了一块金子,为什么这个人可以优先拥有金子),也可能导致自然资源的浪费(如鼓励猎人尽可能快地杀死尽可能多的动物),但它的优势在于可以提供一种快速、清晰、低成本的方法来解决争议和避免冲突。通过学习私有财产的理论基础,我们可以深刻地体会到确实没有必要进行财产法理论基础的统一化运动,这种理论多样性使美国财产法具有了更大的包容性,并能与时俱进。换言之,我们不是寻找一个更正确的学说,而是寻找一个对各种应用场景相对而言更有解释力的学说。

第四讲是关于当前地产权的历史和现状,介绍英国土地权利的现代化(从保有权到地产权的转化),以及美国对英国财产法的继受。在英国封建时代,征服者威廉(William the Conqueror)成为英国国王后,“拥有”了全英国的土地,并将土地的控制权转让给直属封臣(tenant in chief),以换取他们提供的军事役务并承担其他附着于土地的义务。直属封臣通过次级分封(sub infeudation),与他们的奴臣也设立了类似的安排,而他们的奴臣又与其他人设立类似的关系。这种层层分封,构成了英国封建时代复杂的金字塔式的土地保有制度并发展为英美地产制度。英国《1925 年财产法》(*Property Act 1925*)的颁布标志着普通法财产法现代化的完成,该法抛弃了保有权(tenure)的概念,代之以地产权(estate)的概念。美国继受英国财产法时,确立了一个原则,即英国普通法财产法的原则仅在适合美国本土情况的前提下适用(English principles would apply only to the extent consistent with local American conditions)。这赋予了美国法官很大的自由裁量权,即法官可以选择不遵循英国普通法财产法的先例,为美国财产法的自主发展提供了前提。当代地产权包括当前产权(present estate)和未来权益(future interest),前者是指所有人现实占有不动产或动产的法律权益,后者是指将来可以成为当前产权的非占有性权益。当前产权包括自由保有地产权和非自由保有地产权,前者分为绝对非限嗣产权(fee simple)(相当于我国物权法中的所有权)、限嗣产权(fee tail)和终身地产权(life estate),其中限嗣产权占绝对优势;后者是指租赁产权(leasehold)。

第五讲是租赁和租赁产权。租赁在大陆法系国家属于合同法的范畴,但在英美法系国家,传统上属于财产法的范畴——租赁保有产权(leasehold estate)。在英美法系国家,租赁经历了从财产法规制,到财产法与合同法共同规制的法律演进。这种法律演进在英国主要是通过制定法实现的,但在美国主要是通过判例法实现的。之所以发生这种变化,是因为随着时代的变化,租赁的类型从中世纪的农地租赁发展为现代居住租赁,典型承租人的形象因而从中世纪的农民发展为现代城市的贫穷居民。就居住性租赁而言,如果将租赁视为契据转让,由财产法调整,出租人对租赁物的维护修缮几乎不负有义务;如果将租赁视为合同,出租人就负有维护住房宜居的义务,承租人可以以出租人违反租约义务,而抗辩不支付租金或终止租约。需要指出的是,商业租赁基本没有受到改革的影响,多数法院认为商业租赁的承租人足以通过讨价还价保护自己的权益,因此适用财产法规则调整即可,无须通过合同法规则予以特别保护。本讲将依次讲授租赁权益的种类、租赁的设立、承租人和出租人的义务、租赁不动产的状况和条件、租赁权益的转让和租赁产权终止等问题。

第六讲是英美财产法中的共有安排。英美法里的共有形态比大陆法系丰富。英美财产法上的共有包括三种形态：普通共有（tenancy in common）、联合共有（joint tenancy）和整体共有（tenancy by the entirety）。普通共有类似我国的按份共有，是指每个所有人都对整块土地享有未作分割的应得份额，每个人都有权同时占有和享受整块土地。“占有的统一性”（unity of possession）是普通共有的标志。联合共有是我国没有的共有形态，其特点是联合共有人享有生存者财产权（right of survivorship）。如果A和B是土地的联合共有人，A死后，A的权益由B而非A的继承人取得。在美国，联合共有最多的应用场景是“联合银行账户”（joint account）。整体共有是指任何由配偶受让的财产权益，推定由配偶作为整体享有。讨论整体共有时，我们需要特别关注债权人的保护问题。例如，在*Sawada vs. Endo*案[1]中，Sawada一家三口被Endo驾车撞伤，Sawada获得对Endo的损害赔偿胜诉判决，在判决未执行时，Endo将其与妻子整体共有的房产赠与了他们的孩子。原告Sawada起诉要求撤销这一欺诈转让行为，以取得人身损害赔偿。被告Endo主张在作出转让时，房屋是整体共有的，因此不属于债权人的执行对象。夏威夷最高法院判决驳回了原告的诉讼请求，认定整体共有的财产在配偶共同生活期间不受配偶一方债权人债权的约束，因此Endo和他的妻子将房屋对外转让的行为，并未损害债权人Sawada的利益。法院认为，通过保障夫妻整体共有的房屋用作住宅和获得教育和其他开支的家庭财产的地位，可以起到保护家庭完整的作用。*Sawada vs. Endo*案使整体共有成为对抗债权人的盾牌，但它也受到了很多的批判，其中一个批评意见认为它对债权人非常不公平。学习共有这一讲的时候，除了考虑共有制度对债权人的影响之外，我们还可以思考以下问题：为什么要有共有的制度安排？为什么是数人共有一个财产，而不是规定一物之上存在数个财产权？共有安排相比公司、合伙和信托等有何优势？共有关系能否永续存在，是否应该让共有关系永续存在？如果共有人之一并没有实际占有房屋，他能不能向实际占有使用房屋的共有人主张租金？等等。

最后一讲是关于未来权益的内容。未来权益是指在将来某个时候占有财产的权益。普通法上得到承认的未来权益有五种基本类型：归复权（reversion）、可归权（possibility of reverter）、进入权（right of entry）、剩余权（remainder）和执行权（executory interest）。传统英国法在调整未来权益时试图调和两

---

[1] *Sawada vs. Endo*, 561 P. 2d 1291 (Haw. 1977).

个存在冲突的目标:财产权人自由处分财产的权利与财产的可转让性。一方面,英国的不动产权利人寻求不受任何限制的私有财产权利,希望能自由创设各种生前和生后的未来权益。另一方面,商业的发展要求不动产可以自由流通,他们认为未来权益应当受到限制。在很大程度上,普通法在上述两个目标之间作出了妥协:在允许设立一定种类的未来权益的同时,对各种未来权益规定了不同的限制条件,以保证财产不会在过长的时间内负担未来权益。例如,美国有些州的法律规定,某些未来权益经过一定时间(通常为20~40年)就不能继续存续,除非持有人根据立法机关规定的续期程序登记了其意图保留该种权益的文件。本讲将介绍不同种类的未来权益,以及对未来权益的限制规则。

下面的两张图(图1、图2)总结了本文介绍的当前产权和未来权益的类型。

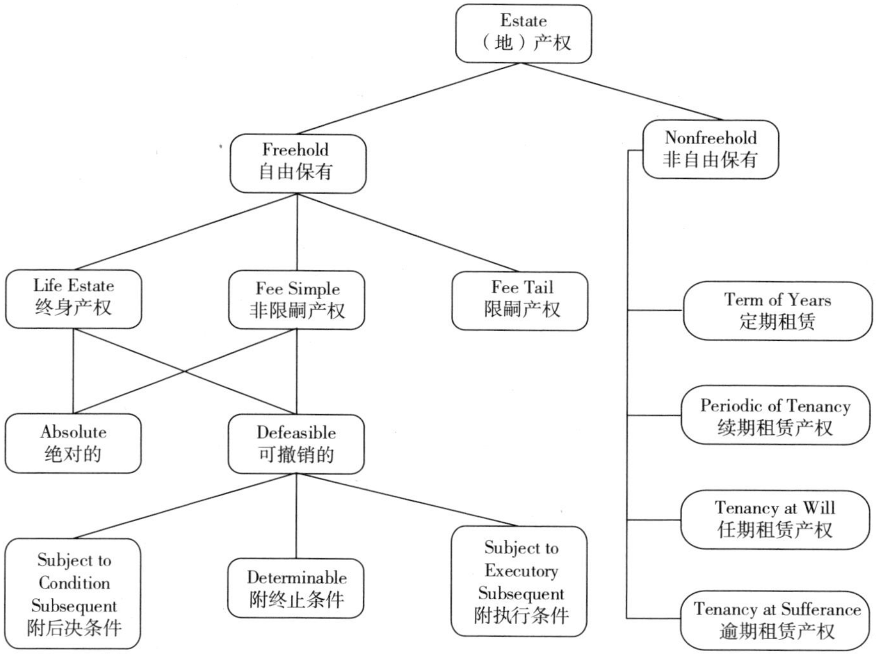

图1　当前产权

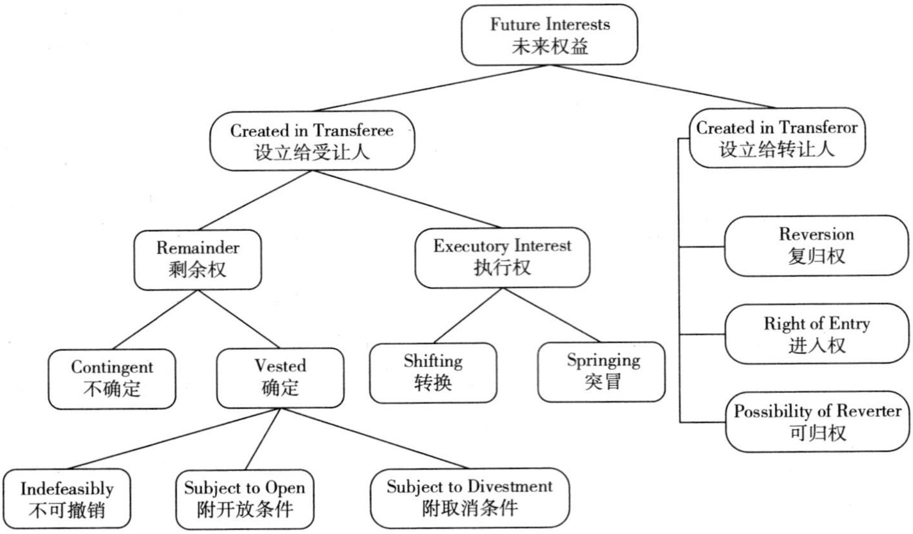

图 2　未来权益

■ 怎么学

各位同学肯定都有很好的学习习惯和经验,下面五点建议只是我自己的经验,供大家参考。

1. 用好已有的知识储备。美国法学院的本土法律硕士(J. D.)学生,每个人都有自己的非法律教育背景和知识储备。这种背景和知识储备是他们学习理解法律的基础。在座的各位同学都学了很多年的法律。我们最重要的知识储备,就是我们掌握的中国法律的知识和逻辑。这样,在学习英美财产法时把英美的制度和中国的进行比较,就是一个很自然的事情。这个过程很重要,它不仅能够校正偏差和模糊,而且能让我们准确地用中文表达英美财产法的概念。

2. 准确把握财产法的概念。首先,要掌握财产法的原则和例外。任何原则都是有例外的,我们学习时主要掌握的是原则,不能因为一个例外就推翻原则,否则就太苛刻了。当然,我们也要认识到例外的重要意义。例如,财产法中的一个基本分类是"动产—不动产"。但是这种划分有程度上的差别,我们应该在学习财产法的过程中逐渐体会区分动产和不动产的意义,以及适用于不动产的规则与适用于动产的规则在多大程度上可以统一。其次,要掌握财产法概念和制度的变迁。学习财产法时要有一种历史的视角。在学习英美财产法的过程中,会碰到很多拉丁词汇和很多很古老的规则。有意思的是,这些术语和规则虽然仍然沿用原来的名称,但可能和最初的内涵有实质区别。例如,英美财产法中有一个著名的"防止死手控制规则"("反永续规则"),这个规则早期适用于遗嘱订立,用以规制限嗣地产权。但在现代,它已经被制定法逐渐取代。再如,部分制度带有封建痕迹,给人以似乎财产法主要是关于农地、庄园、种植和畜牧法律的印象,但这些具有封建色彩的术语早就被注入了商业内容并适用于公司股份、知识产权、商誉、期货等新型权利类型。〔1〕

3. 理解财产法的精髓。财产法的精髓——这是财产法和其他部门法不一样的地方——是筹划未来,通过确定财产权的边界、内容和归属,最大限度地预防纠纷的发生。例如,共有安排的目的就是在和别人共享财产利益的同时,为自己保留必要的财产利益,在授予他人当前地产权的同时为自己保留将来权益也是出于同样的目的——我们在筹划将来,而且希望借助合理的财产法制度,预防可能发生的纠纷。财产受到侵害时,当事人主要依据侵权法而非财产法保护自己的权利。例如,财产权受到侵害时,物上请求权的适用前提是原物存在,如果原物消灭,就只能提起侵权之诉了。

4. 把财产和财产法放到特定的场景里去理解(场景化)。所谓场景化,通俗来讲就是"举例子"。当然,英美法的普通法(判例法)传统使其与一般的举例有所区别,英美财产法中制度和规则的场景化可以通过研读真实的案例实现。

场景化虽然在学习其他部门法中也很重要,但在研读英美财产法时尤为重要。这是由财产法本身的特点决定的。财产法本身是一门比较难的课程,要求学生有更高的抽象思维能力。它比合同法更抽象、比侵权法更复杂。学习上,合同法、侵权法是先易后难,先具体后抽象;而财产法则是先难后易、先抽象后具体。〔2〕

---

〔1〕 参见[英]F. H. 劳森、B. 拉登:《财产法》(第2版),施天涛、梅慎实、孔祥俊译,中国大百科全书出版社1998年版,"序言"。

〔2〕 参见[英]F. H. 劳森、B. 拉登:《财产法》(第2版),施天涛、梅慎实、孔祥俊译,中国大百科全书出版社1998年版,"序言"(财产法历来被誉为英国法中最难理解的法律制度之一,的确,它受之无愧,但是,只要你稍微注意一下就会发现,与其他大多数法律制度相比,所不同的是其难易次序存在差异。就合同法或侵权法而言,它们似乎是先易后难,其真正的疑难是逐渐呈现在学生面前的。而财产法则在一开始就将其困难裸露在初学者面前。但是,随着修习者渐入其道而掌握了财产法的一般原理和要领后,他就会感到轻松一些)。

场景化既有助于我们辨析概念，也可以解释规则演进的逻辑。例如，财产是否有别于财产权的问题，如果仅仅是抽象地思考，可能得不出结论；但在特定场景下的答案是确定的，如我们说“我把这块表卖给你”，而不是“我把这块表的所有权卖给你”；但是如果我们交易的是知识产权、土地使用权或者债权，这时即使我们说“我把专利、土地或者债券卖给你”，我们转让的也只是土地使用权、知识产权和债权。

法官会根据场景调整规则。例如，英美法上的先占原则中的“先占”在不同场景下，就具有不同的含义。在 *Pierson vs. Post* 案[1]中，Post 在一片无主地上发现了一只野狐狸，并让自己的猎狗追赶这只狐狸。Pierson 明知 Post 在追捕这只狐狸，出于个人报复心理（两个家族之间有世仇）中途插足，杀死并带走了这只狐狸。两人对簿公堂，双方均认为，野生动物的财产权利仅能通过先占取得，争议焦点是什么行为构成占有野生动物。Post 主张适用所谓的“可能捕获标准”（probable capture standard），即具备合理成功机会的正在追赶猎物的猎人已经充分实施了产生所有权的“占有”行为，因此追赶以及合理的捕获可以创设对于狐狸的所有权；Pierson 则抗辩应适用实际捕获标准（the actual capture test）——只有杀死或实际占有狐狸才构成“先占”，从而取得所有权。一审法院判决最早发现狐狸并追捕的 Post 胜诉；二审法院撤销了一审判决，判决杀死狐狸的 Pierson 胜诉。

Pierson 案确立的“先占是实际占有”（实际捕获）的先例，为之后的判例所遵循。[2] 但是在著名的 *Ghen vs. Rich* 案[3]中，法官并未遵循 Pierson 案的实际捕获规则。当时，捕鲸行业盛行用鲸炮发射鲸叉捕杀鲸鱼，鲸叉上有标明其主人的独特标记。鲸鱼在 A 地被 Ghen 射中，挣扎地游了很长距离到 B 地死

---

[1] *Pierson vs. Post*, 3 Cai. R. 175 (N.Y. 1805).

[2] 无独有偶，英国著名的 *Keeble vs. Hickeringill*, 11 East 574, 103 Eng. Rep. 1127 (Q.B. 1707) 案也认定“先占是实际占有”。该案中，原告以买卖鸭子为生计。原告在私人所有的池塘中布置了诱饵和陷阱准备捕猎野鸭，被告向来看原告不顺眼，在原告几乎要捕到野鸭时突然连开几枪将鸭子吓跑。原告认为被告非法侵害了自己的财产，起诉要求赔偿。被告认为对这些野鸭没有财产权，因为原告没“占有”它们，且被告是站在自己的土地上向空中射击，没有进入原告的领地。法院认定被告恶意妨碍原告的生意（trade）或生计（livelihood），构成侵权。但是法院指出本案的实质不是为了救济原告对野鸭的财产损失（因为野鸭飞走了计算不出数量，原告也没有实际占有野鸭），而是救济原告被恶意干扰的生意。（...this action is not brought to recover damage for the loss of the fowl, but for the disturbance.）

[3] *Ghen vs. Rich*, 8 F. 159 (1881).

了,Ellis 捡到鲸鱼并将鲸鱼卖给了 Rich,后者将鲸鱼送去炼鲸油。Ghen 于是起诉 Rich 要求获得赔偿。如果按照 Pierson 案的先例,鲸鱼应该是 Rich 的。但在这个案例里,法官判决鲸鱼是 Ghen 的,因为鲸鱼从 A 地挣扎漂流到 B 地,没有人为干预,所以 Ghen 用鲸叉射中鲸鱼时,就已经实际占有鲸鱼了。鲸鱼案的判决可能带有一些社会政策目的:为鼓励捕鲸,判决时会偏袒用鲸炮打中鲸鱼的人,而非最后找到死鲸的人。

场景的变化甚至会影响到调整特定关系的法律。例如,不动产租赁法最初建立在封建制度灭亡后形成的英国普通法的基础上。在英国普通法下,租赁(lease)被视为租赁保有产权的契据转让。这是因为,在中世纪,租赁是一种商业交易行为(为耕作而租赁农地),而非居住安排。典型的承租人是富有冒险精神的农民,他是个"什么活都能干的人",可以得心应手地修缮农场的建筑而无须地主的帮助。在这种典型环境中的地主,是不居住在农场的所有人或当地的"绅士",其社会地位使其免于从事体力劳动。因此,地主一旦将土地的占有权转让给他人之后,只负有不干扰承租人占有使用土地的消极义务,而享有收取租金的权利。[1]

但在 20 世纪 60 年代,美国典型的承租人是贫穷的城市居民,典型的租赁形态是居住性租赁,和中世纪的农地租赁存在根本差异。这促使法院开始重新审视租赁的传统规则,将居住性租赁视为合同,并适用建立在衡平法基础上的合同法原则,以加强对住宅承租人的保护。美国租赁法上的里程碑案件——*Javins vs. First Nat' l Realty Corp* 案[2]的法官在判决中生动地描述了城市住宅租赁承租人的困境——"典型的现代承租人是贫穷的、不懂世故的城市居民,通常是妇女,其主要目的是有居所而不是耕地。因此,其主要权益在于土地上的建筑物而不是土地本身。她寻求的是'一套商品和服务':有充足的暖气供应、采光好、通风好、门窗齐全,功能正常的管道设施、卫生好、维护保养好的宜居住房,不同于中世纪的农民,她不具有修理房屋的技能。再说,由于多单元建筑的复杂性,她也无法进行修理。例如,中世纪的承租人可以自己轻而易举地修理其简陋小屋中的活路,而许多承租人无权进入含 100 套单位的公寓大楼的中央供暖设备中心。如今,由于在许多城市地区低租金租房供

---

〔1〕 参见[美]约翰·G. 斯普兰克林:《美国财产法精解》(第 2 版),钟书峰译,北京大学出版社 2009 年版,第 210 页。

〔2〕 *Javins vs. First Nat' l Realty Corp.*, 428 F. 2d 1071 (D. C. Cir. 1970).

应不足,典型的承租人没有能力与出租人谈判达成可以接受的租约以保护其权益。因此,承租人面临的一般是'不能讨价还价的'格式租约,这种租约没有规定法律一般要求的应有保护。由于市场上没有更好的住房,欲继续租房的承租人只有被迫忍受条件很差的住房。最后,与中世纪的承租人相比,现代承租人的流动性大得多,因而更需要保护……" 因此,"城市居住房屋的租约,应当和其他合同一样进行解释"[1]。

以上都是场景化的具体例子。从中,我们可以明显地感受到英美法中的场景化是法官在判决中对当时社会场景和案件具体事实的描述。场景化的能力,是通过读案例培养出来的,不是单纯的逻辑思维能力。因此,为了培养这方面的能力,我们读一个案例,一定不要只看结论,而要研读对当前案件和其他案件(先例)的场景进行比较辨析的部分——这往往是判决最精彩和最具有思辨意义的地方。

5. 做好技术上的准备。在英美财产法学习过程中,阅读案例是最基本也是最重要的过程。在阅读案例的过程中,总结案例要素就是"case briefing"。关于法院判决书的种类和结构,以及诉讼过程中的法律专有名词,大家可以参考潘维大教授的《英美法导读讲义》第三章第一节和第七章。同学们在做"case briefing"时,至少应当对事实(facts)、争议焦点(issues)、法院观点(holdings)和理由(rationale)四个要素进行考察,如果案件中有少数法官持不同意见(dissents),也应当作为"case brief"的内容。具体而言:在书写"facts"时,应当以简略的笔触讲好故事,重点突出叙述关键性事实,包括案件名称、当事人身份信息、实体性事实、程序性事实等。事实部分总结完毕,要归纳案件的争议焦点。所谓争议焦点,是指案件审理过程中出现的法律适用上的分歧,法官在判决书中通常会明确总结案件的争议焦点。案件的争议焦点通常只有一个,但也不排除一些案件中,法官根据当事人的申请总结出多个争议焦点,此时同学们可以有所取舍,如选择与财产法相关的"issues"进行分析。"holdings"部分是法院对案件事实运用法律规则后,对争议焦点归纳的法律问题的回答,该部分内容是判例法规则,可以为之后的案例所援引。Holding 和判决理由(reasons)不同,一个案件只能有一个 holding,但可以有很多个理由支持该 holding。

---

[1] *Javins vs. First Nat'l Realty Corp.*, 428 F. 2d 1071 (D. C. Cir. 1970). 译文参见[美]约翰·G. 斯普兰克林:《美国财产法精解》(第2版),钟书峰译,北京大学出版社2009年版,第219~220页。

Holding 也不同于判决结果(disposition),后者是指上诉法院对初审法院判决作出维持(affirmed)、驳回(reversed)或发回重审(remand)的判决。最后一部分是"rationale",目的是归纳法院作出判决所依据的法律原理和规则。该部分通常采用三段论的演绎方法,大前提是一般性的原则或规则,小前提是案件事实,并推导出本案结论。

"case brief"做好后,同学们要进一步对法官裁判进行分析,如你是否支持法院的裁判,为什么。同学们还可以用历史的视角看待分析的案例,它遵循了还是挑战了先例,以及对之后发生的案件的影响等。

为什么学

这门课程开课有三个原因:

1. 北京大学法学院作为中国最好的法学院之一,当然应该有普通法的课程。剑桥大学法学院课表(tripos)里,就有罗马法课程,而且分上、下两门。在北京大学法学院开设普通法的课程,和剑桥大学开设罗马法课程,有异曲同工之妙。

2. 作为比较法学习的一部分,学习普通法财产法至少有知识层面的意义。苏永钦老师曾在讲座中将法学的力量归纳为三个方面:知识力、秩序力和善法的力。就像任何科学一样,暂且不问实际的成果,只要法学能提供对这个世界更多一点的了解时,就是一种力量。[1] 就本课程而言,即使只知道一些英美财产法中的经典案例、基本原则,也能使我们自己成为一个知识更丰富、更全面的人。本课程的学习能够使大家了解一些不学这门课的人可能不会去关注的东西。

3. 我想用《论语》中备受争议的一句话"攻乎异端,斯害也已"来进一步说明这门课的意义。对于这句话,我相信我们大多数人都会和杨伯竣先生有相同的理解——"批判那些不正确的议论,祸害就可以消灭了"[2]。但现在越来越多的学者愿意采纳钱穆先生和辜鸿铭先生的观点,钱穆先生说的是"专向反对的一端用力,那就有害了"[3],其主张不要走极端;辜鸿铭先生说"埋头只钻

---

[1] 苏永钦:《法学怎样跟上时代的脚步》,苏永钦讲座教授七秩祝寿研讨会演讲稿,2021 年 3 月 27 日。

[2] 《论语译注》,杨伯峻译注,中华书局 2019 年版,第 25 页。

[3] 钱穆:《论语新解》,生活·读书·新知三联书店 2018 年版,第 37 页。

研形而上学理论，这的确是非常有害的”[1]。虽然我不能评判这三位先生的翻译哪个更符合原意，但是我认为一个人要不走极端，能够中庸，在学习上可能需要更兼容并包一些。

“君子尊德性而道问学，致广大而尽精微，极高明而道中庸，温故而知新，敦厚以崇礼”，这是我对自己的期许，也是我对学习这门课同学的一个美好祝愿。让我们一起来开始这段修行吧！

▣ 阅读指引

1. [美]约翰·G. 斯普兰克林：《美国财产法精解》(第 2 版)，钟书峰译，北京大学出版社 2009 年版。

   美国法学院财产法课程的经典教材之一。内容丰富，吸收了美国联邦、各州法院的最新判例以及美国法学界的最新研究成果，介绍了美国财产法的基本概念和法理基础，探讨了地产权、租赁产权、未来权益等法律制度。在编排上亦比较适合中国读者的阅读习惯。该书是本课程的主要参考材料之一，有助于读者了解美国财产法的全貌和精髓。目前，该书中文版由钟书峰翻译，译文水平较高。英文原版已更新到第 4 版，感兴趣的读者可以进行对比阅读。

2. [英]F. H. 劳森、B. 拉登：《财产法》(第 2 版)，施天涛、梅慎实、孔祥俊译，中国大百科全书出版社 1998 年版。

   由英国牛津大学两位著名的比较法教授所著，是关于英国财产法的基础性著作，可以帮助读者构建英国财产法的基本概念。

3. [美]约翰·克里贝特等：《财产法：案例与材料》(第 7 版)，齐东祥、陈刚译，中国政法大学出版社 2003 年版。

   美国法学院财产法课程的经典教材之一，基本覆盖了本课程研讨的全部案例。对于阅读英文判例较为吃力的读者，可以参考该书所给出的案例中文译本后，再与英文判例原文进行对比。这种对照中英文的阅读方法是很值得提倡的，它不仅能够校正偏差和模糊，而且能让我们用中文表达英美财产法的概念。

4. [美]斯图尔特·班纳：《财产故事》，陈贤凯、许可译，中国政法大学出版社 2017 年版。

   以生动的笔触和历史化的叙事处理，回答了财产的本质这一财产法基础理论的重大问题。通过阅读，读者不仅能够领略美国财产法的百年变迁，还可以深化对普通法

---

[1]　辜鸿铭：《辜鸿铭讲论语》，天津社会科学院出版社 2014 年版，第 29 页。

"property"内涵的认识,并有助于反思大陆法系"物"的概念体系。

5. 潘维大、刘文琦编著:《英美法导读》,法律出版社2000年版。

潘维大教授是我国改革开放后第一位到大陆讲授英美法的台湾地区学者,该书根据他的课堂讲义编写而成。通过阅读该书第三章和第七章,读者可以了解英美判决书的结构、法律专有名词等。

知识产权法阶梯上的障碍与清除

刘银良

关于作者

刘银良

北京大学法学院教授，博士生导师。烟台大学理学学士（1989年），北京大学理学硕士（1994年）、法学博士（2000年）；联合国大学高等研究所（UNU/IAS）博士后研究人员（2001~2002年）。主要研究领域为知识产权法、生物技术法、科技法。

2009年开始在北京大学法学院任教，主讲课程包括知识产权法学、专利法、著作权法、知识产权国际保护、高新技术与知识产权等。

本文主要有三部分。首先,进一步回答知识产权是什么。通过对知识产权法内部框架的搭建、与其他部门法关系的讨论,让大家对知识产权有清晰的认识,也理解知识产权法在整个法律体系下的定位。其次,帮助同学分析知识产权法的相关问题。通过解答和讨论同学们反馈的疑问与实践热点问题,为大家在未来的学习、研究与生活中运用知识产权法的知识分析解决问题提供方向与思路借鉴。最后,提出学习知识产权法中需着重培养的几方面能力。对知识产权法的学习不仅限于对法律知识与规则的学习,更需要从基本原理、历史发展、司法实践、比较研究等多个视角对知识产权开展全面的学习研究。其他部门法的知识基础以及多种分析研究能力能够帮助深入理解和研究知识产权法的问题。

■ 知识产权法的结构与定位

知识产权的英文是"intellectual property",可译为"智慧财产",知识产权制度是保护智力成果的无形财产权制度。不同于传统物权中有体物天然的排他性,知识产权是为促进创作和发明、鼓励技术与文化进步,乃至以促进商业利用等为目的,赋予权利人对其无形的智力成果在一定范围和时间内专有的财产权制度。因此知识产权有自身的规则逻辑与定位。以下通过对知识产权内部结构及其与其他法律部门的关系讨论,帮助大家整理、掌握知识产权法的学习思路,从而对其有全面的认识。

□ 知识产权法的结构

1. 知识产权的解构

知识产权是一种无形财产权,从其权利客体、主体、内容方面进行分析能够帮助我们更好地认识知识产权。

知识产权的客体具有多样性。认识到概念化的困境,多数知识产权领域的法律、国际条约乃至教科书多采用列举的方式规定或阐释何为知识产权的客体。我国《民法典》也采取这一模式,其规定知识产权客体包括:作品;发明、实用新型、外观设计;商标;地理标志;商业秘密;集成电路布图设计;植物新品种;法律规定的其他客体。不仅如此,知识产权的客体还随着技术进步和社会发展一直处于发展中,这可保障知识产权客体的开放性。例如,摄影、电影技术的发展促使著作权法将摄影、影视作品等纳入作品范畴,生物技术的发展则促使专利法将部分基因相关产品或方法纳入保护范畴,在当前人工智能快速发展的背景下,人工智能生成物是否能够成为知识产权法的客体也逐渐成为讨论的话题。

从权利主体来看,知识产权主体的规则是在保护发明人、创作者的同时,也保护投资者与传播者等。赋予作者、发明人知识产权是为实现对创作、发明行为的激励,促进更多优秀作品或发明出现;而对投资人或作品传播者的保护则是为促进作品的传播与应用。

从权利内容看,知识产权是赋予权利人禁止他人为特定行为的排他性权利,属于消极性的权利或称防御性的权利,即知识产权所有权人并不能主动要求他人为特定行为,仅在他人未经授权使用其知识产权的行为构成侵权时,方有权制止他人的使用行为等。从禁止他人行为的具体类型来看,知识产权的权利体系具有复杂性,如著作权包括发表权、署名权、修改权、复制权、发行权等多项权利,还有未必具有合理性的兜底权利,专利权人有权禁止他人未经授权为生产经营目的制造、使用、许诺销售、销售或进口其专利产品,或者使用其专利方法以及使用、许诺销售、销售、进口依照该专利方法直接获得的产品。

面对知识产权法多样化的权利内容,可以通过“行为—权利”的权利设置规则进行理解。立法者通常依据现实中对作品可能的利用行为设立著作权的权利内容,故权利控制的具体行为取决于客体能够被利用的具体行为方式。随着技术发展,如数字互联网技术的发展产生了对作品的数字化复制与网络传播行为,著作权也因而得到不断拓展。

2. 知识产权法律规则的体系化梳理

知识产权法涵盖著作权法、专利法、商标法等多种法律,其内部规则虽然分散,但仍存在共通的逻辑。知识产权的相关规则一般可分为权利的取得、内容与限制、使用、终止(权利期限与有效性)等部分。

知识产权的取得是知识产权保护的起点,相关规则可分为对保护客体的规则与对权利人的行为要求。对客体的要求主要指对作品、发明的要求,如著作权法要求作品是具有独创性的表达,专利法要求发明属于可专利主题并需要满足新颖性、创造性和实用性等要件,商标法则需要商标具有显著性。行为要件主要指行为人获得权利需要满足的申请或登记手续等。在著作权法下，作品完成即可获得自动保护。专利权、商标权等工业产权一般需要经过申请，在审查通过后经授权才可获得。

知识产权的使用指权利人对其权利的实施、许可、转让等行为。知识产权法规定了权利人的使用规则，包括通过列举权利内容的方式明确规定权利人对他人相关活动的控制，还提供了多种许可类型（普通许可、独占许可、排他许可）规范权利人与被许可者的法律关系与实施规则。民法规则中对所有物的占有、使用、收益、处分等规则以及合同法的规定等也能够提供借鉴。另外，为防止滥用知识产权，知识产权法还提供了诸多的权利使用限制规则，包括合理使用、法定许可、强制许可、侵权抗辩等制度，借以平衡权利人与使用者的利益。反不正当竞争法与反垄断法中的相关规则和规定也可用于保护知识产权和规制知识产权滥用。

知识产权的终止是指知识产权由于权利到期、客体不符合知识产权保护要件而结束或自始无效等情况。这既包括知识产权的管理规则，如不同知识产权的期限规则，商标、专利等权利的续展或延期等，也包括对商标注册、专利授权的异议制度或无效宣告制度等。

对知识产权法规则的梳理路径可以是多样的。鼓励大家在学习知识产权法规则后尝试自己提出不同思路对知识产权进行梳理划分，构建自己的知识产权法知识图谱，以增进对知识的掌握与体系化掌握，从而有助于对知识产权法的学习、研究和适用。

3. 著作权法、专利法与商标法的关系

在知识产权整体分析外，知识产权内部不同类型的知识产权之间也有异同。以商标法、专利法和著作权法为例，三者既有区分也有联系。三者差异主要体现在法律渊源、权利性质和授权模式等方面。

从法律渊源或立法目标来看，如美国专利法与版权法均源自《美国宪法》第 1 条第 8 款第 8 项，即国会有权通过立法“保障作者和发明人就其作品和发明在限定期间内的专有权以促进科学与实用技艺的发展”。美国联邦最高法院曾认为由该条款无法推出国会有权制定联邦商标法。

从权利性质来看，商标权、专利权属于工业产权，著作权则包括对作者精神权利的保护，也包括经济权利，属于综合性的权利。从授权模式看，专利权、商标权的获得需要经过申请与审批程序，而著作权属自动获得。但不可否认，三者在商业实践中具有密切联系。商标法是商业(trade)、标识(mark)与商誉(goodwill)三元素的结合,商誉需要在商业交易中通过商事主体向消费者提供高质量的服务或产品逐渐积累获得,而提供商品或服务的质量可能源自高新技术或优质的作品(包括软件作品),它们分别由专利法与著作权法给予保护。

例如,在看似属于劳动密集型的快递行业,优质的快递服务需要大型运输工具如飞机、高铁的支持,还需要专业软件的进度调度、机器人自动分拣等技术或产品支持。知名品牌的建立也需要依赖美观的产品设计与材料技术支持等,在其共同保障下才可能生产受消费者欢迎的优质产品等。不同类型的知识产权在保护智力成果与其他无形资产中虽有分工差异,但在实践中往往共同服务于为消费者提供科技或文化产品并促进开展有序的市场竞争。

□ 知识产权法与民法、竞争法的关系

知识产权法与其他部门法有密切的联系,尤其与民法、竞争法存在诸多交叉。厘清其关系有助于了解知识产权法在法律体系中的定位,也有助于全面分析知识产权法相关案例。

民法是知识产权法的重要法律渊源。知识产权法作为一项无形财产权制度,其私权的属性与物权并无差别。在缺乏专门规则的情况下,知识产权的纠纷可能需要借鉴民法的诸多规则:如民法典侵权责任编关于共同侵权、通知—删除规则的规定就为知识产权的间接侵权和平台责任分析提供法律指引;民法典合同编的规则可为知识产权的许可、转让合同提供规则指引等。尽管在知识产权的管理保护中还涉及行政行为,但知识产权的使用、交易活动多发生于平等主体间,民法的基本规则与原理对于知识产权纠纷的解决、规则的细化完善都有重要的借鉴意义。

随着知识经济的发展,知识产权与竞争法的交叉融合也越来越引起重视。首先,知识产权保护的客体,如专利、商标、商业秘密等逐渐成为市场竞争的重要资源,并成为不正当竞争与滥用垄断地位行为的对象,因此出现知识产权法与竞争法的交叉或竞合。诸多不正当竞争行为或垄断行为,包括滥用知识产权的行为,如排他许可、“一揽子协议”、禁止挑战知识产权的有效性、搭售等,可能同时受到知识产权法与竞争法的规制。另外,部分与市场竞争紧密联系的知识产权客体也同时影响市场竞争行为,如商业秘密、知名商品的包装装潢、企业名称等被规定在竞争法中,对这类客体的保护既能够保护知识产权所

有人的利益,也能够保护消费者权益,维持正当的竞争秩序。

其次,竞争法的分析框架与原则性规定也为知识产权的保护或限制提供了适用空间,能够弥补知识产权规则相对固定的缺陷,也从而有助于解决新型的知识产权纠纷。技术革新与市场经济创新促使新的智力成果、作品的新使用方式、专利等知识产权的新运营模式等出现,新型知识产权纠纷类型不断出现,而立法的滞后性可能导致知识产权无法从规则层面对上述挑战予以及时回应。对此,竞争法对行为效果分析的思路方法以及更为灵活的原则性规定能够帮助分析新的法律关系或客体,能够帮助裁判者在现有知识产权法规则无法涵盖解释的情况下,从维护竞争秩序角度解决纠纷。

可以说,竞争法的规定在一定程度上有助于填补知识产权规则的空白。但也要警惕过分夸大竞争法对知识产权"兜底"保护作用的两个消极影响。第一,促使知识产权纠纷的解决规则从知识产权法向竞争法逃逸,不利于知识产权法自身规则的发展完善。《反不正当竞争法》第 2 条第 2 款的规定有很大的解释空间,法官在面对新型的知识产权法律问题时可能更愿意适用解释空间较大、争议相对较小的竞争法条款,但这可能不利于知识产权本身规则的完善,如金庸诉江南案后有观点认为,应当从著作权法角度解决该问题而非以不正当竞争法条款为判决依据。第二,可能导致本不受到知识产权法保护的智力成果通过竞争法的解释受到保护,压缩知识市场的竞争空间。反不正当竞争法对不正当竞争行为的规制,能够保护诸多经营者的合法利益,但过于强调竞争法对知识产权的补充保护,可能导致"凡有利益,就有权利保护"的想法,从而实质上扩大了对智力成果的保护范围。同时,反不正当竞争法对"搭便车"行为的规制也容易被扩大理解为所有借鉴他人智力成果的行为都应当受到规制。这些做法可能会压缩市场既有的自由竞争空间,不利于知识经济的持续发展。

■ 知识产权法学习中的相关问题

以下针对大家反馈的较为典型的问题进行讨论答疑,在解答知识性疑问的同时,希望能够为大家分析知识产权法相关问题提供分析思路。这里主要讨论专利法、商标法、著作权法下的问题与具体难点。这当然并不排除商业秘密、植物新品种、集成电路布图设计等知识产权客体的重要地位,但限于时间与篇幅,这里主要针对三部主要的知识产权法律中的问题进行讨论。

□ 专利法相关问题

1. 在技术领域尤其是在信息技术行业,惩罚性赔偿制度是否有必要?

我国当前知识产权侵权损害赔偿的计算方法主要包括权利人因侵权行为受到的实际损失,侵权人因侵权行为获得的利润,以及在前述方法无法确定具体损失的情况下,法官依据案件情况裁决法定赔偿。现有规则旨在"填平"权利人损失或将各方的状态回归到侵权行为未发生时。惩罚性赔偿突破了上述规则,通过对侵权人施加高于侵权人获利或权利人损失的赔偿金额,加大惩罚力度,目的在于提高对潜在侵权人的震慑作用。

知识产权的侵权成本较低但带来的实际损失很大,而且我国实践中知识产权的侵权赔偿金额相对较低,这都不利于遏制知识产权侵权活动。在专利领域,尤其是通信领域,专利的创新价值对企业的竞争力作用较大,侵权后果往往难以评价。继《商标法》《反不正当竞争法》引入惩罚性赔偿制度后,《民法典》第 1185 条明确规定了侵害知识产权的惩罚性赔偿,《专利法》和《著作权法》修正案也增加规定了惩罚性赔偿。

但在引入知识产权惩罚性赔偿的同时,人们也应当客观、冷静地认识惩罚性赔偿对强化知识产权保护的有限作用。首先,惩罚性赔偿并非提高知识产权保护的唯一手段,树立司法权威、震慑侵权有赖于多方法律制度的配合。强化执法力度、促进行业自律、加强行政与司法监管都是政策者需要考虑强化知识产权保护的方式。一些国家的知识产权法虽然没有明确规定惩罚性赔偿,但也同样能够有效制止侵权活动。其次,惩罚性赔偿并非常态化的侵权损害赔偿计算方式,即便在美国等普通法系国家,其适用也限于恶意侵权等情形。该制度的实施效果有赖于对实施细则的认真设计。在构建惩罚性赔偿制度中,应当细化其适用条件与范围、惩罚性赔偿金额的计算基数与方法等,避免片面追求强化处罚可能造成司法不公平问题等。

2. 专利制度会否被大公司滥用,成为扼杀新生小企业的手段?

专利制度的设立旨在通过授予一定期限内对技术进步的垄断性权利换取发明人对该技术进步的公开。因此,专利制度本身就带有垄断性质,尤其是在技术对市场竞争作用越来越大的背景下,具有更强研发能力的大型公司更有可能滥用专利制度遏制中小企业的发展。通过综合的专利运营策略影响市场竞争的行为在通信、生物技术和医药行业尤为普遍，大型公司多通过研发、收购等方式获得专利权，并开展专利布局、构建专利池，意图通过技术垄断影响市场竞争秩序。

但在现实中，中小企业也可展开一定的反制。专利法也提供了多种策略性的空间，如针对专利侵权的多种抗辩（权利用尽、科学研究、先用权、滥用专利权抗辩等）、围绕核心专利技术申请周边专利等。在历史上日本企业曾围绕美国的核心专利申请了不少关于周边技术的专利，导致美国专利权人难以就相关技术进一步开发，从而形成对美国公司专利的限制。专利法中的强制许可制度也能够为中小企业提供一定帮助，尤其是在涉及公共利益等领域，加拿大曾频繁适用该制度，从而在国外大型制药公司垄断的情况下有效促进了本国医药产业的发展。但目前专利强制许可在我国适用非常克制，尚未有适用该制度的实例。

专利策略不仅体现在大企业对中小企业的影响，专利纠纷在大型企业之间也非常突出。近年来在通信领域的标准必要专利纠纷与案例频发，如苹果、三星等公司在德国、英国、中国等国的标准必要专利纠纷案件就体现了大型企业在专利布局上的争夺。

□ 著作权法相关问题

1. 署名权与姓名权之间的关系是怎样的？如何协调？

署名权与姓名权分属著作权法与民法上的权利，前者侧重保护作者表明自己身份的权利，后者侧重保护自然人自由决定并使用姓名的人格利益。两者都旨在保护作者或自然人的精神利益。协调署名权与姓名权的冲突，应当保障两权利保护的正常法益不受侵害，同时也应保障消费者不受误导，保护消费者利益。任何权利的行使应当尊重、保障他人的正当权利，因此在协调权利冲突时应当考察双方规则背后的立法目的以及所保护的权益，通过考察行为人的具体行为分析涉及的法益是否被侵犯。

2. 人工智能生成物是否享有著作权的保护？

随着深度学习技术的发展，人工智能的生成物，如诗歌、画作等在外观上都具有一定独特性，甚至与自然人创作的作品无法区分。故在外观上无法区分的前提下，有观点提出是否需要通过著作权法予以保护，鼓励投资的同时能够规范人工智能生成物的传播、使用市场，避免冒用、未经许可使用生成物的行为。

对这个问题的讨论需要综合考察著作权法的立法目的、作品保护要件、人工智能生成物或称人工智能作品的特征以及著作权保护的必要性。著作权最终目标在于促进社会文化的发展,其实现路径在于赋予作者著作权以激励创作鼓励传播,因此,赋予作品著作权保护的条件是被激励创作出的作品有助于促进社会文化发展这一基本目标的实现。著作权制度之所以具有必要性与合理性,以及著作权法基本目标之所以能够实现,基本依赖于作品的一个前提和三个必要特征:一个前提是指作品须是自然人创作,三个必要特征则分别指作品的多样性、价值性和稀缺性。这些前提与特征是保证作品成为著作权制度的基础,如果缺乏这个基础,著作权制度将受到严重挑战,乃至丧失必要性与合理性。

人工智能生成物无法满足上述作品的必要特征。首先,人工智能生成物非自然人创作。其次,当前人工智能的创作仍是在人工设置的条件与逻辑指导下开展对现有作品的学习与模仿,缺乏完全的独立性与创新性,无法满足作品多样性与价值性要求。再次,人工智能可在短期内生产大量内容,会带来"'作品'过剩"的问题,破坏传统作品稀缺性的特点。最后,著作权保护与否对人工智能生成物不会产生影响,既然著作权法保护与否都会存在人工智能生成物,则以创作激励为目的的著作权法保护并无保护人工智能生成物的必要。尤其是考虑到著作权法本身运行的制度成本,赋予其著作权法保护似乎并无必要。

针对当前保护开发投资、规范人工智能生成物传播与使用行为的现实需求,仍存在其他路径加以解决,如在专门网站的注册登记制度等。这些做法的适用成本明显低于将整个著作权制度扩张至人工智能生成物的成本,而这些做法也能够通过公示等方式明晰权属,已经能够满足明确来源、避免假冒、未经许可使用等保护需求。

当然,对人工智能生成物的著作权保护仍是一个开放的话题,大家都可以拓展思维形成自己的观点。关于这一问题的讨论,有三个考量因素可供参考:著作权法的立法目的、人工智能生成物是否符合作品构成要件、著作权保护规则与人工智能生成物对法律调整需求的契合(包括制度成本、实践可行性和潜在风险等)。

3. 综艺节目是否可以受到著作权保护?

综艺节目是多种著作权法保护作品的组合,包括但不限于节目脚本(文字作品)、节目标志及场景布置(美术作品)、节目剪辑(视听作品)等,在满足作品独创性的情况下,上述要素均可以受到著作权法保护。但当我们讨论模仿综艺节目的纠纷时,涉及模仿的往往是"节目模式"著作权保护的讨论。"电视节目模式",即节目的类型定位、流程、角色分工和游戏规则等,这在著作权法下一般属于思想的范畴而非具体的表达,故一般不受著作权法保护。需要认识到,知识产权并不保护所有智力成果,应当区分受保护的成果与公共领域的内容,如一本教科书作为文字作品受到著作权保护,但其保护范围仅限于作品的表达,书中讨论的知识、思想应属于公共领域而非私权范畴。这样就既让公共领域有足够多的知识供公众学习与应用,同时又为实践中的市场竞争保留合理的竞争空间,允许一定范围内的学习、借鉴与发展。

在讨论生活场景中某一客体是否受著作权保护时,可有两个考虑步骤。首先需要对生活化的概念客体进行拆解。著作权保护的作品包括文字作品、美术作品、音乐作品、视听作品等,生活中的一个客体可能包括多类著作权法下的作品。其次,在提炼出受著作权保护的作品后,再判定是否符合著作权法中"独创性"等要求。

□ 商标法相关问题

1. 在商标法的注册取得原则下,如何应对商标囤积和抢注行为?

商标通过使用获得商誉和价值,因此理想情况下,使用是经营者获得商标权的基础。但以使用作为商标取得要件的管理模式面临高成本等问题,因此大多数国家(包括我国)采取注册取得商标权而非使用获得商标权的商标取得制度。

但采取注册制的商标取得模式并不完全排斥使用在商标注册中的作用,尤其是针对注册制下可能发生的商标囤积和抢注行为,立法者通过赋予"使用"以影响商标有效性与注册效力的方式,帮助清除未被使用的商标和规制恶意抢注,以减少商标资源的浪费,维护正当的市场竞争秩序。针对囤积商标,商标法规定,没有正当理由连续3年不使用的商标,任何单位或个人能够申请撤销该商标。针对商标抢注行为,商标法明确商标注册不得损害他人在先权利,明确规定不得以不正当手段抢先注册他人已经使用并有一定影响的商标。

针对与在先注册商标相似的商标申请,相关人员可以提出异议,从而可导致其不被注册。如果商标注册人申请商标注册前,他人已经在同一种商品或者类似商品上先于商标注册人善意使用与注册商标相同或者近似并有一定影响的商标的,注册商标专用权人无权禁止该使用人在原使用范围内继续使用该商标。此外,2019 年《商标法》修正案对恶意申请商标行为作出更多规制,如在第 4 条中增加规定应当驳回不以使用为目的的恶意商标注册申请。这将有助于强调商标的使用价值,有助于解决商标抢注和囤积现象。

面对诸多价值冲突与利益冲突,知识产权法设置了诸多利益平衡规则。除商标法关于商标注册有效性的规则外,专利法中的专利链接制度则致力于促进药品专利权人与仿制药生产者的利益平衡,著作权法中的法定许可与合理使用等制度也试图平衡公共利益与著作权人的利益等。了解制度背后的利益诉求与原理有助于更好地理解、学习和应用知识产权法的知识和技能,其中包括在案例分析中更好地适用相关法律规则。

2. 在商业活动中不允许使用"驰名商标"字样的情况下,关于驰名商标的保护制度还能发挥作用吗?

驰名商标保护的初衷在于保护已经在市场上建立了良好商誉的商标。驰名商标的"驰名"是在消费者心中的驰名,而不是通过宣传、告知等方式宣传其"驰名"。事实上,允许在商业活动中使用"驰名商标"反而使经营者使用法律意义上的认定来增强消费市场中的商誉,属于本末倒置,或导致不正当竞争行为。我国禁止针对"驰名"商标本身的宣传有助于促进商标权人通过提高产品或服务质量的方式创造良好印象,形成商誉积累的良性循环。一个相关的现象是,国际知名品牌并无其属于"驰名商标"的宣传。

3. 平行进口在我国的合法性认定及司法实践情况如何?

平行进口的合法性本质上属于一国公共政策问题。平行进口可能会影响知识产权所有人针对其产品的差异定价策略,剥夺或限制其利用定价差异细分市场进而获取最大利润的能力,因此拥有更多有效知识产权的发达国家一般持反对态度。对发展中国家而言,平行进口产品的价格一般更为优惠,允许平行进口更有利于国内消费者,因此其一般持赞成态度。鉴于各国就平行进口问题难以达成共识,国际条约层面未能就其认定达成一致,TRIPS 协议第 6 条特别指出本协议规定不适用于解释平行进口问题,平行进口的合法性由各国立法与司法机构决定。

平行进口较多出现在专利和商标领域。但我国在商标法中尚未明确平行进口的法律地位。关于平行进口最早见于力士香皂平行进口案。该案被告自泰国进口带有力士“LUX”商标的香皂并在国内销售,国内“LUX”商标的独占许可人联合利华公司起诉该行为侵犯其被许可的商标权。法院认为原告已获得该商标在中国境内的独占许可权且就此在国内多家报纸刊登声明,故认定被告在应当知道原告存在的情况下侵犯了其对“LUX”商标的独占使用许可权。针对被告抗辩中提及的平行进口问题,法院认为由于被告并未提交足够的证据证明该批香皂系源于商标注册人或者经过商标注册人许可,其抗辩不能成立,从而未对平行进口的合法性予以明确回应。

在后续相关案件中,法官主要从保护商标功能与商誉等角度对进口、销售含系争商标商品的行为是否侵犯商标权的问题予以讨论。在被告行为未损害商标识别商品及服务来源、保证商品及服务品质等情况下,法院多认为其不构成商标侵权行为(如维多利亚的秘密商店品牌管理有限公司诉上海锦天服饰有限公司侵害商标权及不正当竞争纠纷案、大王制纸株式会社等与杭州梦葆科技有限公司侵害商标权纠纷案)。但当被告行为影响商标的功能或损害商标商誉时,则可能被判定构成商标侵权,情形包括下列多种:其一,未经授权加贴含中文商标的标签行为和磨码行为破坏原商标功能,如绝对有限公司等与苏州隆鑫源酒业有限公司侵害商标权、不正当竞争、垄断纠纷案,联合多梅克白酒和葡萄酒有限公司等诉长沙市雨花区百加得酒业商行侵害商标权纠纷案。其二,针对涉及不同国家的安全认证标准的商品,进口、销售没有本国安全标准认证的商品,进而导致安全风险,损害原商标商誉的行为,如米其林集团诉谈国强和欧灿商标侵权案。其三,对进口商品改动后使用原商标在国内销售,破坏了原商品与商标的联系,存在损害商誉的风险,如之宝制造公司诉李广生侵害商标权及不正当竞争纠纷案等。但这些案例并没有对平行进口的法律地位作出明确认定,仅限于个案讨论,且审判法院层级不一。关于平行进口问题,仍缺乏最高人民法院的判例乃至司法解释上的明确规定。

在专利领域,我国2008年《专利法》修正案允许平行进口。这主要是考虑到我国作为发展中国家,允许专利领域平行进口有利于保障消费者利益,同时能够促进技术的应用与传播。

知识产权法的实践与热点问题

知识产权专门法院与法庭的建设

由于知识产权案件,尤其是专利权纠纷,具有较强的技术专业性,建立专门的知识产权法院在诸多国家已经成为普遍做法。美国、德国、日本、韩国、新加坡等国家已经成立了专门的知识产权法院或法庭。针对日益增多且复杂的知识产权纠纷案件,我国已经开展建设专门的知识产权法院或法庭。但其构建仍需考虑诸多问题,包括案件量、管辖范围、与其他法院的审级衔接、法官的选用及管理措施等,只有相应规则适应我国的审判实践,与现有司法体系形成良好的衔接,知识产权专门法院与法庭的建设才能实现提高知识产权纠纷解决质量与效率的目标。

从专门法院的工作量来看,我国知识产权案件日益增加。据统计,2018 年的知识产权一审案件已达 28 万件,将所有一审知识产权案件均交由知识产权法院审理,工作量显然会超负荷。我国为此在知识产权专门法院基础上进一步设立诸多知识产权法庭。但应对大量纠纷案件考虑的不仅是增加专门法院或法庭的设立,也要考虑是否必须要专门法院处理全部案件。知识产权专门法院或法庭的设立主要基于其案件的专业性要求较高。但知识产权纠纷对技术要求主要集中在专利权纠纷,著作权、商标纠纷案件对技术性要求则不高。我国知识产权纠纷频发,但大量一审案件所涉及的法律问题争议不大,涉及的法律关系也不复杂,全部交由设立的专门法院或法庭可能存在成本过高且不能保证效率等问题。

基于知识产权特别是专利案件的专业性、复杂性,设立知识产权法院进行专门审理确有必要,但建议仅针对二审及以上阶段的专利纠纷案件或其他具有技术含量的案件进行管辖。从专门法院或法庭的上诉机构设计来看,最高人民法院设立知识产权法庭主要是负责高级人民法院、知识产权法院、中级人民法院知识产权类案件(专利、植物新品种)的二审工作。但需要注意,在最高人民法院内部设立二审法庭是否可能影响案件的再审及当事人的相关权益。除上述问题外,知识产权专门法院或法庭的民事、行政和刑事诉讼的“三合一”改革,以及民事诉讼与行政复议的程序衔接等问题都有待进一步探索。知识产权专门法院体系的构建仍问题重重。

□ 中美贸易摩擦中关于知识产权的内容及其影响

早期的中美国际贸易纠纷主要发生在 WTO 与美国 301 调查框架下。中国自 2001 年加入 WTO 后一直面临不同的知识产权纠纷。如 2007 年美国针对中国知识产权实施问题在 WTO 下提起诉讼(DS362),认为中国 2001 年《著作权法》第 4 条、知识产权海关保护条例、侵犯知识产权行为的刑事门槛等规定不符合 TRIPS 协议。2018 年美国、欧盟先后再次在 WTO 对中国提起诉讼。其中,美国对中国的诉讼主要针对是否遵守 TRIPS 协议第 3 条规定的国民待遇、第 28 条第 1 款和第 2 款的相关规定(DS542)。欧盟就中国是否遵守 TRIPS 协议第 3 条国民待遇、第 28 条专利权、第 33 条专利权保护期、第 39 条未披露信息保护等相关规定提起诉讼(DS549)。这些诉讼除涉及知识产权法外,还涉及《对外贸易法》、《技术进出口管理条例》、《中外合资经营企业法》及其实施条例、《新能源汽车生产企业及产品准入管理规定》等法律、条例或部门规章。

美国的 301 调查也是美国在国际贸易中对中国知识产权发展提出意见并施加压力的重要方式。美国通过 1974 年《贸易法》和 1988 年《综合贸易与竞争法》确立"特别 301 规则",该规则授权美国贸易代表办公室(United States Trade Representative,USTR)每年出具《特别 301 报告》,以识别拒绝给予美国公司充分知识产权保护的国家。从 20 世纪 80 年代中后期开始,美国利用这一规则向包括中国在内的多国施压。其中在 1991 年和 1994 年,美国对中国发起"特别 301 调查",要求中国加强知识产权保护,包括修订《专利法》和《商标法》、制定《反不正当竞争法》、采取措施打击知识产权侵权行为。

近一段时间,尤其是随着 WTO 纠纷解决机制的失效,中美贸易纠纷有所转化。美国指责中国在知识产权领域中通过合资要求、股比限制和其他外商投资限制来强制或迫使美国企业转让技术,同时通过行政审批程序来要求或迫使技术转让,降低了美国技术的价值。事实上,美国指出的技术转让压力,如外资的合资要求、股份限制等主要来自外贸管理,而非知识产权内部规则的要求。随着知识经济的发展,知识产权纠纷越来越与国际贸易规则、国际政治环境紧密联系。

整体来看,在历史上,西方尤其是美国对中国知识产权保护方面的压力,在一定程度上推动了我国多次知识产权相关法律的修改,促使中国迅速提高知识产权保护标准。近期双方在知识产权领域的争议，必然会给中国参与世界技术标准的构建、国际知识产权合作带来较大影响。这也要求在国内知识产权法层面，立法与司法者在进一步完善规则的同时，制定更为透明、公开、明确的知识产权规则，增强国内规则的正当性解释与论证能力。另外，在国际冲突与贸易纠纷的背景下，国际知识产权逐渐从统一的国际组织下的合作转向分散的双边或多边合作。在文化传统、经济结构不同的背景下，我国也应当主动加强与其他国家的交流合作，消除误解与障碍，增加关于知识产权规则的共识。

■ 知识产权法学习的能力培养

深入学习知识产权法并不能局限在对知识产权法规定和规则本身的学习。在学习与研究知识产权法的过程中，以下几方面能力的培养是必要的：

第一，增强民法、竞争法和法理学的理论基础。知识产权法是调整智力成果创造者和社会公众之间、知识经济中不同市场主体间利益平衡关系的法律，遵循基本的法律原则和民法、竞争法原理，必要的法理学、民法学和竞争法知识，有助于正确判断一些新问题或疑难问题。

第二，培养历史的和比较的研究方法，提高英语学习与研究能力。知识产权法是随着技术和社会发展而不断发展变化的法律。知识产权的发展历史能够帮助理解现有法律规则背后的制度演进与利益考量，加深对现有规则的理解。同时，了解知识产权如何调节新技术带来的客体与法律关系，能够指导如何应对当前新技术带来的新型知识产权法问题。知识产权法也是国际化程度较高的法律。尽管知识产权具有地域性，但在全球化背景下借助国际条约与国际贸易的展开，各国知识产权法已有趋同的趋势。我国知识产权法起步相对较晚，其他法域面临类似问题的应对方式可能提供借鉴。另外，知识产权法规则的发展需要加强与其他国家知识产权的交流合作，这些都需要在知识产权法的学习和研究中具有比较意识。熟练掌握英语有利于开展比较研究，有助于掌握第一手资料和开展国际交流与合作。

第三，联系实践，培养分析问题与研习案例的习惯。知识产权法是实践性很强的法律，与技术、经济与社会共同发展，与市场经济紧密相连。所以对知识产权法的学习需要紧密结合实践案例和热点问题，从实践中理解知识产权的基本原理及其调整适用的方式与逻辑。大家可以在未来的学习与研究中关注知识产权法的相关问题与案例，自觉运用知识产权法律知识和原理分析思考，在不断的思考和学习中提高对知识产权法的理解与分析问题的能力。

▣ 阅读指引

1. 刘银良：《知识产权法》（第 2 版），高等教育出版社 2014 年版。

   全面介绍、分析和探讨知识产权法相关知识，兼重历史研究和比较分析，既重视理论探讨，也紧密结合实践，能够帮助读者系统学习、理解和掌握知识产权法。

2. 崔国斌：《著作权法：原理与案例》，北京大学出版社 2014 年版；《专利法：原理与案例》（第 2 版），北京大学出版社 2016 年版。

   详细介绍了著作权法与专利法的规则、原理与司法案例。每章开始部分对相关法律原理进行简要概述，然后围绕该章节的核心问题展示相关的国内外的经典案例和前沿学术观点，帮助读者对知识产权的相关规则有较为深入的理解学习。

3. 杜颖：《商标法》（第 3 版），北京大学出版社 2016 年版。

   从理论和实务的角度，结合案例和图例，对商标法的基本概念、基本理论、基本制度作了细致、系统的阐述，在教授理论知识的同时，增加读者对商标实务工作的了解，是一本兼具理论性和实用性的教材。

4. 李明德：《美国知识产权法》（第 2 版），法律出版社 2014 年版。

   采用“以案说法”的形式，在详细、系统地介绍美国知识产权相关案例与法律的同时，针对判决提出自己的分析与见解。对知识产权法的学习与工作人员了解美国知识产权法司法实践与相关规定具有较大参考价值。

5. [美]罗伯特 · P. 莫杰思：《知识产权正当性解释》，金海军、史兆欢、寇海侠译，商务印书馆 2019 年版。

   该书作者在系统检视知识产权正当性的理论学说，包括劳动理论、个人自由论、正义论、私人财产论等后，提供了自己的一套复杂而精致的知识产权正当性理论，是关于美国知识产权正当性理论研究的专著。

6. [美]保罗 · 戈斯汀：《著作权之道——从古登堡到数字点播机》，金海军译，北京大学出版社 2008 年版，第 2 章、第 6 章。

   对美国著作权的发展做了详细介绍，尤其讨论到了技术变革与产业结构发展如何影响著作权规则的变更问题。

北大法学进阶

民事诉讼法学习的要点与难点

傅郁林

傅郁林

北京大学法学院教授。1987年获武汉大学法学学士（国际法学专业），1998年获北京大学法学硕士（民法学专业），2001年获中国人民大学法学博士（诉讼法学专业），2001～2003年在北京大学从事博士后研究（法学理论与司法制度方向）；1987～1998年在武汉海事法院从事审判工作和应用法学研究；先后在德国图本根大学（2001年）、美国东北大学（2001年）和耶鲁大学（2006年）、加拿大蒙特利尔大学（2005～2006年）和英属哥伦比亚大学（2014年），以及马普研究所（卢森堡，2015年）等做访问学者。主要研究领域为民事诉讼法、商事仲裁、证据法、裁判方法、比较民事司法制度。

2003年开始在北京大学法学院任教，主要讲授以下课程：（1）初阶讲授类：民事诉讼法、民事证据法、纠纷解决、中国民商事诉讼与仲裁（英文）；（2）高阶研讨类：民事诉讼法学专题、仲裁实务。

民事诉讼法的核心架构是诉讼主体围绕诉讼客体依据诉讼程序规则形成的三角关系结构。受我国《民事诉讼法》调整的,除了诉讼程序之外,还有非讼程序和执行程序,但总论中阐述的基本原则、基本制度、基本理论以及分论中的当事人、管辖、证据与证明、调解、诉讼程序等,几乎都是以诉讼为研讨对象或讨论语境的。

民事诉讼是将私人纠纷提交公权力机构解决的过程。公法因子和私法因子在《民事诉讼法》中都有体现,这也是其内容庞杂的重要原因。但整部《民事诉讼法》仍然是一部在诉讼主体之间配置权利/权力关系的法律,只是这种配置不能像单纯的私法或单纯的公法那样得以由诉讼法单独完成。一方面,民事诉讼是在民事实体法所保障的权益受到侵害、实体法所调整的法律关系发生争议而提起的,因此诉讼主体(当事人适格)与诉讼客体(诉讼标的)及裁判规范等,都相当依赖于相应的实体法律规范;另一方面,民事诉讼是法院代表国家行使司法权,通过解决私人提交的争议而保护私权、维护法的秩序的程序,因此司法权的权限配置首先要解决其外部边界(主管)、内部分工(管辖)、组织结构(审判组织与审级制度)等权源的合法性问题,而这些规范依赖于《宪法》、《法院组织法》及《法官法》。最后,《民事诉讼法》中相对独立的内容是调整诉讼过程中各诉讼主体的诉讼行为规范,亦即各诉讼主体围绕客体的审理和裁判过程而形成的权利义务关系结构——对各国不同的关系结构加以提炼,即民事诉讼模式,不同诉讼模式对于各诉讼主体权限和义务的配置以及相应诉讼行为效力的规定,体现了不同司法制度在公正与效率(或真实、成本、效率)、私益与公益等不同价值之间的取舍与平衡,包括基于这些价值而对实体法赋予的部分私权获得司法救济的可欲性进行一定限制或舍弃——如时效制度、失权规则、强制合并等程序规范。

■ 诉讼主体:资格与权限

诉讼主体包括当事人和法院,二者分别是民事诉讼的私权主体和公权主体。诉讼主体问题的讨论,实际上就是法院主管权、管辖权、审判权等公权力的配置,以及当事人处分权的配置,我们统称为诉讼主体的权限配置。

当我们谈到作为民事诉讼主体的当事人时，我们实际上在讨论当事人的资格。其中，当事人诉讼权利能力涉及的是抽象资格，正当当事人涉及的是特定案件中的具体当事人资格。具体案件中正当当事人的判定要依据民事实体法，但同时也需要遵循一定的民事诉讼法原理。其中，利害关系是正当当事人判断的核心要素，其首先是诉讼法上的抽象原理/标准，而在个案中具体判断是否有利害关系则取决于民事实体法的规定。由此可见，民事诉讼法提供的标准多为抽象标准，其具象适用则需要回到实体法中。除了利害关系的判断，诉的利益的判断也是如此：民事诉讼法将诉的利益作为诉讼要件，而判断诉的利益之有无则要回到民事实体法中找寻。除了与案件有利害关系的人，正当当事人还包括基于法律规定而具有管理权和身份权的人。同样地，民事诉讼法也是抽象地提出判断标准，在个案中要依据实体法和本案事实具体判断是否有基于法律规定而产生的特定的管理权、身份权。讲到这里，大家或许有疑问：既然个案中标准是否满足的判断依赖于实体法，那么诉讼法的价值何在？我们认为，诉讼法的价值在于给出一个抽象标准，否则从浩瀚的实体法中选取出判断适格的当事人的具体标准就会很困难，民事纠纷以诉讼方式的解决是民事诉讼法和民事程序法协同作用的结果。

与之相称，在讨论民事诉讼的另一主体——法院时，就是在讨论其权限。法院的权限包含三个层面：主管权（司法权的外部边界）、管辖权（法院之间的内部分工）和审判权（法院与当事人之间的权限配置）。主管权是法院的对外权限，是法院介入社会生活的限度。法院的对外权限受制于宪法和法院组织法，是法院在宪法结构中的权限范围问题。同时，法院主管权在《民事诉讼法》上也是以“平等主体之间的纠纷”等抽象的方式规定的，其具体判断也要回到实体法。管辖权是法院系统内部的分工，相对于主管，更属于民事诉讼法的范畴，但也并不仅仅是民事诉讼法的内部问题，而仍要受制于司法制度和其他公法。但同时需要注意，管辖权不仅是从公权力视角所认知的法院的内部分工，也是当事人通过诉讼方式解决纠纷的边界，除了法院的权力应当受到限制，当事人选择解纷法院也要受到合理的限制。最后，民事审判权是民事诉讼法所调整的最典型的法律关系，这是法院和当事人之间的关系，通常调整的是法院、原告、被告三角关系的内部关系——各自的诉讼权利、义务、诉讼行为及其效力。

通过对当事人和法院两个主体的讨论，我们会发现，当事人资格的判断离不开民事实体法（私法），法院的权限判断则离不开宪法、法院组织法乃至法官法等公法，当然二者都离不开法理学的滋养。民事诉讼的本质是最终运用公权力来解决私人纠纷，它是法律体系的“神经末梢”，在私权关系运行不畅通，出现了纠纷、权利受到侵害的情形下方会需要民事诉讼方式的救济。因此，民事诉讼法是构建于多法律领域之上的程序法，必须在对法理学、宪法、组织法、实体法有一定程度的了解后才能学得好。

■ 客体：诉讼标的

诉的客体，也就是诉讼标的，是法院的审判对象。诉讼标的的确定，关系到法院审判的对象、当事人的攻击防御，同时牵连到诉的合并、诉的变更与追加、重复诉讼的认定等制度。最高人民法院《关于适用〈中华人民共和国民事诉讼法〉的解释》（以下简称《民诉法解释》）第 247 条在重复起诉的判断中采用当事人、诉讼标的、诉讼请求的“三同说”来判断是否构成重复起诉，这触及了诉讼标的的核心作用领域，在民事诉讼法学界引发了很多讨论。同时还要关注第 248 条规定的例外。那么，我们就从第 247 条规定入手，来对诉讼标的理论进行简要介绍。

首先，我们需要明晰诉和诉讼标的的关系。诉是当事人向法院提起的，请求法院解决民事争议、保护其民事权益的请求，其可能是一个名词（诉求），也可能是一个动词（启动民事司法程序的行为）。既然诉是一项“请求”，那么就必然有主体和客体。诉的主体实际上就是前面提到的当事人。由于诉的主体内容比较庞杂，出于篇章均衡的考量，一般的教材都是单列一编讲授。因此，就出现了民事诉讼法教材在诉的部分不讲主体，只论述诉讼标的。正本清源，“诉”应该成为一编，下设四个部分：第一部分为诉的主体，阐明当事人的相关问题；第二部分为诉的客体，阐明诉讼标的相关问题；第三部分为诉的类型，明晰不同种类的诉讼标的对应的诉的类型；第四部分为诉的合并或者复杂诉讼，阐明诉的主体、客体合并以及强制合并等相关问题。

诉讼标的的功能，首先是确定本案的裁判对象，实际上就是要对法院的审理范围和裁判对象进行限定，但在我国强职权主义之下，实际上直到裁判时才能真正确定诉讼标的。所以我们暂时忽略这个功能，回归到我们提出的重复起诉判断的问题。不难发现，重复起诉的判断是在诉的主体、诉的客体及其识别、诉的拆分与合并等层次明晰后方可明晰的最为后位的层次。其中,前后诉主体变化导致两诉并非同一个诉是显而易见的。因此,诉的识别,基本等同于诉讼客体的识别。诉讼标的的识别也是民事诉讼法领域争议最大、最为困难的问题。我们知道,诉是从诉讼请求开始发起,当事人需要根据自己的理解和意愿向法院表达其要寻求什么救济、给付的内容是什么,我们称之为"诉的声明"。一些情况下,通过诉的声明就足以识别此诉和彼诉。但在很多情形下,仅仅诉的声明难以判断识别此诉和彼诉,此时就需要有识别的标准。

围绕这一识别标准,产生了几种有代表性的学说:首先是旧实体法说,该说以请求权作为识别诉讼标的的依据,一个请求权就是一个诉讼标的。请求权既是裁判的依据,也是诉讼请求特定化的依据。以请求权作为识别诉的标准基本上是准确而适当的,同时也是比较清晰和简明的。在请求权特定化的前提下,不论诉的声明怎样变化,只要前后诉当事人和请求权同一,那么就是重复起诉,反之亦然。但是,如果以旧实体法说为诉讼标的的识别标准,在请求权竞合时,同一给付目、同一事件的就会对应两个及以上的请求权。根据旧实体法说,前诉提出一个请求权,后诉再提出另一个请求权,系两个诉讼标的,不属于重复起诉,如此就会出现同一基础事实产生的争议可以获得重复救济的问题,这对于对方当事人来说是不公平的,对于司法资源也是很大的浪费。

为了解决请求权竞合情形下重复救济的问题,从诉讼法的角度来识别诉讼标的的理论就产生了,与基于实体请求权识别诉讼标的的"实体法说"相对,被称为"诉讼法说"。诉讼法说也分为两种观点,即一分支说和二分支说。二分支说根据诉的声明(诉讼请求)和原因事实(基础事实)结合起来识别诉讼标的,试图同时解决诉的特定化和识别问题。但是,"原因事实"究竟是指法律事实还是指生活事实呢?如果认为是法律事实,则可能又导致其识别标准回到旧实体法说;因此主流观点认为应理解为生活事实,应该是特定化的生活事实。一分支说仅依据诉的声明来确定诉讼标的,由于一分支说始终没有成为大陆法系诉讼标的理论的主流学说,而且国内学者对于德国一分支说的解读本身也存在争议,在此不予讨论。

此外,实体法也在努力解决请求权竞合的情势下避免重复诉讼的问题,"新实体法说"就是典型例子。该说认为同一给付目的对应一个实体权利,其项下的"请求权竞合"实际上是规范竞合而不是真正竞合,在诉讼标的识别时应识别为同一诉讼标的。我国《民法典》第 186 条规定,在发生合同法和侵权法上的请求权竞合时，当事人应当选择一个请求权寻求救济。当事人一旦选定了请求权，则不能在后诉中就另一请求权另行争议。

那么，我国究竟选择了哪一种诉讼标的理论？目前的法律规范和司法解释并没有给出答案。《民诉法解释》第247条关于重复起诉的条件，将诉讼标的和诉讼请求并列在一起，规定诉的主体相同、诉讼标的相同，并且诉讼请求相同或者后诉旨在推翻前诉判决三个条件同时满足，才构成重复起诉。这实质上表明司法解释回避了或试图兼顾诉讼标的理论或识别标准的争议。因为，无论按照二分支说的“诉讼请求＋原因事实”，还是旧实体法说的请求权，抑或其他诉讼标的理论，诉讼标的都包含了诉的声明。而司法解释的制定者发现我国民事诉讼法学界并无诉讼标的的确定观点，不知道该选取哪种特定的理论，便认为仅规定“当事人＋诉讼标的”的“二同说”有无法涵盖所有前后诉实质不同的情形，将诉讼请求也添加其中更为安全。这样一来，我们可以很轻易地发现，我国法律对于重复起诉的政策非常宽松。因为，内涵越大、外延越小，三个条件同时满足才被判定为重复起诉，除了比较极端的重复起诉情形外，多数在理论上认为是重复起诉的情形都会被“放过”。

《民事诉讼法》第247条除了判断禁止重复起诉的正向标准——“三同说”之外，其第3款后半部分规定之“后诉的诉讼请求实质上否定前诉裁判结果”也值得关注。该句主要针对的是部分诉讼请求问题。部分请求即同一诉讼标的下，拆分具体的给付内容，分两次及以上向法院主张。中国与德国是世界上少数允许同一诉讼标的下提起部分请求的国家。允许部分请求有个显而易见的问题：如果无限度地允许部分请求，那么诉讼标的就会变得意义不大。因此，若允许部分请求的存在，则必然要对其进行相当程度的限制。从比较法上来看，判断部分请求是否构成有三种模式：(1)前诉中是否提起；(2)前诉中是否应该提起而没有提起(强制合并、禁止部分请求)；(3)前诉中应该提起也提起了但没有裁判。我国采取的判断标准是无论是否在同一诉讼标的之下，只要不是前诉已经提起过且已经经过裁判，后诉都允许再行提起。只要在前诉中未被提起，即便在前诉中应该提起，在后诉中仍然允许提起。反观德国，允许部分请求有其特定背景，同时也进行了相当程度的限定：德国允许提出部分请求的“钓鱼式诉讼”，其制度背景是德国采取比例胜诉制，诉讼费用按照胜诉/败诉的比例加以分配。比例胜诉制与上诉程序中的附带上诉效果一样，都可以抑制非理性诉讼，给了当事人一个用部分给付请求“试一试”的机会。比例胜诉制确保了提起两次诉讼，不至于对对方当事人造成过分的不公平。而不支持部分请求的国家，特别是英美系国家，其民事诉讼为“赢者通吃”，诉讼程序成本很高，如果允许部分请求，则会造成对方当事人的不必要损失和司法资源的浪费。同时，德国法对部分请求的提起也进行了限定，限定为前诉中胜诉者可就剩余部分再诉，败诉者不得再诉。我国“后诉的诉讼请求实质上否定前诉裁判结果”，大致相似。此外，第248条将判决生效后“发生”（注意不是“发现”）了新的事实也作为不得再次起诉的例外，制度逻辑上和理论背景上与第247条的前述解释并无二致。

我国法律对于部分请求的处理与德国法相似，但我国诉讼标的标准理论上比德国要宽松很多。我国没有强制律师代理制度，为了保护一般当事人的诉权，宁可多浪费一些司法资源，只要不是太过分地滥用诉权，基本上不会认定为重复起诉。这样的现状，可能也是实践中为何不十分关注诉讼标的理论的重要原因。但诉讼标的理论绝对不是学术界的“自娱自乐”，而是会实实在在地影响很多重要制度的运行，不只影响了重复起诉的判定，现在公益诉讼中建立了强制合并制度，诉讼标的理论的论争可能会更为复杂，因为强制合并就必然需要辨析哪些部分被强制合并，哪些部分可以单独提起，加之公权诉讼和私权诉讼之间有某种交叉性，诉讼标的理论和实践肯定会在迷雾中继续前行。

■ 价值与结构：民事诉讼的基本原则与关系结构

讨论完诉讼主体与诉讼客体后，我们就可以进一步就诉讼主体之间关系结构模式进行探讨。这种结构、关系或模式应该以当事人为中心，还是以法院为中心？如果以法院为中心，那么法院的权限边界又在哪里？受制于哪些因素？解答这些问题，首先需要回到《民事诉讼法》的三大基本原则。

第一，处分原则。实体权利由当事人自己处分、决定，法院必须根据当事人的诉讼请求进行审判，不可以随意超出当事人的诉讼请求形成实体裁判。亦即，在处分原则之下，法院的裁判权不能“为所欲为”，而要受到当事人处分权基于处分原则的制约，这是民事诉讼中公权和私权关系的核心。在法院权力和当事人权利配置过程中，处分原则是最为核心的考量因素，法院权限的确定要以处分权作为基础、作为前提。

第二，平等原则。平等原则有两重含义：首先，平等原则是指民事诉讼法律关系的原告和被告处于平等或对等地位，是民事诉讼当事人之间关系层面的平等。这一层面的平等，其根源在于民事诉讼解决的是平等主体之间的纠纷。当事人之间的平等是民事诉讼与刑事诉讼、行政诉讼当事人之间关系最为核心的不同，刑事诉讼基于人权保障偏重于保护被告人，行政诉讼因系“民告官”而偏重于保护原告。如前所述，民事诉讼的平等原则当然包含原告和被告享有同样权利的情形。但由于角色不同，原告和被告必定会享有不同的权利，此时平等原则就体现为一方当事人享有某种诉讼权利，另一方当事人即享有对等的权利。其次，平等原则也蕴含着法院在“三角结构”中需处于中立地位，有的法域甚至要求法官应是消极的。因为，如果法院不中立，就会不可避免地使一方当事人处于更为优势的地位，进而就会打破双方当事人之间的平等。在厘定当事人权利和法院权力时，必须遵循平等原则，要充分考量赋予相关主体多少权限才不会打破平等。这也体现出，民事诉讼的基本原则是有显著的实际效用的，会在民事诉讼具体规范中体现出来，如果具体规范在配置权限时打破了相关原则，该规范就有违民事诉讼的基本特点，在实践运行的过程中就必然会发生问题。

第三，辩论原则。谈到辩论原则，首先就要谈到当事人的陈述权，即当事人在诉讼过程中，有充分表达自身主张、意见的权利。陈述权应有一系列程序规范加以保障：其一，当事人需要被合法地通知，知悉有一个针对其的诉讼，并应被通知有陈述的权利。其二，在诉讼过程中保障陈述权，需要当事人到场、有符合法律规定的开庭程序等。辩论原则项下有非常多值得讨论的问题，比如缺席裁判。如果当事人因没有获得合法的通知而不能参与到诉讼中来、行使陈述的权利，那么就没有保护其基本的辩论权利。但如果法院已经进行了合法的通知，当事人基于自主意思不参与到庭审中来，就是放弃了陈述的权利，可以缺席裁判。这是前面我们提到的权限保障和权限配置的结果，当事人享有陈述权，应当予以保护，但其陈述权也有边界，在法律规定的条件下不行使，则产生缺席裁判的结果。在这里我没有使用“权利”“权力”这样的表述，而是使用了“权限”的表述。这是因为民事诉讼语境下一般会同时涉及法院和当事人双方主体，而当事人系私权主体，享有的是“权利”；法院是公权主体，拥有的是“权力”。出于方便地同时表述二者起见，我们在民事诉讼法语境下，抽出了“权利”和“权力”的本质——权限来进行表述。

在前面的讲述中，我们不止一次地涉及法院和当事人的关系结构，其基本原理是对权限进行配置，既要保障权利、确保职权行使，也要防止权限滥用。所有的程序机制的设置，都是为了解决权限的合理配置、合法保障和防止滥用的问题。诉讼中的权限配置，往往是此消彼长的，很多时候“你的权利是我的义务”或“你的权利就是我的损害”。例如，对于起诉权门槛的设置，就涉及原告和被告不同的利益诉求——对于原告来说，起诉门槛越低，其诉权行使就越方便；而对于被告来说，如果起诉门槛过低，被告就可能很容易会被卷入诉讼的“泥淖”，就有受原告的滥诉行为反复侵扰之虞。再如，在上诉程序中，提交新证据的权利看上去是对双方的同时限制，但有时候实际上是对一方当事人的保护，而此时对另外一方当事人相对来说则是一种抑制或是一种损害。不难发现，在当事人与法院关系结构的形成中，是将价值衡量植入其中的，通过权限配置与保障加以体现。而民事诉讼基本原则，则充分体现了民事诉讼的基本价值取向。因此，当事人与法院的合理关系结构的形成，需要遵循民事诉讼的基本原则。

■ 对抗与和谐：民事纠纷解决的两种手段

民事纠纷解决的两种模式——对抗模式和调解（和解）模式充分展现了法院和当事人关系结构在不同情形下的表现。

先看对抗模式，其以第三方中立裁判为核心和最终目标。处分权主义、辩论主义都是建立在对抗模式的基础上的，对抗的意义在于当事人双方通过对抗过程把事实真相找出来。而裁判的作出，即为当事人在对抗的过程中，举出证据用以支撑其主张的事实，进而依据被证成的事实结合法律得出结论的过程。由于对抗模式下，纠纷解决结果（裁判）取决于非当事人的第三方，因此就必须有严格的程序规则、证据制度保障对抗的公平性。最为典型的例子，即在对抗模式下，证据法的发育，证据法之下的证据、证明、免证事实等内容，都是为保障对抗的公平性而生的。

再看调解（和解）模式，该模式即当事人自主或在第三方的介入下，通过谈判博弈达成和解以解决纠纷。调解（和解）的根基是当事人的处分权，当事人可以通过达成和解的方式处分自己的实体权利。由于调解根基是当事人的处分权，调解最为核心的原则就是自愿原则。正因为这种纠纷解决模式属于当事人处分权的内部范畴，因此审判权一般没有必要介入。也正是因为调解完全基于当事人自愿,也就没有通过举证、辩论等方式"论理"的必要,此即调解的非争议性。当然,调解(和解)很多情形下也是在对抗模式下,通过举证,当事人发现胜算不大进而调解(和解)。将视线放到与其密切相关的证据法上:如前所述,证据法只能基于辩论主义存在于对抗模式之下。而我国长期以来都以调解为纠纷解决方式的核心,使大部分需要证据法"施展拳脚"的案件因调解而失去了机会,导致我国证据法不发达。

■ 游戏规则:诉讼程序与非讼程序

□ 民事诉讼程序

在前面,我们探讨了在民事诉讼主体的资格与权限,明确了民事诉讼客体的定义与识别,在此基础上了解了民事诉讼主体之间围绕客体的关系结构及基于价值考量的民事诉讼基本原则,进而明确了对抗(裁判)和调解两种诉讼中生发出的民事纠纷解决手段。在主体资格审核完毕、权限配置清晰后,就进入了民事诉讼的诉讼过程中,这个过程中的"游戏规则"就是民事诉讼程序规范。从前述权限的视角来看,民事诉讼程序解决的是确立了权限配置后,在程序进展过程中如何使用所具有的权限。

民事诉讼一审普通程序包括起诉与受理、审理前的程序和实体事项的准备、开庭审理、案件评议、作出裁判、宣告判决等各阶段。与前面讲到的诉讼主体、客体、手段相比,诉讼程序主要是对其的运用。例如,诉讼程序中的规则,也多数可以从诉讼原则和价值考量中得出。再如,证据是用来查明事实的工具、当事人享有陈述权但也有所限制,因此当事人要按照规范进行答辩,未经当庭质证的证据不能作为定案根据。

如果说一审程序是对主体资格与权限、客体识别、原则与价值的运用,那么作为救济程序的上诉程序和再审程序,就是对已有程序的监督、审视,是事后的错误救济。例如,基于《民事诉讼法》第 170 条,上诉程序会对一审司法行为进行评价,具体而言,要对主体资格、法院主管与管辖权、开庭是否公开、是否按法定程序送达、事实查明情况(是不是有相应的证据支持)、法律适用是否正确等方面进行检视,进而作出相应的处理。再审程序也是同理,在《民事诉讼法》第 200 条规定的再审事由指引下,为对第一审和第二审程序、裁判结果和司法行为(包括事实认定、法律适用、程序运行、司法伦理)进行检验。无论是一审还是二审,其原理均为民事诉讼基本原理与制度在诉讼程序中的使用和体现,在后的救济程序对其是否依照基本原理与制度进行检视。

讲到这里,普通的诉讼程序的框架就被梳理出来了。除了普通诉讼程序,我国法律上还有几类特殊的诉讼程序,如涉外民事诉讼程序、海事诉讼程序。特殊诉讼程序之所以"特殊",是因为相应诉讼程序自成一体,在管辖权、主体资格、诉讼程序等方面都具有特殊性。例如,涉外民事诉讼程序与普通民事诉讼程序最主要的差异在管辖权方面,除此之外,在送达等诉讼程序方面也有所不同。

□ 非讼程序与执行程序

翻阅我国《民事诉讼法》就会发现,其中不仅规定了前面讲到的普通诉讼程序和特殊诉讼程序,还规定了非讼程序和执行程序。二者虽然规定于《民事诉讼法》,也受到《民事诉讼法》的调整,但由于其没有实体争议,不是严格意义上的诉讼程序。

执行程序是一种司法程序,而不是诉讼程序。虽然执行程序受民事诉讼法调整,但执行是一种在国家公权力作用下强制债务人履行债务的司法程序。这与诉讼程序是借用公权力解决利益对抗的双方当事人之间纠纷迥然不同,从基本原则到具体规范都存在巨大差异。

非讼程序的划分在我国法律上有些混乱,目前主流的观点是将督促程序等快捷实现实体权利的程序也纳入非讼程序中来。非讼程序基本特征是,没有实体争议、没有对立的当事人,一方当事人申请。而我国《民事诉讼法》的特别程序中,规定了选民资格案件,而选民资格案件有争议和对方当事人。究其根本,选民资格案件实际上是宪法诉讼案件。将此类案件放入《民事诉讼法》规定的特别程序,是因为我国目前还没有宪法诉讼,只能由民事诉讼法"代管"。民事诉讼"代管"没有单独成法的诉讼类型的情形并不罕见。例如,美国法上将非刑事诉讼的诉讼类型都归类于"民事诉讼"。再如,在 1992 年单独成法以前,行政诉讼程序也适用《民事诉讼法》的规定。可以说,民事诉讼程序是刑事诉讼程序之外的其他诉讼程序的"底色"。选民资格确认程序之外,宣告失踪、宣告死亡等特别程序,都是典型的非讼程序,为非争议程序,不具有民事诉讼强调对抗性和以处分原则、辩论原则为基础的特点。

除此之外,还有两类程序需要讨论,一是督促程序,二是公示催告程序。

督促程序的划分各个国家有所不同,有的国家将其放入快捷程序;有的国家将其放到紧急救济程序中,与诉讼保全、诉前保全并列。在英美法上,督促程序属于"快捷通道程序",与执行程序、保全等并列。而我们国家判断诉讼和非讼程序的标准是是否有争议,而督促程序仅有申请人提起,为非争议程序,故被归类为非讼程序。而在督促程序进行过程中,若相关方提出了实质性的争议,则转为诉讼程序。公示催告程序相对于督促程序,其属于非争议的非讼程序更加不典型。公示催告程序由权利人主张权利启动,在对票据权利予以确认后,制作除权判决。除权判决的效果是票据上原来的权利因此除去,同时,基于除权判决形成了新的票据权利。与督促程序本身不解决实体争议,但一旦有实体争议则转入诉讼程序的"两阶段性"类似,公示催告程序由单方提起,不解决实体争议。如申请人所称票据权利在公示期内有相关方提出异议,则转入诉讼程序。相应地,除权判决是单方判决,不是基于对抗、辩论和证明而作出的实体判决。需要说明的是,除权判决虽然用了"判决"这一概念,但其与经诉讼程序而产生的争议性实体判决不同,用"判决"概念是因为其为涉及实体问题的决定,在我国法律的语境下,用诉讼指挥等行政性事项的"决定"和程序性事项的"裁定"均不妥当,故使用了"判决"这一概念。

■ 价值平衡:公正、效率、成本与效果

法律的本质是对利益的平衡,民事诉讼法也不例外。在民事诉讼法中,最为重要的价值平衡是公正与效率的平衡。民事诉讼的价值平衡,并非"空中楼阁",而是与民事诉讼的各项具体制度相互交融的,在民事诉讼法的每一个领域和环节都需要考量如何平衡公正与效率。具体的平衡方法,要么是立法者将这种考量写入了具体规范,要么是交给司法者裁量。相关的例子数不胜数:赋予法院权限,就需要考虑维护公正和维护公正必然带来的成本升高的问题,进而通过价值平衡决定法院受理案件的范围:是所有案件都受理,或只受理符合司法高成本、"非黑即白"的纠纷,抑或在二者之间有所折中。当事人对于诉讼程序的选择、调解的选择,背后公正与效率的平衡:正式的诉讼程序可以有效维护公正,但成本很高;若当事人自愿选择调解等方式解决纠纷,公正可能会有所减损,但降低诉讼成本是当事人基于自主意思,故而回避了紧张关系与冲突。由此可见,公正和效率的平衡贯穿民事诉讼始终、渗入民事诉讼的每一

个角落，是非常重要的观察视角。

提问：有独立请求权第三人和原告有何区别？有独立请求权第三人的参加之诉的被告是否为本诉原被告双方？

回答：有独立请求权的第三人提起参加之诉后，其本人就是参加之诉的原告。参加之诉与本诉是诉的主客观合并的关系，是第三方启动的一个新诉与正在进行的本诉进行的合并。第三方启动新诉，自然与本诉的当事人并不完全相同，存在主体的合并；同时，由于参加之诉的诉讼标的与本诉的诉讼标的并不一样，故也构成客体的合并。

如前所述，有独立请求权第三人提起的参加之诉的原告为有独立请求权第三人，被告则为本诉的原告和被告，这一点从有独立请求权第三人胜诉的场景下表现得最为明显。例如，原被告双方系争一套房产的权属，有独立请求权第三人提起参加之诉主张房产归其所有，如果有独立请求权第三人胜诉，则原被告的权属主张均告败诉。需要注意的是，这里所说的“胜诉”“败诉”是法律意义上的，如果从纯利益的角度来判断谁输谁赢，结论则可能不一样。例如，在股权先买权案件中，出卖人因股价上涨毁约，买受人提起给付之诉要求交付；先买权人提起参加之诉主张其享有优先购买权，现有交易应被阻断。如果作为有独立请求权第三人的先买权人胜诉，则在法律上本诉原被告都败诉，但是由于先买权的成立必须基于出卖的行为，出卖人完全可以在先买权人胜诉后表示不再出卖，反而正中其下怀。

提问：如何保障诉讼第三人的利益？

回答：有独立请求权第三人是主动的，其可以选择另行起诉或提起参加之诉，所以不存在利益保障问题。涉及利益保障问题的是无独立请求权第三人，特别是被通知参加诉讼的无独立请求权第三人。无独立请求权第三人虽然也有陈述权等基本的诉讼权利，但是其对管辖权等前期诉讼阶段没有相关的权利，其诉讼权利的保障就是不完整的，这是无独立请求权第三人制度的附带缺陷。而之所以存在这一权利保障上的缺陷，其背后也是价值衡量：为了满足审理的效率，确保审理的快捷、简易，有可能牺牲某一当事人的诉讼权利保障的完整性。为了弥补这一缺陷，我们认为，虽然无独立请求权第三人对前期的诉讼权利没有完全的权利，但应将无独立请求权第三人明确界定为当事人，以使其后期作为诉讼主体的权利保障是完整的。

提问：如何判断个案中的证据是否可以形成一个完整的证据链？

回答：这个问题是非常复杂的，可能一本书也写不完，因为每一类案件、每一个案件的判断肯定都是不一样的。这也牵涉到了民事诉讼理论和司法实践的关系：就这个问题而言，民事诉讼理论只能提供理论上抽象的判断标准。例如，直接证据可以直接覆盖案件事实，间接证据要有足够的数量、相互吻合，形成证据锁链。但在具体的案件中，由于个案情形不同、证据的情形也不同，必须要具体情况具体讨论，也有法官的主观判断参与其中，没有办法一句话总结清楚。

▣ 阅读指引

☐ 基础书目

1. 江伟、傅郁林主编：《民事诉讼法学》（第5版），北京大学出版社2015年版。

   在逻辑结构上采取法学结构体系，而不是法律结构体系。诉讼主体与诉讼客体、诉讼程序与诉讼行为、诉讼结果与裁判效力、错误救济与审判监督，以及特别诉讼程序、非讼程序、执行程序各章节之间及其与现行制度和理论之间的逻辑脉络较为清晰。

2. 张卫平：《民事诉讼法》（第5版），法律出版社2019年版。

   体系性强，理论解惑效果好。

3. 王亚新等：《中国民事诉讼法重点讲义》（第2版），高等教育出版社2021年版。

   关注从诉讼理论和制度对中国司法实务的回应，叙事方法有明显特色。

4. [德]罗森贝克：《证明责任论》，庄敬华译，中国法制出版社2018年版。

   所提出的理论为大陆法系各国证明责任理论的基石，也是中国证据制度体系的理论基础。

5. [德]汉斯·普维庭：《现代证明责任问题》，法律出版社2006年版。

   对罗森贝克的证明责任论进行了承继、诠释和修正，可读性强。

☐ 进阶书目

1. [日]中村宗雄、中村英郎：《诉讼法学方法论》，陈刚、段文波译，中国法制出版社2009年版。

   目前唯一专题研究诉讼法学方法论的力作。

2. [日]新堂幸司:《新民事诉讼法》,林剑锋译,法律出版社2008年版。

系统和深入研习民事诉讼法学基础原理的辅助读物。

3. [日]田中成明:《现代社会与审判——民事诉讼的地位和作用》,郝振江译,北京大学出版社2016年版。

讨论和反思的问题是民事诉讼法学必须回答的基本问题,同时也探讨当下中国民事诉讼法确定发展方向所面临的问题。

拓展书目

1. Oscar G. Chase, Helen Hershkoff et al., *Civil Litigation in Comparative Context*, 2nd edition, Thomas/West, 2017.

由各国民事诉讼法学领域的顶尖学者共同完成,并通过主编的优秀组织能力,形成一部真正符合比较法方法、具有比较法意义的比较民事诉讼法。

2. 傅郁林、兰姆寇·凡瑞主编:《中欧民事审判管理比较研究》,法律出版社2015年版。

对各国民事案件管理动态发展的密切跟进,并且遵循比较法方法进行精心组织的成果,避免了国别报告文集各说各话的常见问题。

3. 王亚新:《对抗与判定——日本民事诉讼的基本结构》,清华大学出版社2010年版。

以中国问题为出发点进行外国法研究的一个范本。

4. John Sorabji, *English Civil Justice after the Woolf and Jackson Reforms*, Cambridge University Press, 2014.

英国民事诉讼法学界新锐英国民事诉讼制度革命性变化及其原因的系统解读。

北 大 法 学 进 阶

民事之诉与强制执行的交错与交融

曹 志 勋

关于作者

曹志勋

北京大学法学院助理教授，博士生导师。在北京大学法学院获得法学学士、法学硕士和法学博士学位，在上海交通大学凯原法学院从事博士后研究工作。主要研究领域为民事诉讼法学、证据法、强制执行法学、纠纷解决、民法与民事诉讼法交叉研究，以及比较法学和司法制度。

2016年开始在北京大学法学院任教，主要讲授以下课程：（1）初阶讲授类：民事诉讼法、中国民商事诉讼与仲裁（英文）；（2）高阶研讨类：民事执行法理论与实务专题、民事诉讼法专题、民事诉讼法学专题、民事诉讼案例研习。

今天的主题是“民事之诉与民事执行的交错与交融”，首先分别回顾民事之诉与强制执行的特征，进而重点以主题讨论的形式探讨两者之间的关系。此处的“交错”更多是指诉讼程序与执行程序的对比和关联性，而“交融”则更多关心哪些诉讼程序中需要处理的问题可以通过执行程序解决，以及哪些执行程序中出现的问题需要通过诉讼程序解决。因此，“交融”主要指向两者配合共同解决问题，而“交错”则指向两者的不同乃至对立之处。最后，我将对民事执行法的难点作一些提纲挈领的说明。

首先，我回答下同学们提出的一般性学习问题。有同学就“强制执行法的研究经验和强制执行法与民事诉讼法的主要区别”提问，这部分其实主要集中在后面要讲的交错与交融部分，但这里可以提前作一些讨论。民事诉讼法主要考虑的是，法官面对民事争议时如何识别判断争议，并且最终通过何种方式解决争议。而执行法则默认执行债权已经由生效法律文书确定，只需要通过相应的执行措施实现债权即可，从理论上来看执行法官不需要、也不应该做实质性判断（所谓执行的形式化原则）。但是，大家可能也注意到，执行法官其实都或多或少需要做实质性判断。这牵涉我们更多关心的、执行法官能否作出实体性裁判这一问题，或者即使执行法官确实不应作出实体性裁判，也会存在执行程序中如何适用实体性救济的问题。在这个意义上，民事诉讼法和强制执行法确实有比较大的关联与差别。

■ 民事之诉的核心点

□ 民事之诉的基本原理

民事诉讼法关注的核心是法院与双方当事人之间形成的两面法律关系，包括原被告之间的和法院与双方当事人之间的法律关系。其中，诉是民事诉讼法律关系的重中之重。对比而言，在强制执行法当中，平等当事人之间的诉的关系并不是特别重要，其特征是法院与申请执行人站在一起共同“对抗”被执行人。此时涉及的关系比较复杂，甚至有时候人们会质疑执行法院到底是不是一个公正中立的机关。在强制执行程序中已经有生效法律文书为原告的权利“背书”，主要需要考虑的是执行法院在具体采取司法行为时是否过于偏向原告。也就是说,法院在强制执行程序中原则上救济原告的利益没有问题,但是其限度在于法官依照民事诉讼法规则群所负有的法定义务与一般意义上的法官职业伦理,其间应当如后述执行程序的原则所述,适当保障被执行人的利益。

民事之诉中最核心的要素包括当事人和诉讼标的,在理论上存在一定争议的是诉讼理由是否构成民事之诉的独立要素,而这对于强制执行法而言不那么重要。强制执行法涉及的不再是诉讼标的问题,其关注的是执行当事人与需要执行的给付内容。但是反过来看,民事之诉中对诉讼标的理论的认识也会影响民事强制执行程序的处理。比如在现行法上,最高人民法院《关于适用〈中华人民共和国民事诉讼法〉的解释》(以下简称《民诉解释》)第 247 条第 1 款为法官和当事人提供了识别诉讼标的的标准,其规定,"当事人就已经提起诉讼的事项在诉讼过程中或者裁判生效后再次起诉,同时符合下列条件的,构成重复起诉:(一)后诉与前诉的当事人相同;(二)后诉与前诉的诉讼标的相同;(三)后诉与前诉的诉讼请求相同,或者后诉的诉讼请求实质上否定前诉裁判结果"。这些要件关注后诉与前诉的关联,对其解释与就此形成的裁判规则都会影响当事人能否提起新诉。

《民诉解释》第 247 条提供了识别诉讼标的的标准,在解决了很多问题的同时,也提出了更多的问题。例如,如何理解该条第 1 款第 2 项的"诉讼标的",如何解释第 3 项的"实质否定",等等。这里的核心包括:其一,诉讼标的的概念,是向法院提出的权利要求还是向对方当事人提出的权利主张;其二,诉讼标的的识别标准,也即如何区分此诉与彼诉,其中包括存在以实体法律关系或实体请求权为标准的旧实体法说、以诉的声明与原因事实为标准的诉讼法说,以及新实体法说等不同的理论观点;其三,诉讼标的识别结果的适用,包括诉讼系属(法院受理)、诉的变更、诉的合并、既判力(一事不再理)及其范围等,在不同的诉讼标的识别理论下有不同的结论。同时,判项的表述还会牵涉其他问题。比如,如果判决基于合同履行请求权判令被告向原告支付 5000 万元的价款,那么该判决是否同时认定了合同本身是存在且有效的,这对于民事之诉来说是一个判断诉讼标的及既判力范围的重要问题。毕竟,一般认为合同成立只是履行请求权的先决条件,给付判决的既判力不及于判决理由中认定的合同有效的事项。这一问题我们到后面讨论诉与执行的交融时还会再提到。

□ 给付之诉与强制执行

强制执行程序主要针对的是给付之诉。给付之诉的目标在于使被告向原告为或不为一定给付。给付之诉是最基础的诉的类型,通常针对到期且一次性给付,例外的情况还包括将来给付之诉和定期金给付之诉。给付的内容包括偿还费用、赔偿损失、支付价款等金钱给付,交付或返还某物的占有或所有权的特定物返还,以及赔礼道歉、排除妨害等特定行为给付,在行为给付中又包括作为行为与以停止侵害、消除危险为代表的不作为行为。在民事实体法与程序法中同样存在巨大理论与实践争议的是,支持给付义务成立的法律理由或权利依据可能有多个,也即多个均有可能成立的请求权基础可能对应相同的给付内容。但是,在强制执行法上,无论其对应的请求权基础是什么,给付内容本身都能直接决定强制执行的对象(参考我国台湾地区王泽鉴教授多年来推广的表述,关于给付之诉与请求权基础的关系总结如图 1 所示)。从民事诉讼的展开来看,自起诉状中对诉讼请求的描述开始,执行的内容就开始得到确定,并且随着诉讼的深入最终落脚于判决主文的内容。至于特定的理由(请求权基础)是基于违约损害赔偿还是基于侵权损害赔偿要求给付 5000 元,强制执行法并不关心。

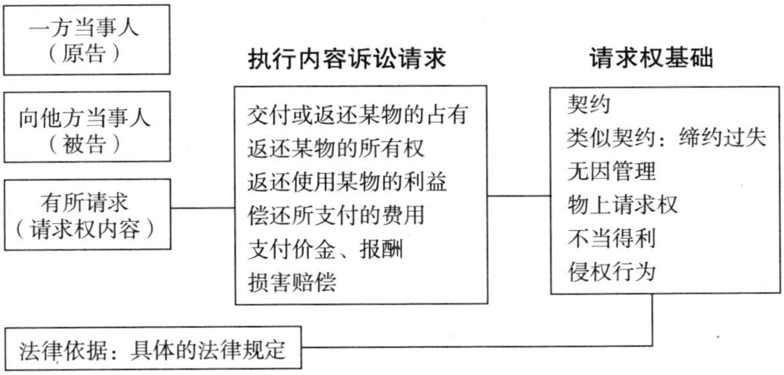

图 1　给付之诉与请求权基础的关系

给付判决是权利人启动执行程序的执行依据。根据《民诉解释》第 461 条第 1 款的规定,当事人向人民法院申请执行生效的法律文书时,应当满足权利义务主体明确和给付内容明确两个要件。涉及给付之诉的判项一定要明确,从而才可以成为对法院执行工作的明确指示,与我们随后详述的强制执行法原则中的依法执行原则直接相关。强制执行程序需要特别重视判决主文的明确性——只有明确的判决才能得到依法执行。

如果判项需要是明确的,是否需要向前推进、要求当事人在诉讼一开始的时候在起诉状中提出明确的诉讼请求,可能是需要进一步讨论的。我初步认为,在民事之诉的处分权主义下,诉讼请求与判决主文之间存在紧密关联。但是,由于两者所处的诉讼阶段不同,以及考虑到民事诉讼处于动态推进中的基本特征,对判决主文的明确性要求更为关键,其应高于对立案请求的要求。同时,在判断请求与主文明确性时,在指向作为行为的诉讼中满足客观唯一性标准即当然地满足明确性要求,但是双方无争议的主观标准也可以被接受。进而,对于不同类型的给付请求,所对应的何谓"明确"的标准也不尽相同。对于金钱给付请求,通常而言写明给付具体数额即可谓明确;而对于返还特定物或为特定行为特别是不作为的行为来说,其是否明确则可能并不容易判断。甚至,有可能要在诉讼结束后,当事人才能了解到其到底想要什么,并相应明确其最终的诉讼请求。

一个典型的例子是,当事人起诉请求"将荷花池的填埋物清除,直到露出太湖石为止"。什么叫"露出"?是露出一个尖儿即可、露出石体还是要完全露出整个构造物?如果太湖石有多块,到底露出哪一块太湖石?这些当事人在起诉时并未思考清楚的内容和实现方式,也有进一步调整的可能。再如,对于一个小区的整体下水工程,项目工程设计合同中写明,设计方的方案"必须实现一层住宅的独立下水"。房屋建成后各方之间就独立下水设计的理解产生争议,当事人起诉和法院裁判时各方都没意见,觉得只要实现符合行业标准的独立下水就行了。假设案件事后进入法院执行环节、需要我们强制执行法最后落实时,究竟采取哪种实践中被称为"独立下水"的方案呢?是在横管还是在竖管上实现?在地下一层汇合时横管可以以直角完成还是需要设计转弯与坡度?如果在判项上未能预见这些争议,那么这些争议即使不在当事人之间的协商中凸显,也会在强制执行程序中爆发。

如果判项确实不够明确,则需要执行法院对进一步解释判项,但是解释权被认为应归于法院审判部门(最高人民法院《关于人民法院立案、审判与执行工作协调运行的意见》第15条),反过来就会涉及是否允许另诉或提起再审的问题。也许有同学说不需要那么费劲,执行法官可以有特别强的权限自己来解释,也可以重新征求双方当事人意见并形成一个解释方案,但这看起来似乎都有些困难。比如,执行法官一般被认为不能做实体判断,而如何实现独立下水的具体方案本身包含了实体性内容。如果双方当事人能达成合意,那么自然可以引入执行和解制度,变更之前法院判决的实体内容。但是,如果不能达成执行和解,甚至当事人反对执行法院提出的方案,那么执行法官直接去决定判项未尽之处,恐怕将会引发一定争议,法院也无法取得定分止争的民事程序效果。

此外,非金钱给付还会涉及同学提出的"执行制度和保全制度之间的关联"问题。一方面,执行程序中可以采取的执行措施和诉讼程序中(前)的保全措施是相同的,所适用的也是相同的强制执行规则;另一方面,保全裁定本身也可以成为执行依据。同时,如果同一财产上有两个处于不同程序阶段的执行措施,则可能引起执行冲突,即作为首封法院的保全法院由于其案件仍在审判过程中,没有推进财产处置的动力,而享有优先权的执行法院则更迫切地想要处置涉争财产,以便在该财产变价后优先受偿。此时司法解释规定的是优先权法院向首封的保全法院提出执行商请,如果商请不成,则提交共同的上级法院处理,由此,将此一问题转变为法院内部的沟通程序。这里需要注意的是,尽管一般认为在法院系统内部,上下级法院之间不是指挥与被指挥的关系,但上级法院还是会进行一定的协调工作。最后,非金钱给付中还有更特别的所谓人格权禁令的问题,即符合相应要件的民事主体有权依法向人民法院申请采取责令行为人停止有关行为的措施。此时,需要理解《民法典》第 997 条所设置的全新规则及其在诉讼程序中的落实。究竟是从特殊的实体请求权、诉前行为保全、特别禁令程序出发,还是某种非讼程序出发,这在实务与理论界中都已有不少新的探索。

■ 强制执行的特殊性

□ 民事执行的特征

我国民事执行程序的特征首先是主体的单一性,这是我国的强制执行法与外国法的显著区别,即我国的人民法院是唯一的执行机构,不存在特定行政机构或社会主体分担执行任务、采取执行措施的情形。同时,民事执行程序应严格依照执行根据来启动和推进,并且由法院采取有强制力的执行措施保障执行的质效。就程序本身而言,执行程序具有基本的程序性。之所以说是"基本",在于强制执行程序中的不少规则存在较大的不确定性与规则多元的现象,比如如何来确定第一次拍卖的价格、何谓超标的查封，不同的司法解释可能提出了不同的标准。对于拍卖中的保证金应如何处理、是否充足、应否退还、如何分配等问题都存在不同的规定。通常我们说法律应该是确定的，而至少从这么多年的发展来看，强制执行规则固然有了长足进步，但是其规范的确定性仍有发展空间。这也许会被未来的"强制执行法"立法在相当程度上缓解，但是奢望"毕其功于一役"肯定是不现实的，长远看来也不符合客观事物的发展规律。也就是说，我们仍将在相当长的一段时间内处于切实解决执行难长效机制的建设过程中。就此而言，我们在课堂研讨中更主要的是采取解释论的立场追求对现行规则的合理解释，而立法论与比较法资源则更多发挥帮助我们理解现行法的功能。

仍然以执行程序为立足点，我们可以回到与前述民事之诉的比较上。执行程序被认为具有相对的独立性，其与民事诉讼程序既存在密切联系，又存在显著区别。同时，强制执行权被作为与实体裁判权相并列的审判权的一部分，也就意味着其与裁判本身天然存在一定的对立。但是如前所述，大家也都了解到，除了就是否存在单独的执行命令权可能有不同的观察视角，强制执行程序中仍然会涉及执行法官进行实体判断的问题；至于执行中的异议之诉的审理究竟体现执行权还是裁判权，也可能会有比较大的争议。傅郁林教授在与我合开的本科生基础课上提出了图 2 所示的内容，其体现的审判权行使的基本方式与类型提示了这方面的问题。

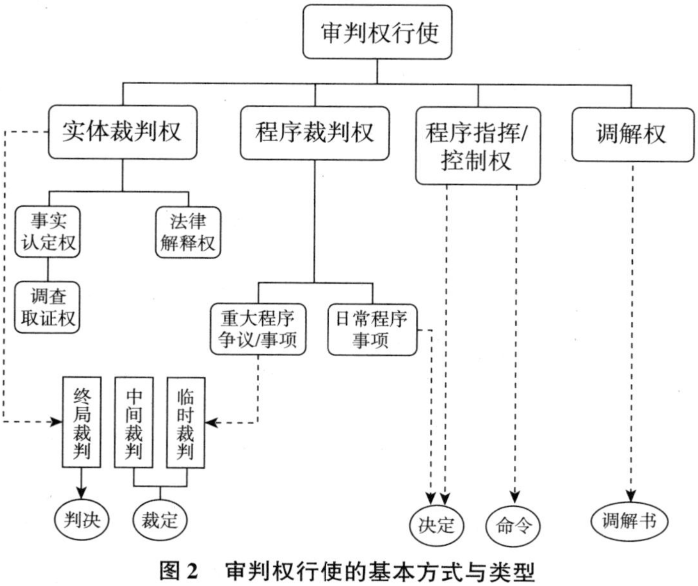

图 2　审判权行使的基本方式与类型

□ 执行的基本原则

在我们前面的授课中概括到，强制执行程序的基本原则包括：依法执行原则，执行标的有限原则，法院执行与有关单位、个人协助执行相结合原则，强制执行与说服教育相结合原则，权利人合法权益与适当照顾被执行人利益相结合原则。每个原则都包含一部分民事执行程序中的重要问题，通过对原则的学习，我们不仅能够掌握一些研究的核心线索，而且可以借此整理部分核心专业知识。

特别是在依法执行原则下，可以将执行根据的种类分为法院制作的裁判文书（其中以生效、具有给付内容的民事判决书和调解书为代表，也包括法院确认调解协议有效的裁定）、其他机关制作的由法院执行的法律文书（以商事仲裁、劳动仲裁与公证机关依法赋予强制执行效力的债权文书为典型）和与境外文书有关的文书（以法院制作的承认并执行外国法院判决、裁定为代表）。其中，有同学提问“仲裁裁决本身是否具有执行力”。在比较法上这确实是一个得到广泛关注的问题，涉及德国《民事诉讼法典》第 724 条第 1 款规定的“附有执行条款的判决正本”以及日本《民事执行法》第 25 条和第 26 条中的“付与执行文的债务名义正本”。一般而言，我国的仲裁裁决与法院裁判具有相同的效力，所以其自然具有执行力；但是与此同时，外国的仲裁裁决则需要首先由法院加以认定，进而才能成为我国法上的执行根据。后者类似于我国的人民调解协议，其需要经过司法确认程序作出相应裁定才能成为执行根据。

还有同学提问“强制执行中如何平衡公平与效率”，我们可以以前述原则为例尝试解释。如强制执行与说服教育相结合原则，看上去为了效率要求权利人去让渡利息、达成执行和解是不够公平的，这也不能仅仅以节省了强制执行程序中的司法资源得到证成。但是值得考虑的是，长时间的资金占用本身对于权利人就是一种隐性成本，即经济学中的“机会成本”。通过执行和解，权利人的债权可能获得即时清偿从而有机会通过额外投资取得收益，进而可能增加执行债权人的实体利益，那么确实在个案的利益考量中能够弥补纠纷解决方案的公平性缺漏。而对于上述最后一项基本原则，保护债权人实际是基于公平的考虑，因为其是经生效判决认定的、享有债权的人，理应受到法律和司法机关的保护。于是，强制执行程序确实应当注重执行质效，强调在有限的时间内能够发现被执行人的财产，积极采取后述的各类执行保障性措施，追求执行到位的程序最终效果。但是与此同时,作为执行程序的当事人,被执行人也应当得到公平保护,虽然此时的保护程度可能低于对权利人的保护,但被执行人的基本程序权利仍为不可克减。甚至,我们也要考虑执行措施与我国宪法秩序之间的紧张关系,避免"执行沙文主义",讲究执行工作的方式和方法。还有,强制执行程序中还可能为了照顾被执行人的利益而部分牺牲执行的效率,如暂缓执行或者执行中止制度。总体而言,在以上情况下,强制执行程序中确实存在公平与效率的平衡问题。但是从更一般的角度来看,法律价值中公平与效率之间的争议是永恒的法学主题,泛泛而谈恐怕并无意义,更应当做的可能是在具体规则的解释与适用中强调对各方利益的整体衡量。将其称为法解释学中的价值判断或者后果考量也好,称为其他社会科学研究(或粗略概括为社科法学)对法教义学的影响甚至挑战与颠覆也罢,恐怕仍然是"魔鬼在细节",值得我们在不同课程的学习中反复琢磨、试错和权衡。

□ 执行程序

在共同学习了强制执行程序的基本原则之后,我们的课程进入对执行程序本身的研习,学习的重点是执行程序的开始与受理要件、执行通知、执行管辖与执行当事人的确定与变更。首先值得关注的问题是2020年修正的最高人民法院《关于人民法院执行工作若干问题的规定(试行)》第16条第1款对于法院受理执行申请条件的修改。修正后的司法解释保留的规定的要件是:申请或移送执行的法律文书已经生效;申请执行人是生效法律文书确定的权利人或其继承人、权利承受人;申请执行的法律文书有给付内容,且执行标的和被执行人明确;义务人在生效法律文书确定的期限内未履行义务;属于受申请执行的人民法院管辖。与此前相比,新规定删去了原有的"申请执行人在法定期限内提出申请"的要求,也就是与《民诉解释》第481条第1款一致,不再要求对执行根据的执行时效进行依职权的审查,而是需要由当事人自己提出。

值得注意的是,执行费用的交纳与民事诉讼中对诉讼费用的处理有很大区别。执行程序不需要预交执行费用,执行费用由债务人最终承担,其计入需要执行的数额之中,随后从实际执行到位的金钱中扣除。只有在特殊的情况下,执行费用需暂时由申请执行人承担。例如,在财产调查中需要由第三方提供的特别服务,需要申请执行人垫付相应的费用。最高人民法院《关于民事执行中财产调查若干问题的规定》第20条规定,审计费用由提出审计申请的申请执行人预交。被执行人存在拒绝报告或虚假报告财产情况，隐匿、转移财产或者其他逃避债务情形的，审计费用由被执行人承担；未发现被执行人存在上述情形的，审计费用由申请执行人承担。事实上，就是否原则上应改由申请执行人预交执行费用也存在争议，其核心在于对执行程序制度定位与功能的不同理解。如果将其视为审判程序的延续和对经由生效裁判确认的既存权利的实现程序，法院就应当在执行债权人申请强制执行程序后直接执行生效法律文书，由国家垫付执行中产生的费用；而如果将执行程序视为债权人利用公共服务实现自身权利的程序，则应当意识到执行程序的有限性，要求债权人垫付法院的执行费用，而不能由全体纳税人为个别公民或法人的经济利益支付全部费用。毕竟，尤其在执行不能的情况下，垫付费用即意味着经济损失。

管辖规则是任何程序规则中不可或缺的部分。根据《民事诉讼法》第 231 条第 1 款的规定，发生法律效力的民事判决、裁定，以及刑事判决、裁定中的财产部分，由第一审人民法院或者与第一审人民法院同级的被执行的财产所在地人民法院执行。在这里，一审法院的表述以存在二审法院为前提，否则实际上就无所谓一审法院。例外的情形则是国际商事法庭作出的生效裁判。根据最高人民法院《关于设立国际商事法庭若干问题的规定》第 17 条的规定，国际商事法庭作出的发生法律效力的判决、裁定和调解书，当事人可以向国际商事法庭申请执行。对于特别程序和督促程序，根据《民诉解释》第 462 条的规定，发生法律效力的实现担保物权裁定、确认调解协议裁定、支付令，由作出裁定、支付令的人民法院或者与其同级的被执行财产所在地的人民法院执行。作出此种特别规定的原因在于特别程序中采取一审终审，被认为不能适用法条中就一审法院作出的规定。更具体而言，确认调解协议裁定由调解组织所在地的基层人民法院执行；实现担保物权裁定由担保财产所在地或担保物权登记地的基层人民法院执行；认定财产无主判决由于判决法院本身即财产所在地的基层人民法院，故由判决法院直接执行；支付令则由债务人住所地的基层人民法院执行。

此外，执行程序涉及不同的执行制度，具体包括委托执行、执行担保、参与分配、执行中止/终结和执行回转制度。与整个执行程序的起止相关、具有中国特色的一项特别制度是《民诉解释》第 517 条规定的终结本次执行程序。在与民事诉讼程序相同、规定了执行中止与终结程序外，执行程序另设了终结本次执行程序制度。该制度尽管并未终结法院的执行、驳回执行债权人的执行申请,但是在事实上减轻了法院在执行程序中的工作量。此时,与正常进行的强制执行程序中法院必须穷尽式地寻找被执行人财产不同,法院只需要在司法解释规定的限缩范围内采取相应的执行措施,具体可以参考最高人民法院《关于严格规范终结本次执行程序的规定(试行)》第8~10条和第12~17条作出的具体规定。在一定程度上我们可以认为,以终结本次执行的时点为程序节点,法院无限的调查权转化为有限的执行任务,申请执行人相应地将承担更重的、自行寻找可执行财产的负担。

就此而言,有同学问到"在确定终结本次执行时需要考虑哪些因素"。我想可能一方面是现有规定,即法院已经尽可能完成自己的常规动作但仍找不到可执行财产,这彰显终结本次执行作为一种中间性结束执行程序的手段,是有必要的。但另一方面在规则之外还需要考虑的是,符合这种情形的案件在我国司法现实中有多少,也即法院到底能不能在一定的时间内完成各种执行规范规定的工作,按现有规则严格操作将产生并累计多少"按下暂停键"的执行案件,由此才能更准确地评估终结本次执行时需要考虑的因素。与之可以形成对比的是,《民事诉讼法》修改过程中讨论比较热烈的小额诉讼标的额的标准问题。简单提出将年平均工资的30%还是50%作为标准可能无法展现为理性论证的结果。更合理的做法应当是根据相当有代表性的实践数据,对相应标准可能产生的影响进行具体测算,并且向社会公众明确说明修改的数据支持以及其他的备选方案。须知,立法理由的公开与裁判公开相似,其不仅是公权力最好的"防腐剂",更是司法公信力的"试金石"。特别是,小额诉讼程序一审终审,从程序保障角度看与通常的诉讼程序有天壤之别,对当事人诉权与诉讼权利的影响非常大,划定小额诉讼的适用标准确实应当慎重,不能只从法院自身角度出发来考虑工作量的减少。与此相似,法院在裁定终结本次执行程序后将大大"解套",但相对地可能会加重当事人的负担,因此,同样要慎重考虑相关程序建构对当事人的影响。在更广泛的意义上,如傅郁林教授在《"司法提速"需要科学化和系统化》(《上海法治报》2021年11月26日)一文中指出,无论任何司法改革,都应当避免"极大地增加法官的职业风险和社会风险,从长期效应来看将根本性损害司法职业的可持续发展"的制度性困局,关注"会明显增加当事人被草率对待的不信任感和对法官个人产生怨恨的几率"等改革可能催生的问题。

□ 保障型执行措施

保障型措施也是执行程序中的特殊制度,其并非直接对应民事之诉需求的基本执行措施,而是为采取基本执行措施而可以同时采取的辅助方法和手段。保障型措施具体包括:调查性措施,即通过各种查询、调查手段查找被执行人财产的措施,具体包括网络查询及现场调查、要求被执行人提交书面财产报告、强制搜查、传唤调查以及必要情形下的审计;限制性措施,即为促使被执行人自觉履行生效法律文书确定的义务而对被执行人进行适当限制的措施,具体包括迟延赔偿金、限制消费、限制出境及以列入失信被执行人名单为代表的信用惩戒措施;严格意义上的执行强制措施,主要针对被执行人拒不履行生效法律文书或者妨害执行的行为,包括拘传、罚款和拘留(它们之间的关系如图3所示)。

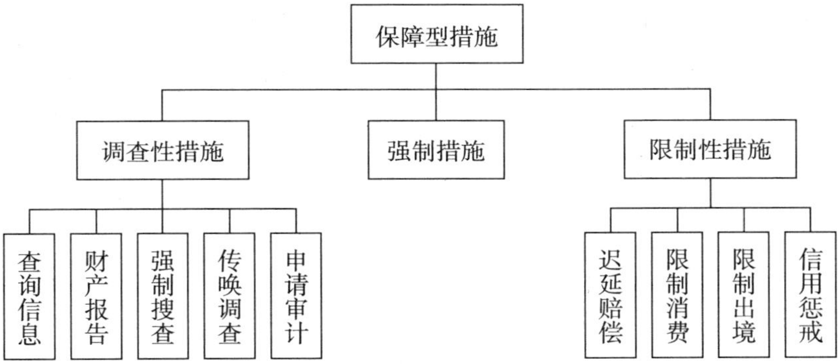

图3 保障型措施的内容

其中,调查性措施意在帮助法院尽可能查找被执行人的财产。有同学提问"如果被执行人假装没有财产或提前将财产转移给子女,应当如何处理"。这里,法官一方面要运用调查性措施去查找财产,比如财产报告制度要求被执行人报告现有财产和一年前的相关财产。但是另一方面,如果被执行人早于几年前就提前谋划其财产,固然不受财产报告制度的规制,实践中仍可能与追加、变更被执行人制度相结合。当然,能否把配偶或子女追加为被执行人,确实是一个复杂的问题,实务中可能采取的做法是先追加,再通过异议之诉解决实体性争议,后面也会再谈到。

由于限制性措施可能直接限制被执行人以外相关法人与自然人的行动自

由,在实操层面确实可能出现不符合法律精神的情况,这总能引发对强制执行程序的限度的思考。我们能否为了解决执行难的困扰、能否主要因为企业相关的人自身有财产[所谓"深口袋"(deep pocket)],就对其采取限制性措施逼迫其为企业承担责任,还是说应当限缩理解被限制的主体的范围。这方面还有很多值得思考的问题,比如有同学提到的"失信被执行人惩戒措施对被执行人家属的影响是否具有正当性和合法性"。这个问题可能要具体分析,如果是限制出境导致被执行人不能与家人一同游玩、坐高铁、住酒店,这种影响其实就不涉及我们对程序正当性的追问。但是,如果相关执行措施影响到家庭生计,则需要期待执行法官进行综合考量。可以联想到在查封被执行人财产时,法院都会考虑为被执行人及其家属保留必要的生活费用,这也应是对程序基本原则的具体体现。

□ 程序性执行救济

就程序性执行救济措施而言,我们主要关注执行行为异议(《民事诉讼法》第232条规定:"当事人、利害关系人认为执行行为违反法律规定的,可以向负责执行的人民法院提出书面异议……")、消极执行督促(《民事诉讼法》第233条规定:"人民法院自收到申请执行书之日起超过六个月未执行的,申请执行人可以向上一级人民法院申请执行……")和案外人异议(《民事诉讼法》第234条规定:"执行过程中,案外人对执行标的提出书面异议的,人民法院应当自收到书面异议之日起十五日内审查……"),同时也涉及分配方案异议[最高人民法院《关于适用〈中华人民共和国民事诉讼法〉执行程序若干问题的解释》(以下简称《执行解释》)第17条规定:"多个债权人对同一被执行人申请执行或者对执行财产申请参与分配的,执行法院应当制作财产分配方案,并送达各债权人和被执行人。债权人或者被执行人对分配方案有异议的,应当自收到分配方案之日起十五日内向执行法院提出书面异议。"]以及执行复议。

一般而言,识别程序性执行救济措施需要认定法院是否要作出实体性判断。但是,其中也包括与实体问题相关的执行判断,比如第三人是否享有足以排除执行的民事权益当然与实体问题相关。只不过程序性救济所讨论的,是在强制执行权的范围内执行措施可不可以作出的问题。至于实体法上证明责任的分配以及最终确定的结果应当区别于程序性救济的结果,此时就转变为后述实体性救济如何处理的问题。

在这方面，有同学提到我们尚未涉及的执行监督问题。原则上，执行监督与审判监督一样可以处理和解决所有争议，发现执行根据错误、执行行为错误等均可以适用执行监督程序。但是，执行监督也与审判监督一样，具有较大的不确定性，在司法实践中也会出现选择性执法的问题。另有同学问到“撤销以物抵债裁定的行为是否构成执行异议的对象”，这里涉及对《民事诉讼法》第232条的解释问题，即其是否构成违反执行行为法律规定的情形。法院作出此类裁定应当属于执行行为的一种且并非法院内部运转的行为，因而可以适用执行行为异议制度。

■ 诉讼与执行的交错

□ 执行措施的类型

我们也可以换一个角度，继续关注民事之诉与强制执行的关系。就民事实体法、民事诉讼法和强制执行法的核心内容而言，实体法关注的核心是当事人的请求权（基础），民事诉讼法关注诉和判决，而强制执行法关注的是执行程序以及其中最重要的执行措施（如图4所示）。当然，执行措施之所以重要，其基础还是在处于其前一阶段的判决中的给付内容，这也就是前面谈到给付内容对强制执行法的意义的缘由。

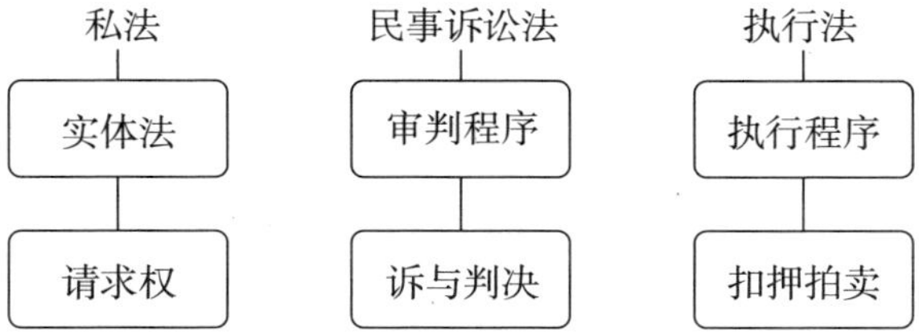

图4　私法、民事诉讼法、执行法的划分

具体来说，财产型措施即金钱债权的执行措施。以具体的执行措施为标准划分为控制性措施，如查封、扣押和冻结（所谓查扣冻），以及处分性措施，如划拨存款、提取收入、拍卖变卖和以物抵债；以所针对的执行标的物为标准，则可划分为对存款、收入以及其他财产的执行。

针对控制性措施，有同学提问“查封的对象包括什么”。其实只要有财产价值的物一般都可以成为查封的对象，包括可以被认为属于被执行人的动产、不动产、特定财产和其他财产权等的财产。就具体的有体物来说,机动车、电脑主机、矿石、大飞机乃至非法建筑物都可以成为被查封的对象。另有同学提问“死亡抚恤金能否成为冻结的对象以及作为谁的执行财产”。这个问题的核心是实体法上如何解释死亡抚恤金的性质,这究竟是对死者生命的赔偿还是对近亲属预期利益的补偿。如果是后者,则死亡抚恤金的权利所有人为近亲属,不能作为死者的财产执行,也没有财产继承的问题;如果是前者,则构成死者的财产,也可能由于遗产继承而存在继承人在继承范围内承担责任的问题。

针对处分性措施,有同学针对行政性制裁与执行措施交叉问题提出疑问:“比如对于悔拍竞价者,限制其在一定期限内不得报名参加全国法院系统组织的司法网拍是否具有正当性?如果是限制其参加其他形式的拍卖是否具有正当性?”就这个问题,应当考虑法院采取的措施究竟是执行措施还是其他行为措施,其是否有相应权限,作出前述限制是否有其他上位法的许可;此外,也应当考虑一般意义上的信用惩戒措施的正当性及其限度。这也提示我们注重强制执行法与公法,特别是与作为根本大法的宪法之间的关联。

针对行为型措施,需要根据实体请求权(给付义务)的性质将其区分为直接执行与间接执行。前者虽然需要采取一定的履行行为,但是执行机关也可以主动完成,如指定交付、解除占有和转交,也可以考虑一般的代履行及其费用支付的问题;而对后者来说,一部分作为给付和不作为给付则只能由被执行人亲自完成,执行法院只能通过间接执行措施来督促和威慑被执行人自觉履行义务。行为型措施不同于财产型措施,不需要进行控制和处分性措施,执行的对象将直接写在判决主文中。其中争议比较大的是不动产交付方式的确定,如法院在清退房屋时承担何种义务?进而,此类执行措施的讨论也可能与财产性措施交叉适用,比如被执行的房产被拍卖后,存在法院拍卖房屋后是否当然负有腾房义务的、所谓“交吉不交吉”的现实争议问题。与此类似,对于子女探视权的问题,同样需要从行为型措施的角度思考,如何落实终局的实体性判决确定的也许并没有那么明确的给付内容。就此而言,有探望权的一方有时无法探视亲生子女,其被称为“紫丝带妈妈(爸爸)”。这种现象除了与当前社会的整体状况、家事关系的复杂状况有密切联系之外,也与现有民事强制执行规则本身模糊不清、存在局限有关系。这类案件甚至可以促使我们重新思考,我国的强制执行程序是否应当严格坚持形式化原则。

此外,执行措施的采取也与更一般意义上的执行难问题有关。追问执行难的成因，固然执行难的现象有很多是民事执行制度或我国社会现阶段既存的一些因素所致，但是其中一定有一部分也体现了民事诉讼与强制执行的勾连和影响。其中的代表，包括裁判在实体和程序上不公的问题，判决主文不明确影响执行依据的问题，甚至是权利人未及时预先采取保全措施导致终局判决在生效后无法得到有效和完全执行的问题。上述几个执行难的问题成因似乎都可以被归结为民事诉讼本身的不足。就此而言，有同学提到“未来针对执行难可能进一步采取的救济措施”。在这方面，除了要关注源头治理等国家整体机制上的重大举措以及最高人民法院《关于深化执行改革健全解决执行难长效机制的意见——人民法院执行工作纲要（2019—2023）》中详细说明的各类举措之外，继续加强财产查控应该也是一个重要方案，现在没有解决的或许可以考虑通过强化信息化和智能化手段进一步解决。或者也应当考虑实体法上的财产登记制度，包括扩大登记的范围、统一的信息登记平台和相关公职人员财产的公示，也都能在不同程度上有利于民事执行工作的深化改革。当然，前述措施可能无法完全解决所有无法执行到位的问题，因为如果将执行难理解为执行结果不满足生效法律文书确定的内容的话，造成这一结果的原因还包括当事人进行商业交往时的固有风险，如交易对象的选择、社会经济生活的变化等，这些是无法通过以强制执行为代表的事后法律手段得到根除的。从这个角度来看，我国法院系统将此类案件排除在执行难问题之外，是有一定道理的。

□ 审执分离的面向

在课程的不同部分，我们也反复关注了审判权和执行权的关系，特别是2014年中共中央《关于全面推进依法治国若干重大问题的决定》提出的“完善司法体制，推动实行审判权和执行权相分离的体制改革试点”，这大大提升了对中国语境下审执分离问题的关注热度。就此而言，我们在学习中需要注意上述审执关系的不同面向。这可能体现在，无论是法院内部对执行权分配的内部分立模式，建设独立于法院的执行机构的外部分立模式，还是关注财产刑和行政案件剥离的、有限的外分模式（或者说其中包含的深化内分模式）之中。

就执行机关而言，上述讨论涉及执行权是否专属于法院职权，进而涉及在政治决策审执如何分离后的技术性衔接问题，包括如何安排执行救济（《民事诉讼法》第232～234条）的配套以及法院对可能分担/承接执行工作的司法行政部门的监督权。同时,陈杭平教授也在《比较法视野下的执行权配置模式研究——以解决“执行难”问题为中心》(《法学家》2018 年第 2 期)一文中提出,或许可以考虑将终结本次执行程序作为分界,将执行权明确分别赋予法院和社会性专业人员。即使坚持法院作为唯一的执行主体,也需要思考要不要在法院内部设立独立的机构来分管执行事项,这尤其与采取具体执行措施等重点体现行政权的内容有关。而从执行权能方面来看,审执分离也牵涉对于执行权本身的划分,也即是否区分独立的执行实施权、命令权及裁决权。

此外,审执关系的安排对执行程序本身的构建原理也可能会产生影响。相对于审判程序的当事人主义,执行程序与审判程序有很大不同,这也应当在执行程序的具体制度设计中得到体现。同时,我国将要颁布一部独立的“强制执行法”,本法应该规定哪些内容,如何实现与《民事诉讼法》的勾连与配合,在具体制度与程序上应当如何取舍,都是值得考虑的问题。

□ 实体性执行救济

前面我们已经讨论了程序性救济,这里主要关注与之对应的实体性救济。实体性救济包括《民事诉讼法》第 234 条及《民诉解释》第 302 ~ 314 条规定的案外人异议之诉及许可执行之诉,《执行解释》第 26 条第 2 款规定的分配方案异议之诉,以及最高人民法院《关于民事执行中变更、追加当事人若干问题的规定》(以下简称《变更追加规定》)第 32 条规定的变更、追加当事人异议之诉。当然,除执行程序中的实体性救济之外,一定还存在一个选项:当事人另行提起一个新诉。尽管其不属于执行救济的表现形式,但对于当事人而言,这也是保障自身权利的重要程序手段。

除了得到广泛关注的执行异议之诉外,我们也有同学关注“参与分配方案异议之诉由法院哪个部门管”的问题。这个事项在实践中可能没有统一的标准。但是,应当注意的是,在 2020 年修改的《民事案件案由规定》中,最后一项即第 473 项的独立案由就是执行分配方案异议之诉。因此,我们至少可以知道这种诉讼原则上应当由审判庭来处理,或者说在执行异议之诉不在执行局内部分案的法院,执行分配方案异议之诉也不应由执行局处理。

■ 诉讼与执行的交融

□ 申请执行、再审还是另诉

紧接着,我们继续关心民事之诉与强制执行共同作用的问题领域。就前述民事之诉中核心的审判对象/诉讼标的问题而言,我们已经注意到诉讼标的识别理论的选择同样会影响强制执行程序。在经典的请求权竞合的例子中,乘客乘坐电车出行,随后电车和私家车发生交通事故,乘客能否以及如何向电车公司选择提起侵权损害赔偿之诉或者违约损害赔偿之诉,就是程序法上需要处理的核心问题(如图5所示)。

—请求权竞合的认定
- 旧说
- 新说
- 新实体法说(规范竞合)

—诉讼标的识别
- 旧说
- 新说
- 新实体法说(规范竞合)

—如果基于合同的前诉败诉
- 旧说:受害人可提起基于侵权后诉,寻求执行后诉的给付判决
- 新说:只能申请再审,期待改判后执行原诉中的给付判决

图5 电车案件中的请求权竞合

对于强制执行法而言,如果法官在前诉中作出给付判决,那么权利人后续自然有权启动强制执行程序。而对于一个驳回诉讼请求的确认判决来说,当事人则不能启动执行程序。进而,在涉及请求权竞合并认为存在不同诉讼标的的情形下,如果前诉驳回给付的诉讼请求,主张权利的前诉原告显然可能继续提起后诉。如果法院在后诉中作出给付判决,那么该判决当然仍将成为其后强制执行程序中的执行依据,对权利人来说其实体利益能够得到保护。相反,如果我们在民事之诉的理论上认为,当事人在某些案件中根本不能提起后

诉的话，比如认为请求权竞合只体现为不同的诉讼理由而不影响审理对象的同一性，则在前诉中驳回诉讼请求的判决就可以根本上阻却强制执行的发生。此时，当事人只能通过再审程序来继续寻求获得给付判决。于是，民事之诉中识别诉讼标的的理论界定的宽窄，会对强制执行程序的适用产生影响。但是总体来看，与民事诉讼不同，强制执行法和强制执行程序的焦点不在于执行标的，而主要在于确定给付内容本身。

同时，前面提到，如果判决认定债权人依据合同约定享有5000万元的合同履行请求权，则这并不必然包括对合同有效成立的认定，也即诉讼中的判决理由通常不被认为具有既判力。原则在于，在前诉争点/先决法律关系构成后诉诉讼标的时，前诉判决不会对前诉诉讼标的所依赖的法律关系作出具有既判力的判断。例外则是，双方当事人有权通过诉的声明，明确要求法院对先决法律问题的判断产生既判力，这一特别的诉即所谓中间确认之诉。但是，我国司法实践中也有一个影响比较大的观点认为，法官有依职权审查合同效力的权限。那么，在前诉基于合同有效判令继续履行或者支付违约金时，双方当事人既不能独立提起确认合同无效的另诉，又不能以合同无效为依据提出新的给付请求；在前诉基于合同不存在判令驳回原告的给付请求时，双方当事人也不能独立提起确认合同法律关系存在的另诉，同时不能以合同有效为依据提出新的给付请求。此时，即使事后发现合同效力认定存在错误，当事人也只能通过审判监督程序而非提起新诉来寻求救济。

由此，一个值得思考的问题是，能否通过执行程序来解决前后诉的矛盾。如果我们姑且认为生效判决的既判力范围仍限于判决主文，当事人应有权就合同效力另行起诉，也可以基于对合同效力与前诉不同的认定提起后诉。这样，如果基于买卖合同要求交付标的物的前诉给付判决只于理由部分中对合同效力作出认定且该认定不产生既判力，那么在卖方以合同无效作为理由请求返还不当得利的后诉中，法院可以重新认定合同效力，并且在卖方于前诉后已经交付标的物时，法院相应地作出返还标的物的给付判决。此时，卖方就可以通过后诉的执行程序将标的物回复到自己手中，而与此相对，买方仍享有以反诉或者另诉的方式，要求返还自己给付的货物价款的权利。

□ 依托实体规则的执行和解

第二个典型场景是当事人达成执行和解的情况，对此简要说明。执行和解是在执行过程中,双方就执行民事实体权利或义务的部分或全部,自愿协商达成如何执行的协议。执行和解可以修改民事诉讼中形成的、由生效判决认定的债权内容。根据最高人民法院《关于执行和解若干问题的规定》第 1 条第 1 款的规定,当事人可以自愿协商达成和解协议,依法变更生效法律文书确定的权利义务主体、履行标的、期限、地点和方式等内容。在司法实践中最典型的,是债权人放弃(部分)利息请求的案件类型。

之前我们已经了解了执行和解的程序、其程序效果、其实体效果、履行完毕的判断以及不履行时的后续程序,此处只强调其与民事之诉的关联。一方面,对于不履行执行和解协议的救济方式,目前除了恢复执行外,还包括债权人就执行和解协议、以债务人为被告另行提起诉讼。另一方面,即使债权人申请恢复执行,对法院而言,是否恢复执行的判断也不单纯是一个程序性问题,而是需要对执行和解的内容、履行情况以及已经完成的给付能否返还作出实质性判断。

□ 执行当事人的变更与救济

执行当事人的确定,是民事之诉与强制执行交融的"重要战场"。对于当事人的变更与追加,案外人存在两种救济措施,即通常情况下可以提起程序性复议,特殊情形下则可提起执行异议之诉。该异议之诉与《民事诉讼法》第 234 条规定的案外人异议之诉不同,是一种独立的实体性救济。《变更追加规定》第 14 条第 2 款和第 17 ~ 21 条对这种异议之诉提出明确的类型化规则,具体包括申请变更、追加未按期足额缴纳出资的有限合伙人与财产不足的有限合伙企业一同为被执行人;未缴纳或未足额缴纳出资的股东、出资人或依《公司法》规定对该出资承担连带责任的发起人与财产不足的营利法人一同为被执行人;抽逃出资的股东、出资人与财产不足的营利法人一同为被执行人;未依法履行出资义务即转让股权的原股东或依《公司法》规定对该出资承担连带责任的发起人与财产不足的公司一同为被执行人;不能证明公司财产独立于自己的财产的股东与财产不足的一人有限责任公司一同为被执行人;以及有限责任公司的股东、股份有限公司的董事和控股股东为被执行人与未经清算即办理注销登记、导致公司无法进行清算的公司一同为被执行人。

与前面谈到的问题相关,有同学提问"执行中能否对实体问题进行判断"。我认为原则上是不可以的,但是也可以看出,实践中确实存在这种情形。如前述异议之诉所对应的情形就是必须进行实体性判断的类型,目前实践中的处理方式主要是直接对可能的主体进行追加和变更,将实体性问题推到满足诉讼形式的救济程序中去处理。这种未经实体审判就扩大执行当事人范围的行为,应当需要成文规则的明确授权。

相反,如果没有成文规则,目前的通说认为则不得追加、变更执行当事人。这就涉及我们前面课程专门讨论过的、争议较大的夫妻共债问题,也即夫妻一方被判决承担债务后,执行法院能否追加另一方为执行当事人。这种情形并未被规定在前述司法解释中,所以理论上配偶不能被追加为当事人。司法界多数人的态度其实可能也一直是应当追加。至于为何最后司法解释没将这一条纳入,可能主要是基于某些司法政策上的考虑,如强调产权保护等。在没有生效判决的情况下,需要追问的是把夫妻另一方直接"吸"入强制执行程序的正当性与合理性为何。众所周知,夫妻财产规则的理论争议很大,社会影响也很大,民法乃至法理学的诸多学者都参与到与之相关的《民法典》婚姻家庭编的讨论中。

既然《变更追加规定》放弃了此条,这时就需要考虑如果不在执行程序中追加配偶,那么应当如何处理。这里首先要区分相应债务的性质。如果确实是夫妻共同债务的话,不管是配偶一方个人财产还是共同财产,均可以成为执行财产。而根据目前的法律规定,要认定为夫妻共同债务,需要债权人举证,那债权人最稳妥的方式就是直接要求夫妻共同签订合同。此外,也可以考虑能否步子再迈大一点、从实体法上去论证,针对债务人的个人债务可以直接执行配偶的个人财产。这实际将个人债务直接推定为共同债务,进而扫清了执行配偶财产的障碍。

如果没有夫妻共同签订的话,就可能涉及区分共同财产和个人财产的问题,进而与婚姻家庭法的理念和制度密切联系。例如,民法老师可能就很关心,婚姻家庭关系中最核心的是身份/爱情的部分还是财产处理的部分。有些国家只承认同性之间的同居生活伴侣关系,就是为了解决两个共同生活的人的财产问题。因此,对婚姻家庭关系的不同理解,可能会对认定共同财产的推定规则以及如何分割共同财产产生影响。这方面实体法的问题可能非常复杂,因为即使是婚前财产,在双方没有明确约定的情况下,经过很多年的共同生活可能也就"不分彼此"了。婚姻法领域的司法解释要解决的就是类型化的划分问题,以便给出没有明确意思表示时需要适用的裁判规则。无论持什么样的价值立场,都必须承认解决实务问题需要确定且稳定的规则。

再接下来,需要考虑如何在技术上实现执行共同财产的方案。最高人民法院《关于人民法院民事执行中查封、扣押、冻结财产的规定》第 12 条第 2 款和第 3 款规定,共有人协议分割共有财产,并经债权人认可的,人民法院可以认定有效。查封、扣押、冻结的效力及于协议分割后被执行人享有份额内的财产;对其他共有人享有份额内的财产的查封、扣押、冻结,人民法院应当裁定予以解除。共有人提起析产诉讼或者申请执行人代位提起析产诉讼的,人民法院应当准许。诉讼期间中止对该财产的执行。因此,对夫妻共同财产可以考虑先进行分割再完成执行。而在司法实务中,不同的法院可能倾向于不同的方案,如直接执行被执行人的财产份额,执行完整的共同财产后将非被执行人的一方的财产份额对应的价款给该方,或者干脆认为不能执行。甚至,即使进行了财产分割也并没有完全解决问题。比如,即使依照推定将共同共有转化为一人一半的按份共有,法院拍卖时也只能拍卖份额,由此可能导致拍卖价格无法达到实际财产价值的一半——没有人想和另外一个陌生人分享同一财产、"住在同一屋檐下",更何况这还可能产生进一步的物权纠纷。此外,婚姻存续期间能否分割共有财产也会产生法律争议。

从根本上看,执行中面临此种困难的源头可能在于,有一部分实体法律关系中的当事人并没有出现在生效裁判之中。因此,除了在执行程序中寻求解决之道外,更应该考虑的是在前诉起诉时就将配偶一同起诉或者直接另行起诉配偶,由此都可以避免执行程序中是否追加当事人的问题。值得注意的是,执行实务中的做法则可能是直接将配偶追加进来作为被执行人,或者不追加当事人但是直接查控其财产,再将对实体法律关系的处理推迟至执行异议之诉当中。这种先追加/查控、再保障实体性救济的方式,可能出于多方面考虑:其一是尝试在执行程序中一次性解决可能的问题,而不是制造更多问题;其二是基于执行效率的考虑,追加后如果当事人不提异议之诉,就不需要再进行实质性判断,而如果确有争议,也完全可以通过异议之诉解决,从而保障案件的结果正义;其三则是部分基于"部门本位"的思想,也即实施执行措施的部门只需考虑完成自己的工作,具体的实体性判决干脆留待审判部门完成。这种强制执行程序中偏向事后的实体性救济模式是否合理,乃至能否被认为构成具有中国特色的执行机制,都是可以思考的。同时不能忽略的是,为了研究这个中国化的问题,我们也应当准确了解其他国家与地区如何设计制度,从而可以达到解决上述问题的相同效果。

□ 执行回转与其他救济可能

《民事诉讼法》第240条规定了执行回转制度,即执行完毕后发现执行依据确有错误,该依据被人民法院撤销的,法院应当裁定责令取得被执行财产的人返还。这当中也会涉及实质性判断,核心问题集中在被执行的物已损毁灭失(《民诉解释》第492条)、第三人已经拍卖取得财产、孳息具体数量的确定以及作为执行标的的行为能否被回转等。于是,以何种方式处理执行回转中的实质性判断就成为无法回避的问题。

围绕这一主题不同同学提出了两个问题:"执行回转中孳息问题是否只能依靠诉讼方式解决";"再审制度和执行回转制度如何衔接,有无可能在再审中一并解决回转"。这两个问题刚好可以相互呼应,也即前者提出是否只能依靠另诉的方式,后者则提出能否在再审中一并解决。如果认可对再审作诉讼化改造的设想,将其视为一种再审之诉,则其同样也是通过民事之诉的方式来解决执行问题的一种手段。但是,关键问题可能在于,是否应当限缩审判监督程序及再审程序的适用范围,而不应使其无所不包。如果只要案件"确有错误"就可以启动此类监督程序,那么再审程序将成为一个能囊括所有问题的"大筐"。在这种情况下,审判监督程序恐怕无法实现要件化和体系化的建构,对于实务问题的清晰解决和纠纷解决的可预见性也都难有很好的现实效果。

□ 执行程序与诚实信用原则

案外人异议之诉是案外人通过诉讼的方式寻求救济的重要手段,但同时其也面临民事之诉中经常出现的虚假诉讼问题。一个典型的案例是"苏华建设集团有限公司黑龙江鸿基米兰房地产开发有限公司申请执行人执行异议之诉"。

在其二审判决书[最高人民法院(2020)最高法民终1026号民事判决书]中,最高人民法院明确指出"本院现已查明,为阻却有关案件生效判决的执行,鸿基米兰开发公司向一审法院提供以艾海峰等17人名义出具的《民事授权委托书》、以该17人作为房屋买受人的《商品房买卖合同》以及房款收据和物业管理费收据,主张房屋销售和入住的虚假事实,冒用艾海峰等17人名义提出执行异议,案涉房屋相关执行异议和鸿基米兰开发公司主张的房屋买卖等基本事实均为虚假……";"本院将依照《中华人民共和国民事诉讼法》的有关规定对鸿基米兰开发公司的虚假诉讼行为另行作出处罚决定,同时依法将本案有关涉嫌犯罪的线索移送刑事侦查机关查处"。作为故事的结尾,"经最高人民法院第二巡回法庭合议庭评议及法官会议讨论,并依法报请最高人民法院院长批准,决定对鸿基米兰开发公司在本院每件案件中的虚假诉讼行为分别处以罚款100万元的民事司法制裁,共计罚款1700万元"。"黑龙江省高级人民法院对其一审审理中的46件涉嫌虚假诉讼问题的案件也同步作出了相应处理,分别就每案作出罚款100万元的民事司法制裁,共计罚款4600万元。"

2021年11月,最高人民法院发布了名为《关于深入开展虚假诉讼整治工作的意见》的规范性文件。在正面思考如何进一步规制这个实践问题的同时,我们也要考虑:实务中法官是否经常会认定包括虚假执行在内的虚假诉讼,发达的虚假诉讼整治机制能否真正解决实际问题。实务中,面对虚假诉讼的处理方式可能主要是常规的驳回起诉或驳回诉讼请求,而非直接认定虚假诉讼的存在。法官如果直接把虚假诉讼问题提出来,有可能面临较大的职业风险,因此其并不会像前述典型案例一样,采取如此直截了当的处理方式。同时,虚假诉讼很难在庭审中被当庭识别,毕竟整场诉讼都是当事人精心准备的"表演"。在这个意义上,大多数法院是否有时间、有能力以及有可能被期待识别出虚假诉讼案件,同样值得思考。

余论:民事执行法的难点

最后,简要提及民事执行法领域目前的难点问题。民事执行程序在理论方面涉及审执关系的合理划分所引发的当事人追加、救济等问题,在实践层面则面临财产查控、处分等方面的诸多现实挑战乃至人性和社会的复杂问题。由此,执行难问题成为一个所谓社会系统性问题,也是不难理解的。概括而言,执行法的难点应当包括克服社会对执行法的固有偏见与执行领域的选择性执行现象,规范执行当事人的追加与变更机制,纠正各类执行依据中的原有错误,促进被执行人财产的发现与查控执行财产的高效处置,合理确定执行异议与执行异议之诉的审理标准等。特别是,独立的"民事强制执行法"尚未出台,我们永远在学习的路上(为保持原貌,本次出版时并未援引草案和相关讨论的内容)。

▣ 阅读指引

▢ 基础规范

1. 最高人民法院编写的法条及司法解释的条文注释及实务指南。

   对民事诉讼的学习应当注重从实务的理论化进行理论化的实务研究。

2. 刘哲玮:《民诉小全书》(第2版),北京大学出版社2022年版。

   以更新版本为准,便于熟悉规范本身。

▢ 专门教材

1. 张卫平:《民事诉讼法》,法律出版社2019年版。

   通过研习本书,掌握关于民事诉讼法与强制执行法之间的内在联系,为自己形成一体的知识图谱。

2. 肖建国主编:《民事执行法》,中国人民大学出版社2014年版。

   执行法专门教材之一,可配合肖建国教授的高阶专著《中国民事强制执行法专题研究》(中国法制出版社2020年版)对重点问题进行深入了解。

3. 谭秋桂:《民事执行法学》,北京大学出版社2015年版。

   执行法专门教材之二,研习过程中应当注意教材本身的结构安排以及作者特别强调的个人观点。

4. 董少谋:《民事强制执行法学》,法律出版社2016年版。

   执行法专门教材之三,研习过程中应当注意教材本身的结构安排以及作者特别强调的个人观点。

▢ 域外著述

1. [德]穆泽拉克:《德国民事诉讼法基础教程》,周翠译,中国政法大学出版社2005年版。

   因版本较久,可择要关注民事诉讼法与强制执行法之间的内在联系这部分内容。

2. [德]奥拉夫·穆托斯特:《德国强制执行法》,马强伟译,中国法制出版社2019年版。

   新近翻译著作。原书精练浓缩,便于整体了解德国强制执行法。

3. [德]弗里茨·鲍尔、霍尔夫·施蒂尔纳、亚历山大·布伦斯:《德国强制执行法》(上/下册),王洪亮、郝丽燕、李云琦译,法律出版社2019/2020年版。

   最新翻译著作。原书内容丰富,可作为检索手册备查。

4. C. H. van Rhee & Alan Uzelac (eds), *Enforcement and Enforceability - Tradition and Reform*, Intersentia, 2010.

   对各国执行法的历史与现状作了国别报告式的说明,大致仍符合当代的各国规范与实践。

5. Wendy Kennett, *Civil Enforcement in a Comparative Perspective: A Public Management Challenge*, Intersentia, 2021.

比较强制执行法领域的最新作品，集作者多年研究成果与典型国家的国别报告为一体。

6. Masahisa Deguchi, *Effective Enforcement of Creditors' Rights*, Springer, 2022.

比较强制执行法领域的最新作品，除了大家云集外，其主题与我国关心的财产发现与查控高度重合，有助于了解相似问题的各种可能处理方案。

环境法学习的理念与方法

吴凯杰

关于作者

吴凯杰

北京大学法学院助理教授。中国人民大学法学博士，美国密西根大学法学院法律科学博士（S.J.D.）。主要研究领域为环境法基础理论、环境行政规制、自然保护地法、环境公益诉讼等。

在北京大学法学院主讲以下课程：（1）本科生课程：环境法、核法律与政策；（2）研究生课程：环境法总论、环境污染防治法专题。

本科环境法课程的学习目标包括三个层次:其一,了解和掌握环境法的概念、原理和制度;其二,培养运用环境法律规范分析、处理环境纠纷的能力;其三,尝试对环境法规范及其实施进行反思。

基于上述学习目标,本课程在系统地讲解环境法知识点的基础上,通过引入案例教学法,一方面加深同学们对环境法概念、原理和制度的理解,另一方面提升运用环境法律规范处理实际案件的能力。教学案件的选取重在与相应知识点的关联性,并且具有争议性与开放性,有讨论的空间。

环境法具有调整方法上的综合性,涉及的法律规范非常广泛且分散,而且与行政法等其他部门法具有紧密的联系,同学们在学习环境法时,常常需要回顾之前在其他课程上学到的知识。针对环境法学习方法体系、案例分析角度、学习理念和方法等,本文围绕三个部分展开:环境法学习的解释论与立法论、环境法学习的内部视角与外部视角、环境法学习的法律检索与法律适用方法。

■ 环境法学习的解释论与立法论

解释论和立法论是学习和思考法律问题的两种基本立场,同样适用于环境法的学习。同学们应当首先掌握解释论的立场与方法,提升运用环境法律规范分析、处理环境案件的能力。在此基础上,再站在立法论的立场上,尝试对现行环境法规范及其实施进行反思。由于环境法的政策性与变动性较强,我们常常需要思考如何通过立法来应对新的问题,但切忌脱离已有环境法体系空谈立法构想。

□ 解释论

解释论讨论法律的“实然”,对现行法律规范的适用范围、构成要件、法律后果进行解释,发现某个概念、用语的含义,判断是否存在不当和漏洞,探寻弥补漏洞的方法和依据。从事解释论,必须尊重现行法,受现行法的约束,致力于对现行法律规范的准确理解、解释和正确适用,即使经过研究发现某个具体制度与规范存在不足、不当乃至失误,解释论的任务也只能是在不违反法律规范的前提下,运用各种解释方法,对该具体条文、制度予以弥补、补救以实现其规范目的，而不是进行批判。

解释论对环境法学习的重要性正在日益凸显，具体表现在：第一，经过40余年的环境立法活动，目前我国的环境立法数量众多，环境立法的完备性问题已经不再突出。从1979年《环境保护法（试行）》至今，我国已先后颁布30余部环境保护法律，六七十部环境行政法规，数百个环境行政规章与规范性文件，地方环境法规、规章以及规范性文件更是不计其数。此外，环境法律规范不仅存在于专门环境立法之中，还广泛地存在于公共卫生、食品安全、安全生产、文物保护等相关领域立法，以及行政法、民法、刑法、诉讼法等相关部门立法之中。

第二，由于立法众多、分散且缺乏协调，现行环境立法之间存在许多规范重复、冲突、不一致等碎片化问题，亟需运用法律解释方法来弥合立法碎片。一方面，《环境保护法》虽被认为是环境基本法，但并不具备应有的基础性和综合性。其在2014年修改之前，至少有31条与6部污染防治单行法相关规定重复，至少7条与这些单行法规定不一致。2014年修改后，问题虽然有所改观，但与单行法的重复率依然超过30%。另一方面，污染防治、资源保护、生态保护等环境单行法之间也存在重复、冲突和不一致等问题。有学者甚至认为，“各污染单行法基本上除了名称之外大抵上能够相互替代，加之立法时间先后，不同法律之间对于同一问题的规定常常是相互矛盾和相互冲突，导致法律执行和适用上的困难”。

以环境质量标准制度为例，对照以下三个法条：

2014年《环境保护法》第15条——

国务院环境保护主管部门制定国家环境质量标准。

省、自治区、直辖市人民政府对国家环境质量标准中未作规定的项目，可以制定地方环境质量标准；对国家环境质量标准中已作规定的项目，可以制定严于国家环境质量标准的地方环境质量标准。地方环境质量标准应当报国务院环境保护主管部门备案。

国家鼓励开展环境基准研究。

2017年《水污染防治法》第12条——

国务院环境保护主管部门制定国家水环境质量标准。

省、自治区、直辖市人民政府可以对国家水环境质量标准中未作规定的项目，制定地方标准，并报国务院环境保护主管部门备案。

2018年《大气污染防治法》第8条——

国务院生态环境主管部门或者省、自治区、直辖市人民政府制定大气环境质量标准，应当以保障公众健康和保护生态环境为宗旨，与经济社会发展相适应，做到科学合理。

上述三个条文都规定了国务院生态环境（原环境保护）主管部门制定环境质量标准的权力，但相互对照之后，同学们会发现具体规定有差异。

1. 相较于2014年《环境保护法》第15条第2款，2017年《水污染防治法》第12条第2款保留了“国家未作规定，地方可作规定”的授权，但删去了关于“国家已作规定，地方更严规定”的授权，这种不一致应当如何理解？运用文义解释方法，可能有两种解释：一是立法者有意区分，表示在水环境质量标准上不允许“国家已作规定，地方更严规定”的立法意图；二是立法者无意区分，2014年《环境保护法》第15条第2款作为基础性规范依然适用于水环境质量标准，因而允许“国家已作规定，地方更严规定”。

由于文义不明，可进一步运用体系解释的方法。2017年《水污染防治法》第14条第2款对水污染物排放标准的规定包含两种授权，“省、自治区、直辖市人民政府对国家水污染物排放标准中未作规定的项目，可以制定地方水污染物排放标准；对国家水污染物排放标准中已作规定的项目，可以制定严于国家水污染物排放标准的地方水污染物排放标准。地方水污染物排放标准须报国务院环境保护主管部门备案”。由此可见，立法者在写第12条第2款时也有意区分了“国家未作规定，地方可作规定”与“国家已作规定，地方更严规定”这两种情形，表明不允许第二种情形。

2. 相较于2014年《环境保护法》第15条第2款的简单授权，2018年《大气污染防治法》第8条对国务院生态环境主管部门制定大气环境质量标准的权力作了实体性限定，“应当以保障公众健康和保护生态环境为宗旨，与经济社会发展相适应，做到科学合理”。立法者试图在此处为行政机关的标准制定提供价值指引，约束行政机关的自由裁量权力，属于立法上的进步，但问题是如何理解？在理论上，标准制定有三种基本模式：其一，基于风险的标准制定模式，只考虑是否足以应对环境健康风险，不考虑是否具有经济、技术上的可行性；其二，基于可行性的标准制定模式，需要进一步考虑标准制定的技术、经济可行性，可行性一般指向行业的整体水平而非特定企业的水平；其三，基于成本效益分析的标准制定模式，需要更进一步考虑环境保护效益是否高于企业成本。从上述条文文本来看,2019 年《大气污染防治法》并未采用第一种模式,但是否采用第二种或第三种模式,则需要运用其他解释方法来探寻立法意图。

□ 立法论

立法论讨论法律的“应然”,对现行制度提出批评,建议修改完善或者建议创设新的制度、制定新的法律。从事立法论,可以不受现行法的局限,各尽其智、畅所欲言,可以旁征博引、评古论今。评判立法论的优劣,不是看见解是否符合现行法,而是看见解是否有理有据,是否符合法理,是否符合我国国情和法律进步发展的趋势。

但是,先解释论,后立法论。解释论主张“认真对待法规范”,但并不排斥立法方面的思考。在解释环境法规范的过程中,解释论的研究者会自然而然地发现环境法体系中存在的不妥当之处,以及对解释论的解释工作构成的障碍。环境立法论的任务就是在解释论构建的体系基础上,把解释论发现的问题集中起来,并提出系统的立法解决方案,进而找到并形成制定新法或修改旧法的方向与路径,以期在保持环境法体系稳定的前提下妥善解决问题。

以上述的环境质量标准为例。2018 年《大气污染防治法》第 8 条对国务院生态环境主管部门制定大气环境质量标准的权力作了实体性限定,但为何《环境保护法》和《水污染防治法》中没有这个要求？是基于大气领域的特殊性而作的特别规定吗？从立法时间来看,可能是先在《大气污染防治法》领域进行制度创新,对行政机关的标准制定权作必要的约束,此举值得后续《水污染防治法》等环境单行法乃至《环境保护法》修改时予以借鉴吸收。当然,如果立法者有足够的理由认为这是仅适用于大气污染防治领域的特别性规定,则另当别论。

再以江淮汽车“天价”罚款案为例。

｜案情简介｜

2019 年 6 月,北京市生态环境局在抽检中发现江淮汽车某车型的车载诊断系统(简称 OBD 系统)功能性检测不符合技术标准,尽管抽样车辆的尾气排放检验合格,北京市生态环境局依然认定江淮机车构成“对污染控制装置以次充好”“冒充排放检验合格产品出厂销售”的行为,依据《大气污染防治法》第 109 条处以 1.7 亿元的罚款。许多环境法专家和实务工作者质疑该处罚决定,认为《大气污染防治法》第 109 条并不适用且处罚过重。

| 相关法条 |

《大气污染防治法》第 109 条第 2 款：违反本法规定，机动车、非道路移动机械生产企业对发动机、污染控制装置弄虚作假、以次充好、冒充排放检验合格产品出厂销售的，由省级以上人民政府生态环境主管部门责令停产整治，没收违法所得，并处货值金额一倍以上三倍以下的罚款，没收销毁无法达到污染物排放标准的机动车、非道路移动机械，并由国务院机动车生产主管部门责令停止生产该车型。

北京市生态环境局的法律论证固然不够严谨，但有关立法的周延性不足也是引发争议的重要原因：第一，OBD 系统属于污染监测装置，与直接处理污染物的污染控制装置有本质区别。但《大气污染防治法》仅在第 109 条中规定"对污染控制装置弄虚作假、以次充好"行为的法律责任，未明确 OBD 系统是否构成"污染控制装置"，也未专门规定 OBD 系统"弄虚作假、以次充好"的法律责任。第二，不仅作为环境单行法的《大气污染防治法》规定不明，作为环境基本法的《环境保护法》也未能提供可供适用的一般性规范来明确 OBD 系统等污染监测装置的法律属性及相应的法律责任。

由本案可见，现行环境法体系在概念周延性、内容全面性、规则关联性等方面欠缺考虑，导致法律实施者缺乏具备逻辑连贯性的论证前提，面临过高的找法与用法成本，客观上加大了融贯法律论证的难度。

环境法学习的内部视角与外部视角

环境法的学习中存在内外视角之分。内部视角是在法律体系内部思考法律问题，处理的是应然的规范性命题，外部视角则是从法律体系外部观察法律的运行，处理实然的经验性命题，两者之间具有本质区别。其中，内部视角下有两种不同的推理模式：逻辑推理与价值权衡。与此同时，外部视角下也有不同进路，常见的是法经济学、法社会学等范式。

内部视角

在解决法律问题的过程中，我们通常首先采用内部视角，因为法律问题多是具有规范性的应然问题。从内部视角切入后，基于法的安定性，应当采用逻辑推理方式。最基础的逻辑推理就是司法三段论的适用,从案件事实中归纳出具有法律意义的事实作为小前提,从法律体系中找出适用于案件事实的法律规范作为大前提,然后推导出结论。例如,从大前提“超标排污应被处以罚款”和小前提“甲超标排污”中,我们可以推导出结论“甲应被处以罚款”。但问题是,作为大前提的法律规范往往并不清楚,需要从大量法律条文、司法案例中去总结提炼,这就需要引入环境法教义学。

以上海鑫晶山建材开发有限公司诉上海市金山区环境保护局环境行政处罚案为例。

|争议焦点|

对于企业在厂界堆积固体废物产生臭气且浓度超出国家排放标准的情形,应适用《大气污染防治法》(2015 年)第 99 条还是《固体废物污染环境防治法》(2016 年)第 68 条予以行政处罚?

|相关法条|

《大气污染防治法》(2015 年)第 99 条:违反本法规定,有下列行为之一的,由县级以上人民政府环境保护主管部门责令改正或者限制生产、停产整治,并处十万元以上一百万元以下的罚款;情节严重的,报经有批准权的人民政府批准,责令停业、关闭:……(二)超过大气污染物排放标准或者超过重点大气污染物排放总量控制指标排放大气污染物的;……

《固体废物污染环境防治法》(2016 年)第 68 条:违反本法规定,有下列行为之一的,由县级以上人民政府环境保护行政主管部门责令停止违法行为,限期改正,处以罚款:……(七)未采取相应防范措施,造成工业固体废物扬散、流失、渗漏或者造成其他环境污染的;……有前款第二项、第三项、第四项、第五项、第六项、第七项行为之一的,处一万元以上十万元以下的罚款。

本案的核心问题是《大气污染防治法》与《固体废物污染环境防治法》的规范竞合问题。由于《大气污染防治法》基于特定污染对象(大气环境)调整污染排放行为,而《固体废物污染环境防治法》基于特定污染来源(固体废物)调整污染排放行为,两者难免在调整针对大气环境的固废污染排放行为上发生规范竞合,在本案体现为固体废物堆放产生的臭气污染。

对于法律规范的竞合问题,一般规则是《立法法》第 92 条的规定,“同一机关制定的法律、行政法规、地方性法规、自治条例和单行条例、规章,特别规定与一般规定不一致的,适用特别规定;新的规定与旧的规定不一致的,适用新的规定",即"新法优于旧法、特别法优于普通法",以及94条第2款,法律之间对同一事项的新的一般规定与旧的特别规定不一致,不能确定如何适用时,由全国人民代表大会裁决。

本案中,最高人民法院在《立法法》的规定之外,确立了一条适用于环境行政处罚领域的特别规则:重法优于轻法。最高人民法院在发布指导性案例时对该案的裁判要点提炼如下:"企业事业单位和其他生产经营者堆放、处理固体废物产生的臭气浓度超过大气污染物排放标准,环境保护主管部门适用处罚较重的《中华人民共和国大气污染防治法》对其进行处罚,企业事业单位和其他生产经营者主张应当适用《中华人民共和国固体废物污染环境防治法》对其进行处罚的,人民法院不予支持。"换言之,在环境行政案件中,如果多个法律规范同时适用于同一案件事实,应当优先适用"处罚较重"的法律规范。这个案例是最高人民法院第139号指导性案例,虽然指导性案例形式上只有参照效力,但实际上为下级法院判决提供了实质支持。当然,这一特别规则的适用范围还有待后续案例进一步明确,如是否适用于所有污染防治规范的竞合,包括水污染防治法律规范与固废污染防治法律规范的竞合?是否也适用于生态保护领域的规范竞合?

此外,还有一些规范问题很难从现有法律体系中找到明确答案,仅使用逻辑推理的方法已无法解决。这就需要从逻辑推理方法转化为价值权衡方法,在多元的、可能存在内部张力的立法目的中进行权衡选择,获取适用于本案具体情况的规范大前提。但需要注意的是,价值权衡需要受到法律原则或一般法律条款的约束。

以自然之友诉江西省鄱湖低碳环保股份有限公司水污染责任纠纷案为例。

|争议焦点|

章程所载业务范围为固废处理的社会组织,能否对水污染案件提起公益诉讼?

|相关法条|

《环境保护法》第58条第1款:对污染环境、破坏生态,损害社会公共利益的行为,符合下列条件的社会组织可以向人民法院提起诉讼:

（一）依法在设区的市级以上人民政府民政部门登记；

（二）专门从事环境保护公益活动连续五年以上且无违法记录。

最高人民法院《关于审理环境民事公益诉讼案件适用法律若干问题的解释》（2016年）第4条：社会组织章程确定的宗旨和主要业务范围是维护社会公共利益，且从事环境保护公益活动的，可以认定为环境保护法第五十八条规定的“专门从事环境保护公益活动”。社会组织提起的诉讼所涉及的社会公共利益，应与其宗旨和业务范围具有关联性。

对于社会组织提起公益诉讼的原告资格，《环境保护法》第58条要求符合条件的社会组织“专门从事环境保护公益活动”，最高人民法院发布司法解释对这一要求进行了细化。根据最高人民法院《关于审理环境民事公益诉讼案件适用法律若干问题的解释》第4条规定，“社会组织提起的诉讼所涉及的社会公共利益，应与其宗旨和业务范围具有关联性”。但其未明确这种“关联性”应当达到什么程度，具体到特定环境要素层次还是一般环境公共利益层面？一审法院采前一种较严格的解释方式，认为应当在固体废物污染、水污染等特定环境要素层次具有关联性，因而否定自然之友的原告资格。

一审法院未能在具体法律规则存在多种解释可能性时，依据法律原则来选择解释结论，因而作出了错误的裁判。公众参与原则是《环境保护法》第5条规定的环境法基本原则，表达了立法者对公众参与环境保护的重视。依据公众参与原则，除非有相反的正当理由，对社会组织原告主体资格的限制不应当超过必要的限度，确保具有相应诉讼能力的社会组织具有提起环境公益诉讼的原告主体资格，从而保障公众参与环境保护的监督权。因此，即使社会组织起诉事项与其业务范围不具有具体到固体废物污染、水污染等具体环境要素层次的对应关系，但与其宗旨所保护的环境要素或者生态系统具有一定的联系，亦应确认其满足“关联性”标准。

□ 外部视角

外部视角超越法律体系的内部视角，思考法律制度与实践之间的冲突为何存在，存在的原因是否具有正当性，是否需要调整法律制度的设计与适用。仍然以自然之友诉江西省鄱湖低碳环保股份有限公司水污染责任纠纷案为例，思考为什么南昌市中级人民法院否定自然之友的原告资格？可考虑引入社会学、政治学、经济学等视角：

1. 是否有法外因素影响法院的裁定,导致地方法院不愿意认可社会组织提起环境公益诉讼的原告资格?可能的法外因素包括:地方保护主义作祟,案件可能会影响地方发展经济的"大局";案件具有敏感性;地方法院对环境公益诉讼陌生,缺乏所需的专业知识和经验,不愿审理环境公益诉讼案件。增加两个事实,有助于我们更全面、深入地思考这个问题:一是社会组织原告资格遭到否定并非个案,在 2014 年《环境保护法》确立社会组织的原告资格后,有不少地方法院否定社会组织的原告资格,包括腾格里沙漠案中的宁夏中卫市中级人民法院否定了中国生物多样性保护与绿色发展基金会的原告资格;二是在本案之前,自然之友已经依法提起并被受理了 35 起环境民事公益诉讼,包括大气污染、水污染、土壤污染、生态破坏等各种类型。

2. 为什么地方法院不愿审理环境公益诉讼案件?是否有地方法院"不能承受之重",需要在制度设计时加以考虑?比如目前最高人民法院《关于审理环境民事公益诉讼案件适用法律若干问题的解释》允许社会组织对"具有损害社会公共利益的重大风险"的污染环境、生态破坏行为提起民事公益诉讼,但让法院来处理环境风险权衡的公共政策问题,是否可能导致行政权与司法权失衡,从而引发司法权过度侵入行政权的领地?如果法院因此不愿受理环境公益诉讼案件,是否值得立法者的重视,考虑修改环境公益诉讼制度?

3. 为什么环境法原则未能有效约束法院的价值权衡?目前法院经常援引民法基本原则来裁判疑难案件,但很少援引环境法原则,为什么?环境法原则与民法原则有何不同?这些问题值得进一步深入思考。

■ 环境法学习的法律检索与法律适用

环境法学习不仅要区分解释论与立法论、内部视角与外部视角,优先采用解释论立场与内部视角,还应当掌握法律检索与法律适用方法。法律检索与法律适用方法是法科学生应当掌握的基本方法,本文仅就环境法领域的一些特殊性问题予以重点说明。

□ 法律检索

环境法体系中的创制性规则不仅存在于环境法律之中,也存在于国务院颁布的环境行政法规之中,是法律检索的核心对象。在此基础上,解释性环境法规则对处理环境案件具有重要作用，主要包括中央层面上的行政法规、部门规章等规范性文件以及司法解释，地方层面上的地方性法规与规章等规范性文件。此外，环境标准也是环境法律检索的重要对象。

1. 创制性规则

作为创制性规则，环境法律与法规可分为核心环境法规范与边缘环境法规范。

核心环境法规范是指在环境法体系中居于核心地位的环境法规范的统称。所谓核心地位，体现在以下方面：首先，核心环境法规范的主要调整目标是保护环境公共利益；其次，核心环境法规范的直接调整对象具有环境关联性，主要是人类在从事污染排放或生态破坏等环境利用行为过程中形成的环境社会关系；最后，核心环境法规范的监管执法主体具有统一性，主要是生态环境部与自然资源部（包括代管的国家林草局）。

依据上述特征，我国核心环境立法主要包括《环境保护法》《环境影响评价法》《环境保护税法》等综合性法律，《大气污染防治法》《水污染防治法》《土壤污染防治法》《放射性污染防治法》《噪声污染防治法》《固体废物污染环境防治法》《海洋环境保护法》等污染防治立法，《野生动物保护法》《海岛保护法》《水土保持法》《防沙治沙法》《自然保护区条例》等自然生态保护立法，以及《清洁生产促进法》《循环经济促进法》等绿色低碳发展立法。此外，国家公园法、自然保护地法等正在审议过程中或已列入立法计划的自然生态保护法律也属于核心环境法的范畴。

在核心环境法规范之外，还存在大量体系归属存在争议的边缘环境法规范。边缘环境法规范是指不以生态环境保护为主要调整目的，但考虑所调整社会关系对环境保护的影响，或者在客观上影响环境保护的法律规范。不同于核心环境法规范，边缘环境法规范不以专门环境立法的形式存在，而是散见于其他部门立法或领域立法之中。边缘环境法规范可能在调整对象上与其他法律领域存在交叉，也可能在调整方法上与其他法律部门存在交叉，交叉规范可相应地分为两类：

第一，因调整对象交叉而形成的领域交叉型环境法规范。在污染防治方面，《海商法》《海上交通安全法》有关于海洋污染防治的规定，《农产品质量安全法》《农业法》《农业技术推广法》《食品安全法》有防治农产品产地污染的规定；在自然资源保护方面，《城市房地产管理法》《农村土地承包法》《农业法》

有保护土地资源的内容,《矿山安全法》有对矿产资源开发利用和保护的规定,《海上交通安全法》《专属经济区和大陆架法》有保护海洋资源的内容;在生态保护方面,《进出境动植物检疫法》《动物防疫法》《畜牧法》有保护动物的内容,《文物保护法》有保护自然人文遗迹的内容。

第二,因调整方法交叉而形成的方法交叉型环境法规范。由于环境法综合运用了民法、行政法、刑法等其他部门法的调整方法,这些交叉规范既保持原部门法的属性,又为应对环境问题而发生了改革与创新。

环境法的主要调整方法是行政规制,因此与行政法的联系最为紧密,具体表现为:(1)主体上的联系。环境法主要依靠政府代表国家行使行政权来保护环境,环境行政主管部门的设置、组织机构与职责都受行政主体法的规制。(2)行为上的联系。在环境法中,规定有大量的行政管制行为,包括审批许可、现场检查等,这些行为都是行政行为,也需要符合和遵守有关行政行为法和行政程序法的规定。(3)承担责任和救济方式上的联系。违反环境承担的主要责任是行政责任,如罚款、限制生产、停产整治、停业、关闭、行政拘留等,行使环境行政监督管理权的部门在作出这些行政处罚或行政强制措施时,应符合和遵守《行政处罚法》与《行政强制法》的规定。对行政处罚不服的,行政相对人也需要通过行政救济方式如行政复议、行政诉讼加以解决。

由于环境法与行政法的紧密联系,行政法的基本原则与规则可以适用于环境行政案件,但需要考虑环境法是否根据环境保护领域的特殊性,对行政法的一般规则进行改革和创新。以夏春官等 4 人诉东台市环境保护局环评行政许可案为例,这个案件的争议问题是:环评报告表审批的公众参与应适用《环境影响评价法》还是《行政许可法》?

本案涉及环保局对涉案项目的《建设项目环境影响申报(登记)表》作出审批的行为,而我国《环境影响评价法》第 21 条第 1 款规定:"除国家规定需要保密的情形外,对环境可能造成重大影响、应当编制环境影响报告书的建设项目,建设单位应当在报批建设项目环境影响报告书前,举行论证会、听证会,或者采取其他形式,征求有关单位、专家和公众的意见。"由于本案涉及的是"环境影响报告表",而非"环境影响报告书",故《环境影响评价法》第 21 条不能直接适用。但根据《行政许可法》第 2 条、第 12 条的规定,本案中涉及的政府对环评报告表的审批属于行政许可行为,因《行政许可法》第 47 条第 1 款明确规定:"行政许可直接涉及申请人与他人之间重大利益关系的,行政机关在作出行政许可决定前,应当告知申请人、利害关系人享有要求听证的权利”。故在《环境影响评价法》没有作出明确规定的情况下,应当按照《行政许可法》规定的程序进行审批,同时这也是对环评报告中公众参与程序的必要补充。

由此可见,我们在检索环境行政案件的法律依据时,需要优先考虑《环境影响评价法》等环境立法中关于环评行政许可的特别规则是否适用,若不适用,再考虑适用《行政许可法》中的一般规则。

2. 解释性规则

除了环境法律与法规,在处理环境法案件时,体量庞大、内容具体、来源广泛的解释性规则会成为主要的法律依据,同学们需要对解释性规则的重要性予以充分认识。

以环评制度为例,我国不仅有专门的法律与法规规定环评制度,还有大量的部门规章等规范性文件以及地方法规规章对环评制度作了细化规定。

法律:《环境保护法》(2014 年修订)、《环境影响评价法》(2018 年修正)

法规:《建设项目环境保护管理条例》(2017 年修订)、《规划环境影响评价条例》(2009 年发布)等

部门规章:《建设项目环境影响评价分类管理名录》(2021 年版)、《建设项目环境影响后评价管理办法(试行)》(2015 年发布)、《环境影响评价公众参与办法》(2018 年发布)等

部门规范性文件:生态环境部《关于进一步加强产业园区规划环境影响评价工作的意见》(2020 年发布)、原环境保护部《关于强化建设项目环境影响评价事中事后监管的实施意见》(2018 年发布)等

地方性法规规章:《陕西省实施〈中华人民共和国环境影响评价法〉办法》(2020 修正)等

3. 环境标准

在环境法学习中,环境标准具有重要地位,很多案件的分析论证都需要引入相关的环境质量标准、污染排放标准乃至监测分析方法标准等环境标准。例如,环境影响评价就有《规划环境影响评价技术导则　总纲》《建设项目环境风险评价技术导则》等数量众多的环境标准,其构成前述环评制度体系的重要组成部分,是环保部门判断规划或建设项目环境影响是否可以接受的重要依据。环境监测分析方法看似不起眼,但在有些案件中,对环境监测分析方法标

准的理解会直接决定案件的走向。

环境执法时常要结合各种标准,但是这些“标准”平时接触得很少,如何做到全面精准查询呢?可以登录生态环境部官网:https://www.mee.gov.cn,查询路径是:业务工作—法规标准—标准。网站上提供了不同查询方式:精确查询;模糊查询;标准要素查询;目录查询。

□ 法律适用

法律适用的基本框架模式如下:设问—定义—涵摄—结论。定义的关键在于穷尽案件可能涉及的规范,并在此基础上对所关涉的核心概念和原理进行法律解释。涵摄则求问案件事实是否与定义互相符合,即同法律规范的构成要件是否相符,其本质同样是法律解释的延伸。

环境法案件的难度往往在于找法,如果同学们在没有学习环境法课程的情况下,自己去检索和阅读环境法律条文,往往不知从何入手,也不知检索结果是否全面、准确。课堂上讲环境法的概念、原则、制度、立法,旨在帮助同学们理解与记忆环境法规范体系,希望传递给大家的不是相互分离的环境法知识点,而是一个环境法知识体系。借助课堂上学到的环境法知识体系,我们就能很快地定位到主要的法律依据,然后再“顺藤摸瓜”。反过来,找法过程中,同学们会完善对环境法规范体系的整体认知,并且发现体系中存在的问题,找到值得研究的前沿理论问题。

法律解释学的方法包括狭义的法律解释方法和广义的法律解释方法。狭义的法律解释方法,指用来明确法律文本(条文)的内容意义、构成要件、适用范围和法律效果的各种解释方法,如文义解释方法、目的解释方法、体系解释方法等。广义法律解释方法,除前述狭义的法律解释方法外,还包括用来补充法律漏洞的各种方法,如目的性扩张、目的性限缩等方法,以及针对具体案件事实对不确定性法律概念予以确定的方法。

在对环境法律规范进行解释时,请同学们重视释义书的作用。大部分的核心环境立法在制定或者修订之后,立法机关或起草部门会组织编写释义书。由于编写者都是深度参与立法过程之中的学者或官员,他们对法条的解读具有非常重要的参考价值,能够启发我们的思路。

以前述的江淮汽车“天价”罚款案为例。《大气污染防治法》的第 109 条第 2 款对违法者规定了非常严厉的处罚,除了责令改正、没收违法所得外,还要并处货值金额1倍以上3倍以下的罚款,没收销毁无法达到污染物排放标准的机动车。在学理上,我们可以分析得出:法律责任程度的设定,都有既定的规则,故意为重,过失为轻;特别严厉的处罚,不应进行客观归罪。

引入释义书的解释有助于强化论证的说服力。在2015年8月《大气污染防治法》修订后,为了准确地贯彻实施该法的规定,全国人大常委会法制工作委员会组织编写了该法的释义。《中华人民共和国大气污染防治法释义》(信春鹰主编,法律出版社2015年10月版)第251页有这样的内容:“第二款的情形与第一款相比,具有主观恶意,应当规定更为严厉的处罚……”因此,对于“弄虚作假、以次充好”这种行为,必须能够证明行为人故意为之,才能实施处罚,不能采取客观归罪。

提问:是否有必要将市场竞争机制引入环境保护并以法律的形式加以规定?

回答:有必要,环境法中已有许多市场机制,如《环境保护税法》规定的环境保护税制度,还有正在探索发展之中的排污权交易、碳排放权交易等市场交易机制。引入市场机制有助于提升环境保护的效率,以更低的社会成本来获取更高的环境保护效益,但也存在既有管理体制机制是否能够有效实施市场机制的可操作性、民众是否能够接受“花钱排污”的政治可行性问题。

作为法科学生,我们在思考市场机制时要注意立场与视角。由于市场机制是环境经济学、环境公共政策、环境政治学等相关学科的共同研究对象,这些相关学科能为环境法学研究提供重要支持,但环境法学研究要考虑如何转化相关学科的研究成果,落实到法律规则的设计和适用。以环境税制度为例,作为规制税,环境税需要发挥行政机关的专业性与灵活性,将制定税率、征税对象等课税要素的权力授予行政机关,但传统税法规则以财政性税收作为调整对象,主张税收法定原则,将确定税率等税收立法权力保留在立法机关。据此,一个值得法学研究者思考的问题是,环境税在规制目的上的特殊性是否需要放松税收法定原则的调整,允许将更多的税收立法权授予行政机关。

提问：如何平衡好环境科学研究结果与环境法立法之间的关系？

回答：环境法的调整对象具有科技性，环境法规范的设计与适用需要引入环境科学提供的事实判断结论，否则环境法规范将难以取得预期的规范效果。例如，目前我国只在土壤污染防治领域确立了风险管控原则，并建立了风险管控标准等风险管控制度，要求土壤污染责任人等有关主体及时进行风险调查、评估与管控，避免风险的发生。我国环境立法之所以先在土壤污染防治领域建立风险管控制度，而未在大气污染、水污染等其他污染防治领域建立类似制度，一个重要原因是，环境科学研究显示，土壤污染的隐蔽性、累积性、损害不可逆性等特征更加突出，对风险管控的需求更强烈。当然，环境科学的事实判断结论需要经过价值判断、规范选择后才能转化为环境立法，未来其他污染防治立法可能也会纳入风险管控制度。

提问：针对跨国或国际领域的环境污染问题，法律如何进行规范？

回答：跨国或国际环境问题广泛存在，主要通过国际环境法来处理。国际环境法形成于国家之间，主要以条约、协定与习惯法等规则的行使存在。与国内环境法相比，国际环境法的范围更广，包括污染防治、资源合理利用、应对气候变化、生物多样性保护、保全自然地域等各方面。由于环境问题的共通性，各国国内环境法的许多原则与制度源于国际环境法，国际环境法也在引领国内环境法领域的拓展。但国际法不具有国内法的强制性，也没有强力的实施机制，需要克服各国集体行动的困境。由于利益诉求存在分歧，协调各国行动相当困难，尤其体现在气候变化等具有科学不确定性的全球性环境问题上。为了突破集体行动困境，国际环境法在传统国际法的基础上进行了许多创新，如《巴黎协定》建立了“自下而上”的软法机制，由各国自行作出温室气体减排承诺并定期报告履行情况，其实际效果有待观察。

▣ 阅读指引

☐ 基础书目

1. 汪劲:《环境法学》(第4版),北京大学出版社2018年版。

为数不多的独著型环境法教材,让作者对环境法的理解能够得到一以贯之的展现。作者在环境法理论与实践上均建树颇丰,不仅建构了全面、系统的环境法学知识体系,而且纳入了大量环境立法、执法、司法的案例、事实作为说明与例证,可读性强。

2. 吕忠梅主编:《环境法导论》(第3版),北京大学出版社2015年版。

主编是我国学术引证率最高的环境法学者,广泛涉猎环境法各领域。本教材的内容范围虽然只包括环境法总论,但体现了作者对环境法体系的系统理解,能够为读者领略环境法全貌打下坚实基础。

3. 蔡守秋主编:《环境资源法教程》(第3版),高等教育出版社2017年版。

主编是我国环境法学研究的先驱,曾经提出环境法调整人与自然关系的"调整论",反思传统法理学在解释环境法现象上的不足。本教材的主要编者都是中国老一辈的环境法学者,体现了这些先驱们对环境法的独到理解,而且内容丰富详实。

☐ 拓展书目

1. 吕忠梅:《环境法新视野》(第2版),中国政法大学2019年版。

正如该书初版序言"革命的环境法与环境法的革命"所言,该书无意构筑精美的理论框架,而是致力于从传统部门法理论出发,建立理性、革命的中国环境法。该书对环境法的论述展现了清晰的逻辑主线:环境问题—传统法的危机和法学理论的贫困—传统部门法的反应—传统部门法的反应不足以消除环境危机—建立和完善专门的环境法体系。

2. [美]理查德·拉撒路斯:《环境法的形成》,庄汉译,中国社会科学出版社2018年版。

美国环境法的经典著作,作者基于自身对美国环境法实践的亲身参与和深入观察,借助跨学科的视角,对美国环境法的形成与发展历史进行了全面且独到的阐释,值得我国参考借鉴。

3. [日]原田尚彦:《环境法》,于敏译,法律出版社1999年版。

着力从行政法的视角分析环境法,不仅对环境立法作静态的解说,而且动态地阐述日本环境法建立、健全的全过程,并就其形成、发展中的问题进行动态考察。

法律经济学的核心思维方法

戴 昕

关于作者

戴　昕

北京大学法学院长聘副教授。获北京大学法学学士学位和法学双学士（社会学专业）学位、美国杜克大学法律博士（J.D.）学位、美国芝加哥大学法学博士（J.S.D.）学位。曾在美国谢尔曼·思特灵律师事务所纽约办公室和香港办公室任专职律师，并曾任教于中国海洋大学法学院。主要研究领域为法理学、法律经济学、法律社会学、信息隐私法和数据化公共治理等。

2020年调入北京大学法学院任教，主要讲授的本科及研究生课程包括法理学、法律经济学、法律和社会科学、人工智能的法律治理等。

本文主要与同学们分享在学习法律经济分析理论的过程中应追求训练并掌握的若干核心思维方法——“关注产出”“权衡冲突”“思考激励”“交易调整”“融会贯通”。

■ 法律经济分析:学术立场和学理定位

关于“法经济学和法教义学是否完全不能兼容”的问题,我觉得还是有必要简单说明一下法律经济学研究者通常持有的学术立场和法律经济分析在法学研究中的学理定位。与此有关的问题和争论在今天的学界,特别是中文学术界非常常见。但准确对其加以理解,需要更全面地了解其特定的学术语境和时代背景。在我看来,对于今日绝大多数的法律学习者而言,单纯纠结何种方法或研究进路是“正确”或“正宗”的法学方法,其实没有什么太大价值。职业的理论研究者常常有追求“唯一真理”或“唯一正确方法”的倾向,但对于大多数学习者和实践者,我们实际上需要的不过是能够有效理解现象、解决问题的思路,而这种思路本来并不唯一,也没必要唯一。

回顾美国学术界在20世纪后半段,特别是70年代至90年代出现的学术争论,我们可以看到,以波斯纳为突出代表的法律经济学者,与其他各个法学理论流派的学者都曾发生过十分激烈的交锋。正是在这种针锋相对、一较短长的氛围中,波斯纳等人提出了有关法律经济分析的一种非常“强硬”乃至“逞强”的学术立场。他们主张,在规范层面,“财富最大化”(wealth maximization)意义上的效率应是法律和公共政策追求的核心价值目标;在实证层面,效率是真正能够解释法律发生、运行、形态和发展的因素。这实际上意味着,与效率相比,法律人常挂在嘴边的其他价值都不是终极的,甚至可能是无关的;而与追求效率相比,其他通常被认为影响法律决策(如司法判决)的因素都是表面化的,甚至并不像人们想象或期望的那样对法律的运行和演变真正起到了什么影响。

这种有关法律经济分析的“强立场”,在今天看来无疑比较极端,连波斯纳自己在21世纪头十年的后期,都基本上放弃了这种立场。但回头去看,波斯纳当时舌战群儒,尽管未必成功,却极为精彩,在当代法律理论的学术史上留下了光彩夺目的一笔。波斯纳之后，开普洛和舍维奥（Kaplow & Shavell）仍试图论证效率应被用作唯一可独立指导、审视、评价法律和公共政策的规范尺度，但他们的效率概念是以"社会福利最大化"（welfare maximization）而不是"财富最大化"为内核的。追求社会福利最大化意味着在财富之外，人们实际关注，或实际上进入人们效用函数的社会关系、公平感等价值，也会进入规范考量，而不是像以财富最大化作为规范尺度时那样被排除在外。但即便以社会福利最大化作为规范参照系的法律经济分析，其面对法律中的其他规范理论时仍然是很强硬的，即其不承认在社会福利之外其他的价值，如正义、公平、自由等，可以独立证成法律制度或公共政策。或者，更确切地说，如果对其他各类价值的追求不能满足社会福利最大化的要求，那么前者就要为后者让路。

在我看来，虽然法律经济分析的强立场——无论波斯纳版本还是开普洛和舍维奥版本——不可能被所有人接受，但法律经济分析研究在当前更常采取的较为温和的学术立场，其实不应该有太多争议。第一，开展法律经济分析，其实不必然需要在价值层面论证任何意义上的效率是法律应当追求的唯一价值，而只需要指出，不同意义上的效率往往是法律决策者（立法者、执法者、司法者乃至守法者）在决策时应当有所考虑的一种价值。这意味着：其一，法律制度中至少有一些是明确以促进效率（如市场交易效率或消费者福利）为目标的；其二，即使法律制度追求的是公平、个体权利等（狭义上的）非效率目标，也可以考虑尽可能以有效率的方式去追求；其三，即使法律制度在效率和其他价值之间进行权衡后决定牺牲效率而选择其他价值，这种权衡至少需要在对效率有充分考虑的基础上作出，才能符合理性决策的基本要求。第二，我们在现实中看到的各类法律，可用于解释其形式、内容和实际作用的因素可能是非常丰富的，包括政治、社会、文化、自然条件等，但行动者的经济理性和制度演化的理性逻辑通常也都至少是一个不能忽略的建构解释理论的角度。上述两点的合理性，我想对于绝大多数人来说其实不难接受。而有这两点就足够说明，任何法律人，如果希望对法律问题能够形成超出纯粹规则层面的理解和思考，就都需要学习并掌握一些法律经济分析的理论和方法。

此外，我理解一些同学们还可能担心，运用法律经济分析研究法律时，可能会有被批评为不讲法甚至不讲"法治"的风险。但这个担心其实也没太大必要。经济分析和传统的规范性论说，至少在结论层面并不必然冲突。张永健教授在其2021年的新作《法经济分析：方法论与物权法应用》中，曾以罗尔斯的法治理论和波斯纳为相关命题给出的经济解释为例，指出法治的规范要求往往本身是符合经济理性的，借助经济分析可进一步对这些要求获得有效理解。罗尔斯认为，第一，法治要求法律强制或禁止的行为须有“期待可能性”。为什么如此？波斯纳对应给出的经济解释是，法律的功能是创造行为激励，但不具有期待可能性就意味着行为不可能因外部条件的存在而受到激励，此时运用法律工具就不会有激励方面的产出。第二，法治要求类似的案件应为相似之处理，即“类案类判”。类案类判在表面上往往被理解为公平的要求。但从经济分析的角度出发，追求“类案类判”的价值是降低司法者和守法者的信息成本。同时，所谓“类案类判”，难点往往是不知道什么样的案子相互构成类案，而把握事实上必然存在差别的案件之间共同的经济逻辑，往往可以辅助类案的识别。第三，法治要求法律规范的内容必须公开。从经济分析角度来看，这也是一个信息问题，即只有规则内容能够有效传递给行为主体，法律的激励作用才能产生。而这也是为什么法律职业中介对于法律产生实效很重要：即使法律规范是公开的，要想真让行为人获得信息并作出反应，往往还需要借助相关中介对信息作有效处理。第四，法治要求法院必须以适当程序处理纷争。这一要求的经济意义在于，我们处在一个不确定的世界当中，所有的决策都不能保证不犯错误，而我们只能借助适当的程序在决策成本与错误成本之间作出权衡。

核心思维方法一：关注产出

法律的过程（the legal process）是公共决策的过程，包括如何立法、如何执法、如何解释适用法律进行裁判等。法律经济分析认为，法律领域中的公共决策应追求有尽可能多的积极产出，或者说应追求成本收益最优。

以往一个常见的被与法律经济分析联系在一起的说法，是“法律要关注成本”。这样的说法之所以有被提出的必要，是因为法律往往追求积极价值，如促进自由、实现公正、维护稳定、保护环境等。在追求积极价值时，决策者需要被提醒，他们同样应当关注这些追求并非可以在不付出代价的前提下实现。但在我看来，这其实只说对了一半。成本需要被重视，不能被忽视，但反过来，特别是考虑到心理学的因素，受到损失厌恶和便捷性启发式的影响，决策者也经常只关注成本，而并未有效考虑积极作为的收益。因此，我认为值得更清晰地强调,法律经济分析的实质思维方法是关注产出,即追求成本收益最优,而不是只看收益或成本任何一端。

成本收益分析可以被宽泛理解为一种思维方式,即决策者在进行决策时,需要比较几个可能的决策选项,基于净收益最大(而不是成本最小或收益最大)的标准作出选择。当然,需要注意的是,在行政规制领域中使用的"成本收益分析"方法,通常是更为技术化的,涉及对特定成本和收益因素的货币价值进行量化测算。关于"怎么算",除了可以查阅相关参考书,也可以参考课程的相关课外讲解视频。

除了一般性的思维启发之外,关注产出或成本收益最优的思路,还有助于启发我们找到解决一些常规思路下处理起来有困难的法律适用问题的路径。例如,在个人信息保护制度中,法律通常要求信息处理行为在具有"必要性"的前提下方能开展,但作为法律要求的"必要性"到底是什么意思,往往具有模糊性,甚至有时看起来无法操作。以进出校园的人脸识别核验为例,这属于对敏感个人信息的处理,根据《个人信息保护法》第 28 条的规定,处理者不但要获得个人同意,而且"只有在具有特定目的和充分的必要性,并采取严格保护措施的情形下"方可处理敏感个人信息。基于这一规定,某些学校在要求师生签订的《知情授权同意书》中告知,校园的人脸识别仅用于为实现人员出入校园等合法目的而有必要使用人脸识别验证身份的场景。但同时,《知情授权同意书》中又明确指出,如果师生不同意以人脸识别方式接受进出校核验,则学校仍将提供其他方式核验,如由保安检查证件等。仔细想想,不难发现这里的矛盾之处:既然可以用人脸识别之外的其他方式达到相同的进出校身份核验的目的,那么人脸识别就不能说是为实现该目的而有"必要性"的。

可是,如果用这种符合通常语义的方式理解"必要性",那么只要有不处理敏感个人信息就能完成特定任务的做法,敏感信息的处理就没有"必要性",因此是不能开展的。而以人脸识别为例,现实中,我们几乎很难找到在严格意义上不用人脸识别就无法核验身份的场景。因此,只要我们采取的不是绝对禁止人脸识别或其他敏感个人信息处理行为的卢德派(Luddites)立场,那么对于法律中包含的"必要性"要求就需要另作理解。结合"关注产出"的思维,这类法律规定中的"必要性",或许应理解为"产出"或"成本收益"更优的要求,即只有以处理敏感个人信息的方式达到目的的产出优于完全不处理敏感个人信息时,处理敏感个人信息才是合法、可接受的。而这里有关产出的判断显然需要同时考虑处理信息带来的便利、效率等方面的收益和隐私、数据安全等方面的成本。如此结合产出思路对“必要性”作重新解读,或许未必符合法律人通常对这一规范原则的想象,但恐怕却是化解其在个人信息保护领域面临的逻辑困境的好办法。

核心思维方法二:权衡冲突

权衡冲突是法律经济分析视野下法律决策的实质,也是科斯理论在法理层面的真正精髓——“损害相互性”(reciprocal nature of harm)——所在。有同学会认为:“科斯讲的道理听上去很对,但想想又老觉得什么地方不那么对。”这其实是非常正常、并不算出人意料的反应——因为他想讲的道理确实不太符合我们的直觉,特别是法律人(或者说“庇古式”)的直觉:法律是处理社会损害的,损害的产生是有原因的,处理损害就要找到原因,让制造损害的原因行为人通过承担责任内化损害后果。

但科斯对这种庇古式直觉提出的批评是,追求最小化损害或所谓社会成本,不应以过于简单的因果思考为基础。只要人和人在一起组成社会共同生活,利益冲突或相互妨碍就是不可避免的,而所有的冲突在抽象意义上都不只是一方的原因——正所谓“一个巴掌拍不响”。比如,科斯在《社会成本问题》一文中谈到的机车溅出火星烧毁作物的案例中,既可以认为铁路运行机车导致作物损失,也可以认为涉事农民非要在铁路边上进行土地耕种导致作物损失,双方的行为其实都构成损失发生的原因。既然如此,认为只有铁路公司的行为是损失的原因,并因此要求铁路公司承担损失责任,结果可能不但没有效率(铁路运行这一有价值的活动可能因为赔偿责任的存在而减少甚至停止),而且在逻辑上也说不通(铁路公司的行为并不是唯一的“因”)。

所以,科斯真正想说的是,法律追求的,说到底是通过“定分止争”应对社会成本问题,而不是在“因果”的意义上判断谁对谁错——换言之,对“因果”的哲学探究固然极其困难,但对于法律规则的制定,或者说法律“界权”(delimitation of rights),并不是一个必须首先解决的前置性问题。而结合有关“损害相互性”的理解,科斯说的“法律界权”,必定是在社会中共同生存、互动的人与人之间发生,是要确定人和人之间的关系,而这种关系的内容则只能是“要么允许你妨碍我而我要容忍,要么允许我妨碍你而你要容忍”。换言之,科斯意义上的“界权”,是一种“关系型界权”;而这使科斯的理论与霍菲尔德(Hohfeld)的法律关系理论深刻地联结在了一起——尽管科斯在《社会成本问题》乃至其他文章中并未直接援引过霍菲尔德。在霍菲尔德提出的概念模型中,法律的核心内容就是人与人之间有关法定利益与法定负担的关系,而任何人享有法定利益都只是因其所处的法律关系中存在相对方承担的法定负担,才可能存在意义。或者说,在霍菲尔德的法律概念体系中,“权利”和“义务”只能相互界定,各自都没有脱离于对方能够独立存在的含义。而科斯讲的正是这样的道理:法律将权利界定给一方,就意味着必有其他人需要为此付出成本。由此,法律界权不可能让所有人满意,或者说不可能“消解”冲突,而只是基于社会产出最大化的追求,去对冲突作出一种制度性安排。这也就是法律经济分析强调的“权衡冲突”的思路,即不是在先验的对错、因果或价值高下的意义上去确定法律层面的权利义务,而是在思考冲突利益安排的不同方案何者对应更高社会产出的基础上,权衡后果,就利益冲突作出权利义务安排。

■ 核心思维方法三:思考激励

法律经济分析认为法律制度发挥的一种核心制度功能是为人们提供行为激励(incentive),或者说让人们有理由做一件如果没有法律他们未必愿意主动去做的事情。理解激励的逻辑和机制,对于运用经济理论分析法律的作用和后果、设计和建构制度而言,都极为重要。

法律经济分析强调法律的激励作用,实际上是其在指导决策时主张采取的“向前看”的后果主义视角的另一种表述。传统的规范理论在指导法律决策时往往采取向后看视角,如在损害发生后,考虑是否通过救济实现了“填平”。但在经济分析的视角下,已经发生的事情是不可改变的。如果甲把乙的车撞了,乙的损失为人民币500元,甲赔偿乙500元,看上去是“填平”了乙的损失,但甲的500元没有了,或者说这个社会仍然遭受了500元规模的损失,这在事后无法改变。如果法律的作用只是将500元从甲的口袋里拿出来,放到乙的口袋里,那么这样的操作只有事后分配的意义,并没有新的价值产出,而且这个分配的过程本身还会进一步消耗社会资源——制度成本。

法律经济分析认为,法律制度介入社会利益冲突的安排,需要有产出,而一种最重要的产出就是在向前的意义上形成有益的行为激励。例如,张永健曾举例,之所以要求损害他人财产的行为人承担损害赔偿的责任,并且赔偿的规模等同于(而不是大于或小于)损失规模,至少不能仅仅解释为这样在事后看更“公平”,而是要看到,这样才能有效地激励潜在行为人选择采取适当的注意措施——既不因赔偿不足而过度疏忽不在乎,也不因赔偿太高而过度小心——并且也可激励财产所有者在使用财产时既不因为预期赔偿不足而过分投入保护,也不会为求得过高赔偿而出去“碰瓷”。所谓“往者不可谏,来者犹可追”,实际上,法律规定的赔偿责任追求向前的激励作用,是我们认为付出大量成本运转这一整套法律机器还算值得的非常重要的理由。

追求运用法律激励行为,其实并不只是经济分析学者的主张或臆想。立法者、司法者乃至公众实际上常常认为法律的价值就在于其会有激励行为的作用。学习法律经济分析的意义不仅是让学习者认同这种激励作用的重要性,而且要帮助人们学会适当地理解激励发生的机制,特别是学会运用理性选择(和/或非理性选择)分析这种激励作用的方法。否则,人们对法律的激励作用要么可能抱有不切实际的期待,要么则可能过于轻率地否认其存在的现实性。

可以民法上的无因管理规则举例。《民法典》第979条规定:“管理人没有法定的或者约定的义务,为避免他人利益受损失而管理他人事务的,可以请求受益人偿还因管理事务而支出的必要费用;管理人因管理事务受到损失的,可以请求受益人给予适当补偿。管理事务不符合受益人真实意思的,管理人不享有前款规定的权利;但是,受益人的真实意思违反法律或者违背公序良俗的除外。”立法机关相关人员编写的释义中指出:“《民法典》无因管理制度旨在实现两方面的价值平衡:一方面弘扬社会互助精神,鼓励人们互帮互助,形成良好的社会道德风尚;另一方面尊重个体意思自决,保护受益人的私人事务免受过度干涉。”毫无疑问,所谓“弘扬”“鼓励”,其实就是创造对有价值行为的激励。而“避免”过度干涉,则是从反向限定立法者追求的激励行为的范围和程度。很显然,立法者的意思是,如果你看到别人的小孩走在路上即将有危险,你赶紧拉了一把,但自己却无法避免地被车撞到,此时你提出要求孩子的父母予以补偿,法律会支持这种诉求——即使你这样做既不是基于法定义务,也不是基于约定义务。但如果你看到别人的小孩和自家家长说话时出口不逊,没大没小,你直接给了孩子一巴掌,认为自己是在替工作繁忙无心管教孩子的父母尽到养育职责,结果把自己的手伤到了,要求孩子的父母赔偿,那么法律恐怕是不支持的——这种"狗拿耗子"不会被认定构成无因管理。

上面的例子中,无因管理制度的激励逻辑应该是比较直观的。但更多时候,法律上的无因管理规则能够产生的激励作用到底是怎样的,其实没那么容易分析清楚。是不是没有法律,人们就不会相互帮助了?是不是有了这个规则所支持的请求权,就真的能弘扬互助了?这个激励问题,在民法学的规范讨论中其实没有特别好地获得回答,但结合法律经济分析,应该能看得更清楚一些。

从经济分析的视角来看,所谓鼓励互帮互助,实际上可以理解为法律是要为一些具有正外部性的行为提供激励。正外部性行为的社会收益大于社会成本,因此具有正的社会产出,值得鼓励;但因为行为的私人收益小于私人成本(而这里为了简化讨论,我们可假定私人成本基本上等于社会成本,即帮助他人的行为只给助人者带来负担),所以我们担心人们在应出手时不出手。为了激励理性个体在没有法定或约定义务的情况下,采取这类具有正外部性的管理他人事物的行为,立法者为管理人提供了法定偿还及补偿的请求权,这实际上是对管理人正外部性行为的一种补贴。这种补贴如果能够发挥立法者预期的激励作用,则法律需要支持的请求权应满足以下条件:

管理人私人预期收益 < 管理人私人预期成本 < 管理人私人预期收益 + 预期法定偿还及补偿(预期法律补贴)

换言之,站在管理人或行为人的立场上,其作为理性行动者,如果会因为无因管理规则的存在而选择管理没有规则时不会管理的他人事务,这不仅意味着预期法定偿还和补偿的规模足够大,而且还意味着行为人原本预期从管理他人事务中获得的私人预期收益相对于其预期成本足够小。但不难想见,现实生活中,大量的无因管理其实是熟人之间在日常小事上的互相帮助,举手之劳,不但管理人私人成本较小,而且帮助熟人的私人预期收益其实不少,如可能受到他人自愿的酬谢、增进与他人的关系(并因此获得未来收益),甚至因为帮助行为被他人观察到或事后得知而获得社会评价的一般性提升等。因此,日常生活中最常见的互帮互助行为,其实根本不需要民法上的无因管理规则进行"鼓励""弘扬"。甚至,当法律规定无因管理人享有法律上的偿还和补偿请求权时,行为人采取帮助行为的内在激励完全有可能弱化,因为其帮助行为原本应有的表明行为人利他属性的信号,可能变得不那么清晰了。

在熟人之间就超出日常琐事的重大事项发生的帮助行为,相对而言更有可能出现私人预期收益明显小于私人预期成本的情形。在民法诞生的传统社会条件下,邻居或友人出远门,家中遭遇突发情况,此时熟人临时出手接济,承受巨大负担甚至伤害,但事后受助者翻脸不认账,确实完全有可能需要法律介入,以激励行为人在出现此类情形时及时采取有积极社会产出(如减少损害规模)的帮助行为。但在当代的通信条件下,不难想见,如果看到朋友的重要事务需要"管理"——家中貌似被闯入、孩子貌似被陌生人带走——难道我们的第一反应不是立刻和朋友取得联系吗?一旦联系,双方约定代为管理,此时无因管理规则作为请求权依据自然也没有必要。

那么,无因管理规则对于激励陌生人之间的互助,是不是有用甚至必要?也很难说。无因管理规则下管理人对偿还和补偿的预期,很大程度上取决于司法机关有无充分信息确认无因管理的事实。通常来说,如果在他人无法观察到、信息无法保存的情形中,行为人对依法获得偿还或补偿的预期是非常低的,有这样一个条文本身并不足以激励人们帮助他人。而如果在大庭广众之下帮助陌生人,甚至有录音录像监控资料佐证,那么行为人对获得偿还和补偿的预期会是最为充分的,无因管理的激励作用看似最强。但是,若上述信息条件存在,我们可以预测,行为人学雷锋的私人预期收益也会较为可观——特别是在一个社会道德风气较好的环境中,更是如此——因此法律提供额外激励的必要性也可能不大。基于上述分析,可以看到,无因管理在当代真正有可能起到激励有价值互助行为的场景,恐怕只是在那些信息条件较好,而管理人为帮助他人需要付出的成本又特别可观的有限场景中(如徒手接住跳楼自杀者,导致身受重伤)。

除此之外,"思考激励"的思维方法,还要求我们在边际的意义上理解法律的激励作用。首先,法律对人行为的改变不能被想象成是"全有全无"式的。例如,一个人驾车出行,每天造成10个单位的污染成本,而驾车人从周一到周五每天驾车的边际收益则分别是49、39、29、19、9个单位(如大学老师的工作可能就是这样,前三天有课,开车上班的价值较大,后两天没课,在家做科研也不是不可以,开车上班的收益就没那么大了)。这时,如果我们尝试用庇古税的方式激励其在社会最优的水平上从事驾车行为,每天对其征收与10个单位污染成本相等的出行费/燃油税,那么我们发现理性的行动者并不会因此从周一到周五全部放弃开车改成"家里蹲",而只是会放弃在边际上最后一天的驾车行为。

其次，在边际上理解法律的激励作用，还意味着法律的激励作用体现在人群中边际上的个体身上，而不是所有个体身上。通常的说法是，法律的规定是针对平均水平、中等水平的人制定的。但更确切的说法其实是，法律影响的往往是那些边际上的个体，对于这类个体而言，有还是没有法律的行为强制和/或责任后果，其行为选择会存在差别。正如霍姆斯所言，理解法律需要从"坏人"的视角出发，不是因为在他眼里世界上都是坏人，而是因为"好人"的行为会受到道德伦理的指引和制约，无须法律的额外激励，而"坏人"则只会根据法律的规定选择停止。反过来，在人群分布的另一个极端，特别邪恶的人即使面对死刑的威慑也不会放弃作恶，因此法律也不可能对这类人产生激励作用。有时候，我们会看到人们抱怨法律"没用"，因为他们看到两个极端的人群都不在意法律的有无。但这显然就是没有理解法律的激励作用实际上只体现在边际个体或人群身上。

再次，法律规则在设计时除了考虑其对直接针对的行为会起到何种激励效果，还应考虑其可能激励个体在边际上采取何种替代行为。以刑罚上的边际威慑问题为例，人们往往主张对社会深恶痛绝的犯罪行为——无论是强奸还是拐卖——处以最严厉的刑罚，从而对潜在犯罪人形成最大限度的威慑。但问题是，如果法律真的规定强奸犯或人贩子应一律被处以极刑，那么此时，对于已经实施强奸或拐卖行为的犯罪行为人，死刑的预期非但不会激励其改过自新，反而会激励其进一步选择有助于掩盖犯罪、降低其被抓获机会的行为，如杀害强奸或拐卖犯罪的被害人。正是基于这种边际威慑的原理，刑法才需要坚持"重重轻轻""罪刑相适应"。

最后，在边际上理解法律的激励，也意味着法律自身的变革，很多时候也应考虑边际的进路，从现状出发，逐步调整，观察每一次调整带来的边际变化，逐渐趋近最优——最优的规则和制度，即使在理论模型上可以一步求出来，在现实中却往往只能是基于边际路径进行尝试。

核心思维方法四：交易调整

"交易调整"的思维其实也是科斯理论，或者说是所谓"科斯定理"的核心启发，其价值是帮助我们理解法律制度和规则在社会运行过程中到底有什么作用。通俗版本的科斯定理,有时被解读成“法律无用论”,即只要交易成本足够低,法律怎样规定都不影响最终结果的配置效率。但这里的道理其实并非如此简单,需要再展开几点,细致讨论。

首先,科斯定理对市场交易有效配置资源能力的强调,意味着法律规则包含的界权要求与现实的行为安排之间,往往不是一一对应的关系。但这不等于法律没有用。科斯指出,即使交易成本不高,有效率的资源配置可以最终通过交易实现,法律在最初给出界权也是必要的——这是所有后续市场或交易调整必须有的起点。只有法律首先规定谁可以妨碍谁、谁不能妨碍谁,人们才能由此开始协商,在“法律阴影下谈判”(bargaining in the shadow of the law)。换言之,不能认为最终资源配置的结果与法律初始界权的安排不同,就说明法律没有用。

其次,传统的理解是,法律在社会中发挥作用,主要体现为人们在诉讼中运用法律维护自身权益、解决纠纷,而老百姓“厌讼”、喜欢“私了”甚至曾一度被当作中国社会民众法治意识淡薄、法治素养低下的重要证据。这种判断在结论上是否正确暂且不论,但至少在逻辑上,不能被认为是对法律的社会功能和作用机制的恰当理解。实际上,往往是在法律界权足够清晰的社会中,人们对依据法律进行诉讼的结果会更容易形成有共识的预期,而这种共识预期意味着纠纷双方可以自行达成和解,通过这种合作避免诉讼成本的发生,并分享这一合作收益。因此,交易调整的思路提示我们,在理解法律的作用时,一定不能将视线局限在法院或司法裁判场景之中。

最后,当我们尝试预计或评估法律规则的实际效果时,也需要把人们围绕法律可能开展的交易调整考虑在内。例如,权威机关可能会出于降低借贷成本、打击高利贷、保护作为弱势群体的借方的目的,为民间借贷设置利率上限。但即使这一类规则是出于善良正当的目的,其实际效果却有可能只是迫使借贷双方通过其他交易安排绕开利率限制。根据一些宗教律法,借贷利率上限甚至可能被设定为“零”,即不能为收取利息放贷。但这并没有阻止相关社会中信贷交易的发生,只是交易方需要将借贷交易重新在形式上包装为买卖交易。当人们通过交易调整绕开法律规则的要求时,法律决策者原本想要追求的制度目标未必能实现,而社会却因此增加了交易成本。

核心思维方法五:融会贯通

"融会贯通"在这里的意思是,学习法律经济分析,应特别注重借助经济分析理论,打通不同领域部门法的知识和问题,追求对法律形成具有更强整体性的理解。

"部门法"是一种重要的组织法学知识的框架,也是我们在法学院进行专业学习时被要求接受的一种基本认知结构,很有用,但同时也会阻碍思考的真正深化。实际上,法律人最终要面对、处理的真实世界中的问题,几乎从来都不是某个单一部门法的问题,必须结合所有可能相关的法律知识加以分析。而对于法律研究者来说,"部门法"更不应被当作理解法律现象的唯一视角。当你看到一个财产法问题时,如果想想这个问题为何能够或不能够用侵权法的常见规则模式去处理时,你可能就变成了"卡拉布雷西",提出一种能够贯通财产法、侵权法,乃至更多法律部门的分析框架。

不仅"财产规则"和"责任规则"的分析框架明显有这种贯通财产和侵权的学理启示,法律经济分析的理论实际上在非常普遍的意义上向我们提示法律各部门之间的深层逻辑联系。例如,财产法中有关物权权利内容的规定,可以被理解为固定下来、普通使用的财产交易合同条款;而正是因为这种"合同"需要约束产权人面对的所有交易对象以及第三人,所以其类型必须有限(物权法定),效力要依赖公示,以兼顾交易目标达成和信息成本控制。又如,侵权法所包含的过失规则,可以被理解为"零交易成本"条件下人们有关注意义务、损害承担或保险成本承担等事项可能达成的合同交易条款。而之所以导致他人伤害的行为,在已有侵权赔偿责任规则的情况下,还可能被追究刑事责任,其重要理由之一是仅有侵权赔偿可能不足以激励某些行为人避免伤害,特别是有动力故意伤害他人者;其重要理由之二则是,如果没有刑罚,法律便不可能真正对某些权益予以"财产规则"的方式加以保护和救济。再如,侵权法和行政法/规制法,都旨在规制产生伤害风险的行为,而二者一个在伤害发生之后要求赔偿,一个在伤害发生之前直接干预行为,各有不同的适用优势和局限,但在现实中又常因权威机关面临的信息和管理成本局限而需要被叠加起来共同适用。

由此进一步来说,之所以波斯纳的《法律经济分析》教科书可以覆盖对能够想象的几乎所有法律领域的经济分析,其根本上就在于法律经济分析的理论内核是较为集中并一以贯之的,追求的就是在理论层面打通对所有法律现象的理解。追求理论和知识的普遍性启发,其实应该是令每个有学术兴趣的人都会真正感到兴奋的事情。只满足于在某个人为划定的细分专业领域"精耕细作",拒绝把目光向外投放,其实会如霍姆斯在《法律的道路》中所说的那样,不但无助于真正理解法律,而且也不是法律人追求"幸福"的正确姿势:"法律更深远和更普遍的方面在于那些给予其普世影响的方面。正是通过它们,你们不仅成为职业上的专家,而且把你们的专业同天地万物联系起来,并聆听到来自苍穹的回响,瞥见其深邃的过程,领悟到普遍规律的微弱线索。"

■ 余论:数字示例与数学模型

"数字示例"(numerical examples)是法律人学习法律经济分析时的一种常用也非常有用的思维和交流工具。特别是对于很多对较为抽象的数学模型不大熟悉,甚至有时有排斥心理的法律人来说,数字示例理解起来更简明、容易,因此在法律领域的学术写作中一直以来使用较多。

但往往也正是不大熟悉数学模型的法律人,常常更会对数字示例提出质疑:举例的人在例子中为各个变量赋予的数值看上去是刻意挑选的,基于这些数字,举例者展开一番推导,得出其想要的结论——但难道数字变了,结论不会变吗?既然如此,举例者讲的道理还有任何意义上的普遍或推广价值吗?

人们提出这种疑问是非常自然的,而且如果只是直白地回应这种质疑,答案也应该是:当然,数值变了,结论当然也可能会变——但这其实并不意味着数字示例不具有一般的说理价值。事实上,数字示例只是借助特定数值对抽象的数学模型进行的"举例"。经济理论中的数学模型,在结构上都是从假设的前提出发,逻辑地推导出结论,而前提假设本身和结论之间当然存在逻辑关系,设定的理论前提一旦不再成立时,结论自然也不再成立。数字示例中的数字,通常是说理者基于示例背后的抽象、一般性的数学模型自身的假设设计出来的,这些数值包含在符合假设的数值集合之中。如果质疑者为某个变量赋予一个不同的数值,而那个新的数值恰好不再被包含在符合模型假设的数值集合中,新的数值自然就会导致数字示例本身无法再支持此前的结论。

对于绝大多数法律人来说,借助数字示例理解法律经济分析的核心理论模型，足以使其掌握相关理论思路，并形成将其有效运用于就实际法律问题进行思考、分析和论辩的能力。而对于有兴趣深入研究法律经济分析理论的学生或学者来说，根据自己的实际需要，逐步熟悉、了解一些经济学常用的数学模型，其实也并没有想象得那样困难，付出相应的学习努力都可以做到。

▣ 阅读指引

本领域堪称经典的文献原本就多，有重要价值的前沿文献更是层出不穷，有心的学习者和研究者想要把握脉络、形成知识网络，最终要靠自身持续积累追踪，没有“一招鲜吃遍天”、看几篇“撒手锏文献”就能大杀四方的捷径。以下推荐，旨在为在课程学习的基础上有兴趣的同学提供踏入大门后进一步向前摸索的起点。同时，一个一般性的建议是，本领域书籍文献尽量直接阅读原文，不必借助翻译——法律经济分析类作品在写作上使用的语言都较为平易，英文不难读，看译作反而可能被无法避免的翻译错漏误导。

回 入门

1. A. Mitchell Polinsky, *An Introduction to Law and Economics*, 5th ed., Wolters Kluwer, 2019.

   推荐所有学生课外阅读的非常简明、易读易懂的小册子，零基础入手，基本上半天到一天时间一定能读完。

回 教科书类

1. Robert Cooter & Thomas Ulen, *Law and Economics*, 6th ed., Prentice Hall, 2011.（该书中文译本为[美]罗伯特·考特、托马斯·尤伦：《法和经济学》（第6版），史晋川、董雪兵等译，格致出版社2012年版）
2. Steven Shavell, *Foundations of Economic Analysis of Law*, Harvard University Press, 2004.（中译本为[美]斯蒂文·沙维尔：《法律经济分析的基础理论》，赵海怡等译，中国人民大学出版社2013年版）
3. Richard A. Posner, *Economic Analysis of Law*, 9th ed., Wolters Kluwer Law & Business, 2014.（早先版本有中译本，但不推荐）

   由于讲授时间的限制，本文无法覆盖本领域所有重要议题，因此对法律经济学有较强学习兴趣的同学，应至少通读上述三种教材中的一本，从而能够形成一个较完整的议题和知识体系。就自学式阅读而言，我个人认为 Cooter & Ulen 的教科书较为清晰简明，适合初步自学。Shavell 的教科书在知识点体系方面比较完整，有时间值得通读。相比较而言，波斯纳的教科书不太适合初学者自学，其思想性和思辨性较强，最好是有一定知识基础后，再去欣赏其论证和文笔。

☐ 经典英文文献

1. Donald A. Wittman (ed.), *Economic Analysis of the Law: Selected Readings*, Blackwell Publishing, 2003.(中译本为[美]唐纳德·A.威特曼编:《法律经济学文献精选》，苏力等译，法律出版社2006年版)

在阅读学术文献时，可尝试先粗读把握主线、后细读品位论证细节的方式。而总的来说，同学们可以集中关注课程讲授中涉及的主干性理论，对本领域的核心知识点有所了解，之后逐渐通过自主阅读本领域从经典到前沿的文献，循序渐进，形成知识脉络和网络，并不断更新。法律经济学经典文献阅读的一个比较好的上手方式，是从以上这个常用的经典文献选编开始。

☐ 中文读物

1. 张永健:《法经济分析:方法论与物权法应用》，台北，元照出版公司2021年版。

中文世界中运用法律经济分析方法写作的研究论文在过去20年中越来越多了，但内容全面、理论方法介绍清晰准确的参考书还比较匮乏。以上这本是值得推荐的包含基本理论介绍和辨析的中文作品，也可以参考该书此前在大陆发行的版本《物权法之经济分析:所有权》(北京大学出版社2019年版)，但其中并未包含新版中一些增加的理论方法相关内容。

作为教育者的尊荣感(代后记)*

在北京大学法学院,有这样一系列讲座,通过举全院之力,让老师们深切体会到站在讲台上的尊荣感,感受到来自学生、学院、学校乃至全社会的尊重,从而激励老师们讲好每一堂课。

2018年秋季学期以来,北京大学法学院推出“法学阶梯”系列讲座,把封闭课堂变成开放讲座,让老师们体会到作为教育者的尊荣感,有的放矢地提高课程质量。目前,学院已经成功举办41场讲座。其中,12场“入门讲座”作为法学第一课和法学基础课,在同学们站在“法的门前”时,予以指引;16场“进阶讲座”作为法学答疑课,进行课程期中总结和反思,授业解惑;13场“高阶讲座”作为法学前沿课,针对硕博研究生讲授法学研究基本方法,授人以渔。

一、盘活存量:讲好每一门课

在法学教育层面,“法学阶梯”系列讲座是课程模式的一次创新性探索,旨在着眼于现有课程体系,激励老师们讲好每一堂课,“盘活存量”。

车浩老师作为北京大学法学院教学委员会主席,是学院教学改革的主要负责人。他指出,法学院进行的课程改革可以归纳为两种模式,即增量改革和存量改革,前者体现为根据学生需求、社会变化和学科研究动向,增加一些新型课程;后者则强调提升原有每一门课程的教学质量。

作为优化和完善课程体系的重要思路,近年来,法学院的增量改革取得了显著成效。例如,法学院近年来开设的案例研习课、实务课、写作课等备受好评,引领了国内法学教育的课程改革风向。

一个学院的教学质量能否整体推进,学生能否从教学中全方位受益,既需要少数老师和少数精品课程的引领作用和品牌效应,也需要大多数老师的共同努力和大多数课程质量的普遍提高。一套完整的法学教育,需要覆盖到很

* 原文载于2019年6月24日“北京大学教务部”微信公众号。

多老师、很多课程,只有讲好每一门课,才能全面培养好一个法科学生。所以,在增量改革取得成效的基础上,法学院进一步启动存量改革,即将课程改革的发力点覆盖到现有的整个课程体系,“盘活存量”,想办法进一步提升现有各门课程的质量。

当然,在北京大学,老师在授课风格、教学设计上有很大的自由空间。因此,车浩老师表示,通过行政命令干预老师的课程安排既不现实也不明智,改革的突破点在于想方设法提升教师授课的积极性,使老师由衷地愿意为教学投入更多心思和精力。为此,学院设计了“法学阶梯”系列讲座,让老师站在更宽阔的讲台上,体会到作为教育者的尊荣感,从而让学生普遍性受益。

二、有的放矢:阶梯式教学讲座

纵然将封闭课堂升级为开放讲座可以促使和激励老师精心准备和策划,但把每一堂课都办成讲座并不现实,因此,就需要针对课程的关键时点,着力进行结构性改善。

在一门课的进程中,三个节点尤其重要。第一堂课意味着同学们初入一个陌生的学习领域,尤其需要老师的导引。而以往老师们通常会简单介绍课程大纲、本学期课程进度等内容,往往深浅程度不一,且较为零散。可以说,第一堂课的质量是缺乏保证的。现在学院推出的“入门讲座”,就是将第一堂课改造成一次关于本学科基本概念和学习方法的“入门讲座”。这样一来,在特定主题和讲座结构的要求下,就能促使老师花更多时间和精力备课,体系化地呈现课程导论,从而引导新生进入法学之门,对本学科形成一个初步的认知。

到期中阶段,则需要老师和同学适当地停下来,共同进行反思和总结。许多课程会设置期中作业或期中考试,但出题和检验都完全由老师主导,在信息了解上,师生双方是不对称的。更好的检验方式可能是在期中安排一次集中答疑,汇总学生的困扰和问题,以便老师高效地捕获并解决学生在前半学期学习的共同障碍。于是,学院设计了“进阶讲座”,由教务办老师和助教一起对选课同学进行问卷调查,收集问题并形成报告提交授课老师,老师根据报告精心准备,在讲座上对集中、重要、有共性的问题进行透彻地讲解,扫除学生前期学习障碍,为后半学期的学习打牢基础、指明方向,从而有质量、有目标地开展后半阶段的教学。

期末考试则是整个学期课程的最后一个重要环节。关于考试方式,车浩老师认为,从其教学理念来讲,法学课程的考试应该尽量开卷。因为大学课程的目标,不是通过闭卷考试选拔记忆力和天赋好的同学,而是培养法学生利用层出不穷的法律材料理解和处理问题的能力,只有开卷考试才能检验教学的效果,识别学生之间的差异。

车浩老师总结,“开学入门第一课、期中答疑和期末考试,这是最重要的三个节点。当然,考试改革涉及方方面面,虽然逐渐有越来越多的老师尝试开卷,但是这方面的改革还没有大力推行。现在的目标就集中在前两个时点上——如何让老师在入门阶段付出更多的心力,如何让老师在期中阶段愿意拿出时间来给学生系统性答疑,这是我们想要解决的问题”。

谈及“法学阶梯”系列讲座区别于其他讲座之处,车浩老师表示,其定位为教学类讲座而非学术类讲座,换言之,其本质上是一次面向全院、全校甚至社会公众的公开课。这样的讲座要求老师把每一门课精华的部分拿出来,不是仅展现其某个研究或者某篇论文的成果,而且展现这位老师在整门学科上的成就。当然,如果没有足够的学术科研水平打底,老师们做这样一个导论或答疑讲座,也会受到制约。在这一点上,两者是不冲突的,甚至可以起到相辅相成的作用。

三、作为教育者的尊荣感

“有些老师表示在校内做讲座反而更紧张和激动,也有的老师说很多年不打领带了,上这个课还要打领带。”在讲到授课老师对“法学阶梯”系列讲座的反应时,车浩老师如是举例。

北京大学有很多老师,每个院系都会有突出的学术“大咖”和网红老师,曝光率比较高,而绝大多数老师可能到退休都没有在校内做过讲座,但恰恰是这些大量的兢兢业业的老师,构成了教学队伍的主要力量。他们上的课,占据了整个课程体系的最大比例。

现在的“法学阶梯”系列讲座,就是在举全院之力,全方位地为老师的教学进行宣传。前期会通过官方公众号和校园海报等进行充分的讲座信息宣传,吸引社会公众和其他院校的学生前来旁听;讲座过程中,有法律出版社和北大英华科技有限公司参与全程的视频摄制工作,速记公司对讲座全程速记并整理成文;后期还会将讲座综述发表在“中国法律评论”微信公众号、“北大法宝”微信公众号、北京大学法学院官网等各种公众平台,同时宣传授课老师在教学科研等各个方面的成果。

于是,表面看起来不过是形式的创新,但实际上追求的是实质的目标:通过调动大多数老师的积极性,在各类课程中增加入门导论和难点答疑的环节,让整个课程质量得到改善,最终的受益者是学生。学院做大量投入,向社会公众推举这些老师和他们的课程,也是为了让老师们深切体会到站在讲台上的尊荣感,感受到学生、学院、学校乃至全社会的尊重,从而激励老师们讲好每一堂课。而且,不同于众多学术讲座的是,"法学阶梯"系列讲座本质上是一次"公开课",是教学类讲座。因此,老师们在该讲座中获得的尊荣感,首先源自其教育者的身份,而不仅仅是学者身份。

此外,学院鼓励老师更多地投入教学,并非"唯教学论",其本身就是在平衡本科教育和学术研究的紧张关系。其实在科研方面,老师们以前受到的引导和激励就已经很多了,如各种科研奖项、职称评定、论文发表等;学院现在所做的工作,同样也是加强对老师们投入教学工作的肯定和鼓励。"教学和科研是大学老师的两项基本职责,两者是不应当偏废的。"

四、"花香蝶自来"

除老师获得尊荣感,学院课程质量提高,学生最终受益外,"法学阶梯"讲座也具有重要的社会意义。

在教学改革层面,这样的模式对于不同课程、院校都具有可复制性。每一门课都可以这样打造,每一位老师都可以做到开头系统的导论和中期全面的答疑,所以每一个法学院都可以依靠其存量做同样的推广。在此意义上,"法学阶梯"系列讲座也是北京大学法学院对全国法学教育的一点探索和贡献。

"北大法学院作为我国的法学重镇,一直引领全国法学教育的航向。通过把这些课程当中最精华部分、老师最精心准备的环节向社会公众推出,其实也实现了教育资源的分享,体现了北大法学院的社会担当。"

最后,法学院会争取每个学期都推出一批入门讲座和进阶讲座,希望通过持续地推进,用三至五年的时间实现法学院绝大部分的课程在关键节点上有质的提升。更精彩的"法学阶梯"讲座,更精彩的北京大学法学院,敬请期待!